JN059607

加藤拓川への絵葉書

日露戦争後、戦地から戻った秋山好古が

加藤拓川に送った手紙

右に「無事凱旋　一同無事」、左に「忠兄　好古」の文字が見える（☞22頁）。
「明治三十七年戦役　陸軍凱旋観兵式記念」葉書。

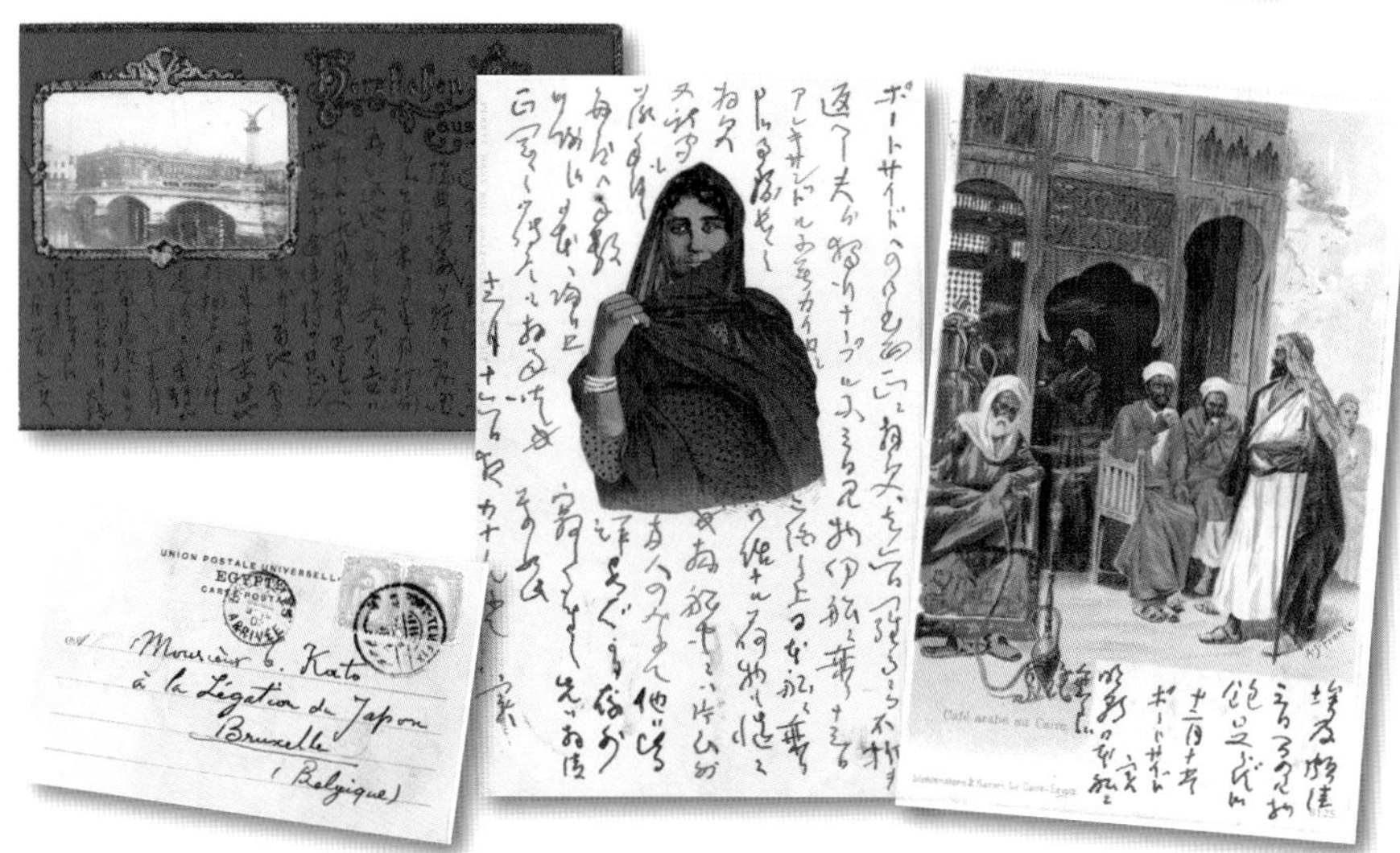

外遊していた陸羯南から拓川に宛てられた絵葉書（☞27頁）

日露戦争と外交官拓川

3枚続きの絵葉書に描かれた旅順港全景

（清国公使館の石井菊次郎から拓川宛の絵葉書）

開戦後で、右の葉書の赤い部分では、ロシア軍艦が沈んでいる様子が示されている（☞58頁）。

開戦前の旅順港（ロシア公使館在勤の小田徳五郎から拓川宛の絵葉書）

ロシア軍艦が上の3枚続きの絵葉書と同じ位置に浮かんでいた様子がわかる。

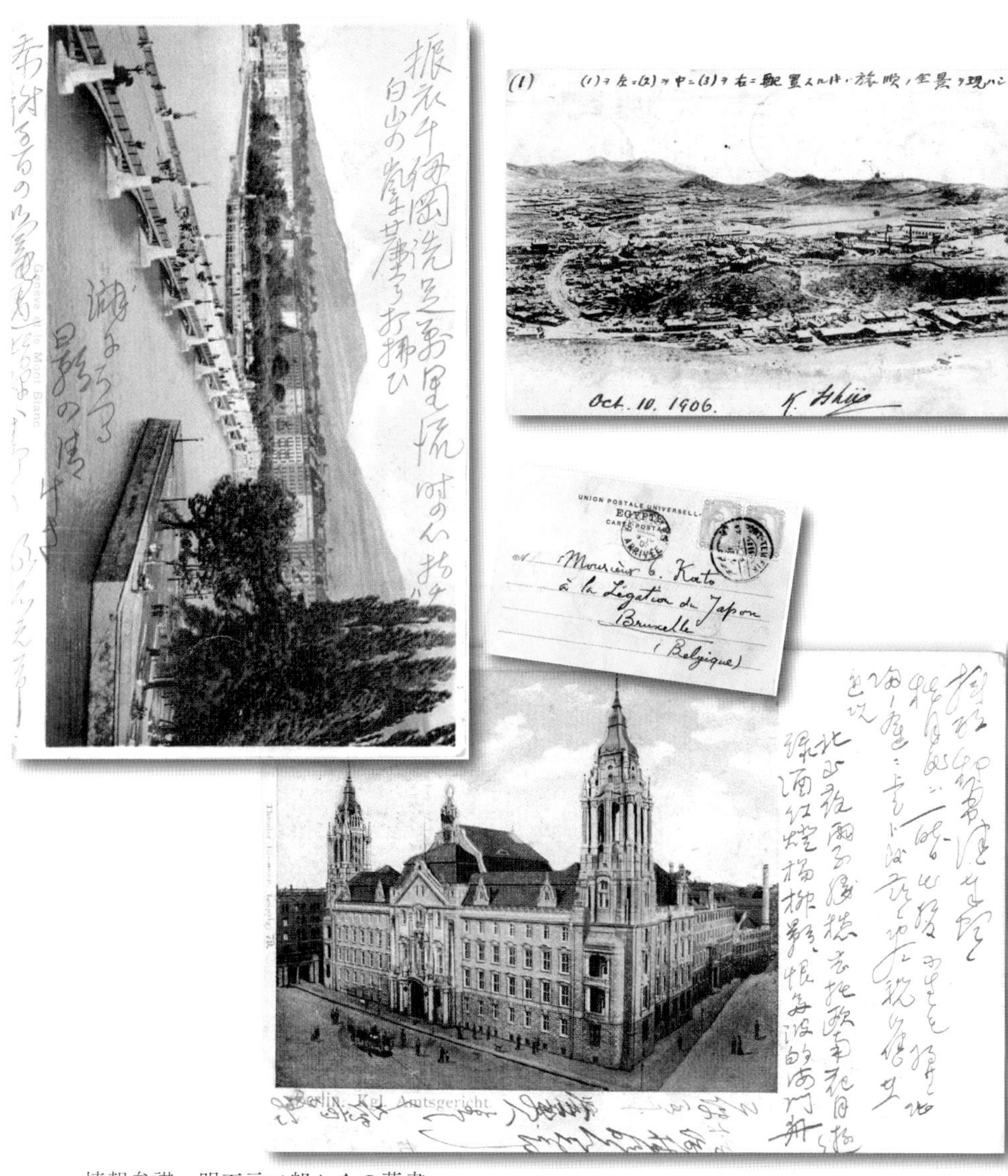

情報参謀・明石元二郎からの葉書

拓川のもとに明石元二郎から漢詩に託してさまざまな情報が送られていた。

緊迫する世界情勢の情報戦が垣間見える。

上：右上に「振衣千仞岡　濯足萬里流」という中国の漢詩集『古詩源』におさめられた句が見える。

何をあらわしているのだろうか（☞ 74 頁）。

右：この葉書でも漢詩「北山夜雨不浅愁　志托欧南花月遊　緑酒紅灯楊柳影　恨多波的海門舟」に
託して、ロシアの情報を伝えているようだ（☞ 77 頁）。

歴史の証人

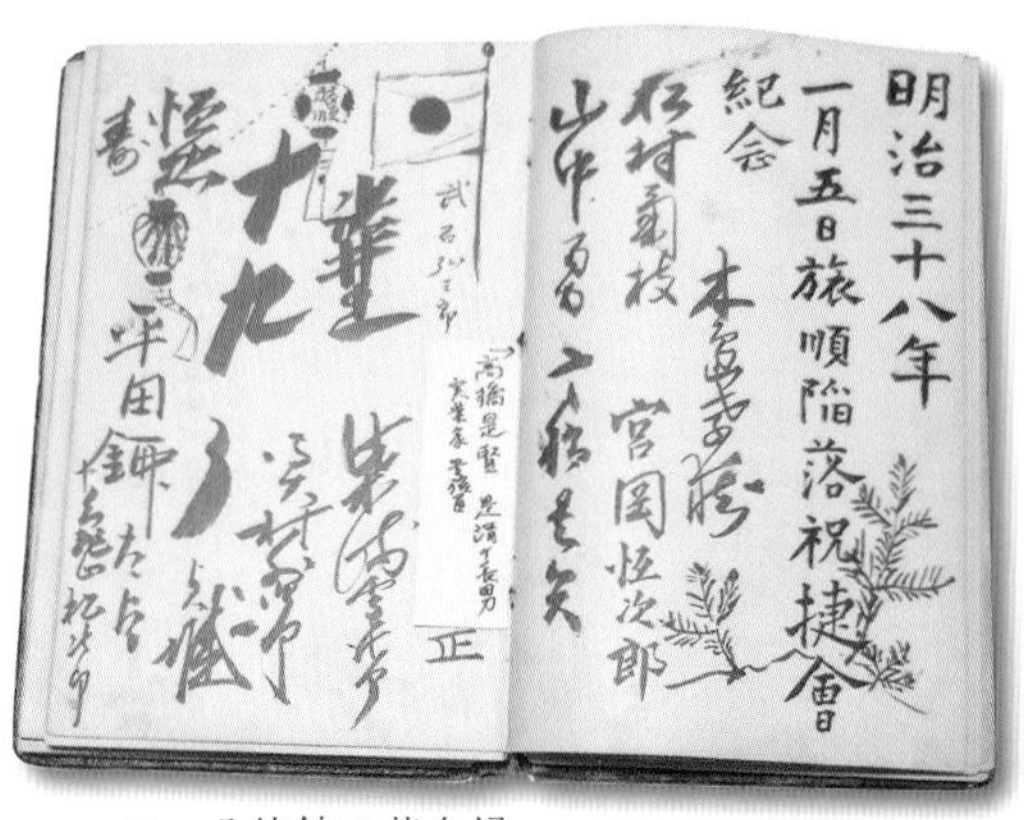

ベルギー公使館の芳名録

左は 1905 年（明治 38）1 月 5 日旅順陥落の際の祝賀会の日の頁（☞ 80 頁）。

漱石と子規

ロンドン留学中の夏目漱石が

親友の正岡子規に送ったクリスマスカード

（梅原章一撮影）

1900 年（明治 33 年）12 月 26 日、英国のクリスマスの様子を知らせ、病臥の子規を慰労する俳句が並ぶ。

手紙からみた明治の群像

子規の叔父加藤拓川と日露戦争の時代

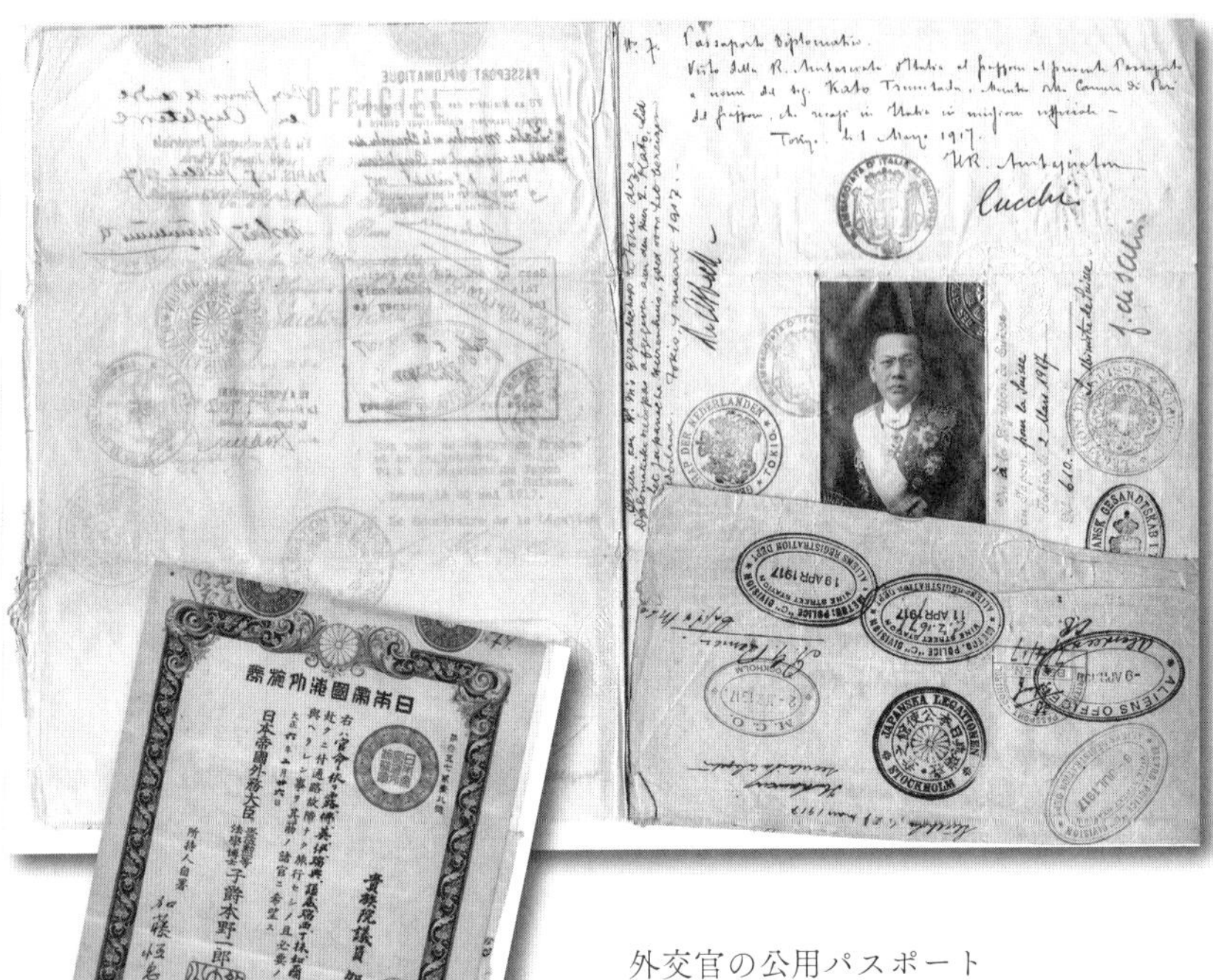

外交官の公用パスポート

外国から授与された数々の勲章

（ベルギー、スペイン、ポルトガル、清国など）

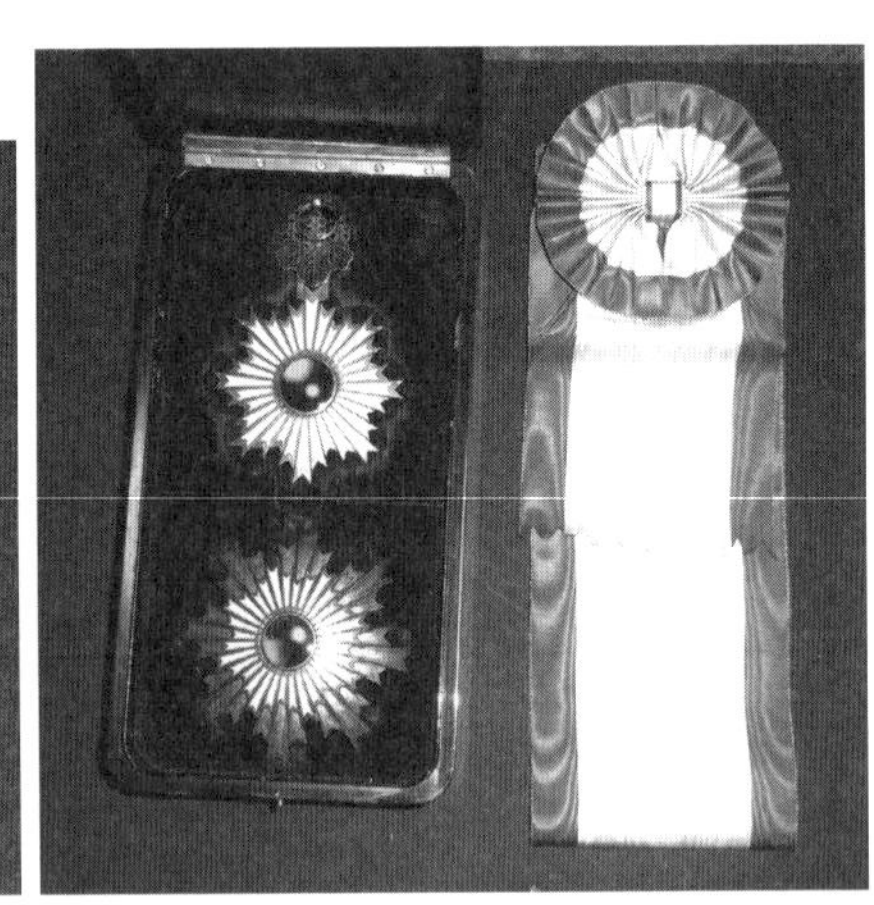

勲一等旭日大綬章

拓川死去の日に宮内省より授与。

加藤拓川

T. Kato

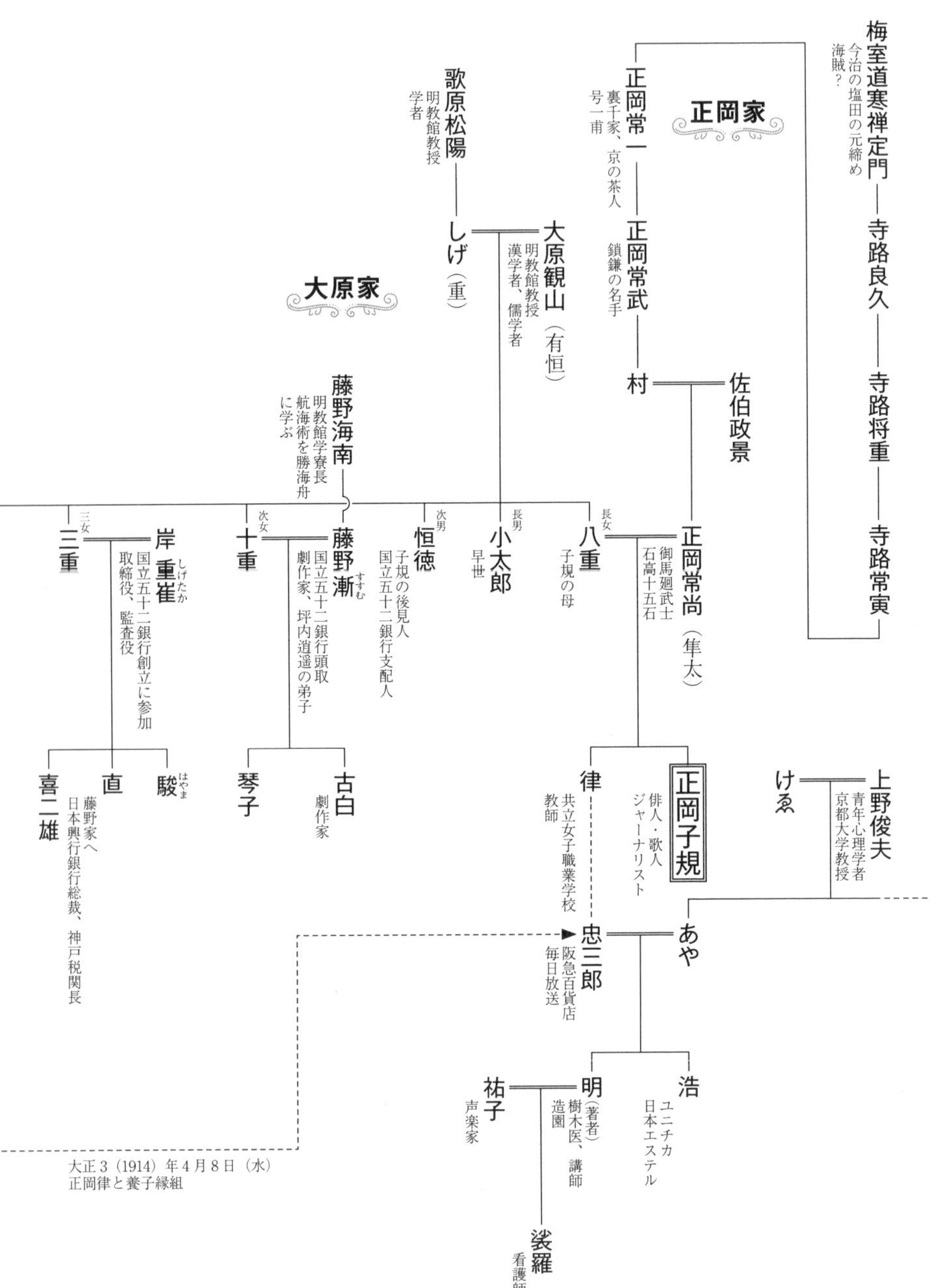

正岡家
梅室道寒禅定門
今治の塩田の元締め
海賊？
寺路良久
寺路将重
寺路常寅
正岡常一
裏千家、京の茶人
号一甫
正岡常武
鎖鎌の名手
村
佐伯政景
正岡常尚（隼太）
御馬廻武士
石高十五石
大原家
歌原松陽
明教館教授
学者
しげ（重）
大原観山（有恒）
明教館教授
漢学者、儒学者
藤野海南
明教館学寮長
航海術を勝海舟
に学ぶ
長女
八重
子規の母
長男
小太郎
早世
次男
恒徳
子規の後見人
国立五十二銀行支配人
藤野漸
国立五十二銀行頭取
劇作家、坪内逍遥の弟子
次女
十重
岸重崔
国立五十二銀行創立に参加
取締役、監査役
三女
三重
正岡子規
俳人・歌人
ジャーナリスト
律
共立女子職業学校
教師
上野俊夫
青年心理学者
京都大学教授
けゑ
あや
忠三郎
阪急百貨店
毎日放送
古白
劇作家
琴子
駿
直
藤野家へ
日本興行銀行総裁、神戸税関長
喜二雄
浩
ユニチカ
日本エステル
明（著者）
樹木医、講師
造園
祐子
声楽家
裟羅
看護師
大正３（1914）年４月８日（水）
正岡律と養子縁組

◉加藤恒忠（拓川）関連家系図（著者作成）

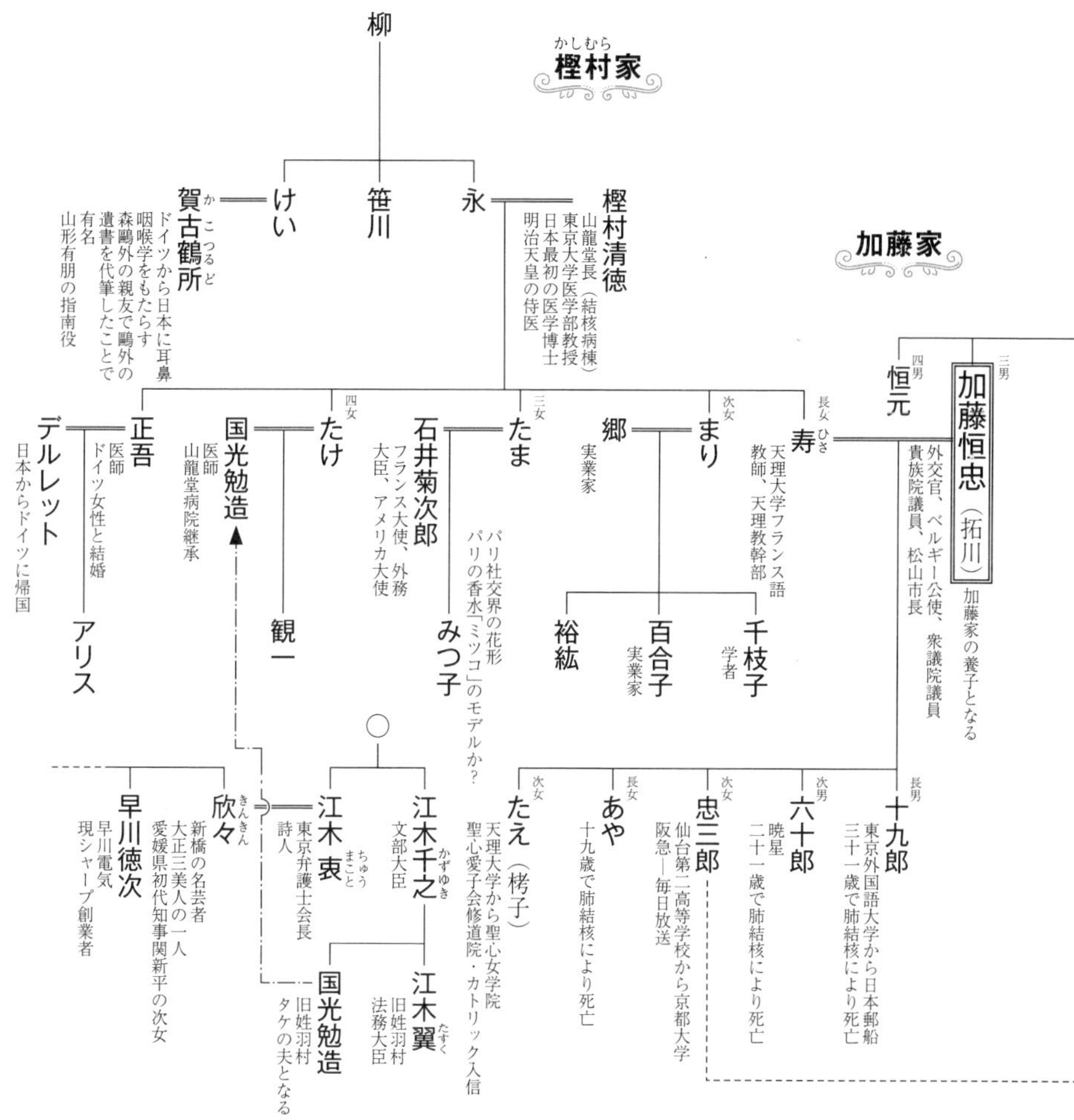

手紙からみた明治の群像―子規の叔父加藤拓川と日露戦争の時代　目次

プロローグ　明治への誘い

伊丹の家

兵庫県の南東部の阪神間に位置し、人口二十万人を擁する伊丹市。その昔は摂津国と呼ばれ、織田信長に反旗を翻した戦国武将、荒木村重の居城、有岡城が町の東のはずれにあったが、鉄道の敷設で取り壊され、真新しい石積で囲われた殺風景な高台が、JR伊丹駅前にわずかにその面影を留めている。

城跡から阪急伊丹駅に向かって、西に歩を進めると、瓦葺きの豪壮な古い酒蔵が建ち並び、江戸時代この地方を治めていた近衛家の保護の元で、清酒の栄えた町の名残がうかがえる。そこから少し南西方向に数分歩くと、静かな住宅街となり、その一角に建つ古い木造のあばら屋が私の生家である。

一九三七年（昭和十二）に結婚した両親が新居を構えた家で、今は〝西台〟という平凡な町名だが、私の幼い頃は主基町と言い、天皇に新米を献上する新嘗祭の祭場を連想させる地名であった。そう言えば、私の家から南側は稲田が遥か彼方まで広がっていた。

家の前には小川が流れ、水草の間を小鮒や川海老が泳ぎ、川底の小石の間には黒い蜆が潜んでいた。狭庭の小さな池で飼っていたアヒルは、昼間その小川を下って遠くまでドジョウなどを漁りに出かけ、夕方には必ず帰ってきた。我が家の黒い雑種犬も放し飼いで、町中を彷徨し、家からかなり離れた阪急伊丹駅の改札口で、夜遅く酔って帰ってくる父を待ち続け、父を見つけると尻尾を振って飛びつき、一緒に帰るのであった。何とも長閑な時代だったが、今や車が行き交い、ビルが建ち並ぶ無機質な都会に変貌してしまっている。

両親の越してきた一九三七年といえば、日本にもきな臭い暗雲の影が忍び寄り、日中戦争へと突入する年であった。その四年後に太平洋戦争が始まり、圧倒的なアメリカの軍事力で、日本の主要な都市のほとんどは壊滅状態となるわけだが、伊丹の上空にもB29の米軍爆撃機の編隊が、夜半に不気味な音を轟かせて通り過ぎるのを、身をすくめてやり過したと母からたびたび聞かされた。

伊丹の家にもテルミット焼夷弾が落とされ、西側の壁をかすったが、隣地に落ち全焼を免れた。何でも壁土の中の竹で編んだ補強材がクッションになって、家に貫通せず跳ね返って隣地に落ち助かったとのこと。

そんなどさくさの一九四五年（昭和二十）、終戦直前の四月に、私は居間の大黒柱の下で明け方に生まれた。こんな御時世で、産婆も間に合わなかったらしい。空襲警報が鳴ると、母は乳呑み児を抱いて、庭に急ごしらえで掘った防空壕に飛び込んだという。食糧難の時代でもあったし、何とか成長できたのは幸運というほかない。

例の大黒柱は直径二十センチぐらいの赤肌の丸柱で、下の方の表面が妙にツルツルした光沢を放っているのは、様々な訪問客がその柱に寄りかかっては盃を片手に語らい、疲れては居眠りをした痕跡のようである。客の中には、激戦地ミンダナオ島で捕虜となり、戦後軍服姿のまま伊丹の父を訪ねて来た、作家の大岡昇平が居た。彼はフィリッピンの戦地で中原中也と富永太郎の二人の詩人のことを書く決意をし、青春時代にその二人と深く交わった父に取材にやって来たのであった。

ほかに、父の仙台二高時代の旧友、マルキストで詩人のぬやまひろし（本名・西澤隆二）。後に父とぬやまひろしを主人公に『ひとびとの跫音(あしおと)』という唯一の現代小説を書いた司馬遼太郎。父の阪急時代の後輩で、後に著名な指揮者となった朝比奈隆。やはり仙台二高の旧友で三菱銀行の総帥となった田実渉(たじつわたる)など。

とにかく客の絶えない家であった。この居間には客のほかにバッカスとミューズの神が住みつき、詩や小説、音楽が醸成され、世に放たれる工房の一つとなった。時には小さな句会も開かれたのかもしれない。

後に大岡、司馬、ぬやまと父が編集委員となり、この狭い一室で編集会議が開かれ、一九五六年（昭和三十一）頃講談社『子規全集』24巻に結実した。

しかし、これらは昭和の時代の風景であって、私はもう少しさかのぼった時代のことをこれから書こうとしている。

埋もれていた書簡の出現

前述のように、戦火を潜り抜けた伊丹の家はその後、失火で危うく全焼するところであったが、これも運よく二階の壁板を焦がしただけで助かり、阪神大震災にも倒壊せずに、未だにかろうじて原形を留めている。

両親とも他界し、空家同然になっていた伊丹の家に何げなく立ち寄ったことがあった。一九九二年（平成四）頃だったか、西に傾いた冬の薄日が射し込んでいる二階の部屋にぼんやり座っていると、ふと、棚の上の古ぼけた藍染めの風呂敷包みが目に止まった。それを降ろしてみると、埃がかぶっていて、結び目も固く解けにくいところから、長い間放置されていたことがうかがえた。包みを解くと、一抱えぐらいの黒い固い箱が出てきて、その蓋をそっと開けた瞬間に、私は明治という時代の鮮烈な息吹を浴び、否応なく明治の華麗なる群像の中に入り込むことになった。

その箱の中には、毛筆で認（したた）めた封書が縦向けにびっしりと詰め込まれていて、その数は優に五百通を越えていたであろう。封筒から和紙の巻紙を取り出すと、何やら毛筆で流れるような字が書かれていて、とても読めそうもない。宛名は大半が「加藤恒忠（かとうつねただ）閣下」とか「加藤拓川（かとうたくせん）老兄」とあり、差出人の名は私でも判読できるものが結構あった。原敬（はらたかし）、西園寺公望（さいおんじきんもち）、犬養毅、牧野伸顕（まきののぶあき）、渋沢栄一、松方幸次郎、加藤高明、近衛文麿（このえふみまろ）など、教科書にも登場するような著名な人物が続々出てきて驚かされた。

外交官で正岡子規の叔父ということだけは知っていたが、いったいこの加藤恒忠という人物は何者なのか。そこから筆者の明治への旅が始まった。

我が家の系譜

加藤恒忠とは筆者の父方の祖父である。松山出身、明治大正期の外交官で、雅号を「拓川」という（以下、号の拓川で呼ぶことにする）。

ところで、筆者の父・正岡忠三郎（まさおかちゅうざぶろう）は拓川の三男で、子規といとこ同士の関係にあり、子規の死後十二年経た一九一四年（大正三）に、子規の三歳下の妹・律（りつ）の養子となって、正岡家を継いだ。子規の死後養子と言って、事実上子規を継いで遺墨類を守り、サラリーマンの傍ら子規の継承に努めた。子規は独身で他界し、律も結婚したがすぐ別れ、兄妹とも子供が居らず、正岡の家系が途絶えるというわけで、父がいとこの養子に入ったのである。戦前は「家」の存続が重視され、養子縁組が多かったが、家長は兵役を免除されやすいという特典もあった。拓川も大原家から出て、先祖の加藤家を継いでいる。

一九七四年（昭和四十九）頃だったか、正月にたまたま司馬遼太郎さんが奥さんのみどりさんと連れ立って伊丹の拙宅に立ち寄られ、夕食をともにして帰られたことがあった。その時、司馬さんは貴重な話をいろいろされたはずだが、私はまだ二十代の青二才で、先祖のことも明治のことも余り興味がなかったので、ほとんど記憶にないのは甚だ残念である。録音するか、せめてメモ書きにでも残しておけばよかったが、すべて「後の祭」である。一つだけ次のような話をされたのを記憶している。

> 拓川さんという人は友達を作るために、この世に生まれてきたような人ですね。拓川は伊藤博文とぶつかって外務省を辞めなければ、確実に外務大臣になっていたでしょう。もう少し欲があれば、総理大臣になれるぐらいの器の人ですね。

多少のリップサービスもあっただろうが、その時初めて祖父に関心を持ったような気がする。

その後、例の出現した書簡類を調べていくうちに、「友達を作るために生まれてきた」というフレーズにはいたく納得させられた。

交友範囲は政治家、外交官は元より、軍人、財界人、ジャーナリスト、学者、教育者、法律家、医師、芸術家、詩人、社会運動家、革命家にまで及び、それも明治・大正・昭和前期に活躍した著名な人物が綺羅星の如く居並び、信じられないほどの交友の広さであった。

これほど職種、立場、思想の異なる人達と親しく交友できた拓川とはいかなる人物なのか。彼を取り巻く人物群を調べていくうちに、一本筋の通った気質の共通項が見えてきた。とにかく彼らには高い志があり、大らかで面白い人達で、司馬さんをして「日本人の中でも〝明治人〟という特別な人種が存在した」と言わしめるスケールと魅力があったように思う。

司馬さんがたびたび登場することになるが、まだ司馬さんと出会う前の二十代に、幕末の長州を描いた作品『世に棲む日々』を読み、幕末明治の動乱の時代と若き志士達に興味を抱き、長州の萩まで飛んで行ったことがある。その後、実際にお会いすることにもなり、司馬さんの作品や話から影響を受けたものは少なくない。

正岡子規に関しては、多くの研究者や俳人歌人などによる出版物が沢山出ており、研究資料には事欠かないが、あまり知られていない拓川は子規の叔父として、それらの史料に少し出てくるぐらいであり、伝記などは皆無であった。ただ一つ、彼の人となりが分かる『拓川集』という全六巻の和とじの古い資料が手元にあった。拓川が他界してから八年も経った一九三一年（昭和六）に、親しい友人達が集って発足した「拓川会」の記念誌で、故人を偲ぶ回想談や書簡、日記などで構成されている。詳細は第十一章で述べることにする。

美しき絵葉書

ほかに重要な資料としては、二千枚ほどの絵葉書が残されている。拓川自身が数冊のアルバムに年代順に整理保管していたもので、大半は一九〇二～一九〇六年（明治三十五年～三十九）ぐらいのベルギー公使時代に、拓川とその妻・寿（ひさ）に宛てたものである。ちょうど日露戦争のはさまる時期で、この戦争に関わっていたか、関心のあった政治家や外交官、実業家や文人などからのものが多い。日露戦争に関連した、当時の緊迫した世界情勢やヨーロッパの世相をかいま見ることができ、時には外交上の機密事項も含まれているものもある。

また、絵柄がしゃれていて美しく、美術的価値もあるかと思われる。当時フランスやベルギーではジャポニズムに続くアールヌーボーの美術運動が起こり、それらのデザインを取り入れた絵葉書が爆発的に流行、同時期に日本でも日露戦争の勝利を記念した絵葉書が流行したため、絵葉書ブームが内外で起こった。また今と違って、当時の通信手段は郵便しかなく、皆筆マメだったので今に残っているのだろう。絵葉書の文面は余り解読できていないので、今後の調査が期待される。

『坂の上の雲』の時代

日露戦争といえば、司馬遼太郎の長編小説『坂の上の雲』に詳しく描写されているが、登場する三人の主人公と拓川は非常に密接な関係にある。世界最強のロシア・コサック騎兵団と戦った、日本騎兵の祖・秋山好古（あきやまよしふる）と拓川は松山の藩校明教館以来の竹馬の友、その弟で日本海海戦の作戦を立案した海軍参謀・秋山真之（あきやまさねゆき）は甥の子規の親友であり、拓川とも幼少から交わり、拓川宛葉書もある。そして、正岡子規は言うまでもなく拓川が物心両面で支えた甥である。この小説にも拓川は少しだけ登場するが、執筆当時司馬さんの手元にも拓川の資料は乏しかったのではなかろうか。ベルギー公使時代には多くの要人がこの戦争の情報収集にきたのを助けているので、関係者同士を幅広いコネクションを駆使して結びつけたり、持ち前の世話好きを発揮していたと思われる。その結果として、この小説に登場する四十数名と交際し、彼らの書簡も多数手元に残っている。

子規との縁（えにし）

加藤拓川に比べて、正岡子規の名を知らない人は少ないだろう。しかし、子規を有名にしたのは、小学校の教科書にも載っている「柿くへば鐘が鳴るなり法隆寺」の句であり、子規が一体どういう仕事をし、どう生きたかを知る人はそれほど居ない。実は私もかつてはその一人であった。子規の孫（正確には妹・律の孫）というレッテルだけは貼られていたが、さほど関心はなかった。

そう言えば実家の鴨居には、拓川と律の晩年の写真は額に入って飾られていたが、子規の写真はどこにもなかった。あれほど子規の継承に真面目に取り組んだ父からは一度も子規の話を聞かされたことはなかった。その訳は、父が他界したずっと後で徐々に分かってきたのである。

それは子規百回忌の二〇〇一年（平成十三）に起こった、ある出来事がきっかけとなった。半世紀ほど行方不明になっていた子規最大の遺墨『仰臥漫録』が突如出現したのである。まるで子規が天から舞い降りてきたかのように、私は子規の世界に引きずり込まれ、子規ワールドの人達と出逢い、俳句にまで関わることになったのである。正に運命というか、「縁」の不思議な力が働いたとしか思えない。

そして「縁」と言えば、結婚して阪神間から奈良に移ってきたことである。「柿くへば」の句の誕生した舞台から目と鼻の先に住んだことで「子規の庭」プロジェクトに加わり、子規ゆかりの柿の古木を囲む庭作りに参画したことで、一段と子規が近づいてきたのである。

ところで、有名無名ということについて言えば、子規の名を後世に残したのは、自身の情熱と志とたゆみ無い努力が核にあったればこそではあるが、ただ子規自身の力だけでそうなったのではないことは言うまでもない。生前の病身の子規を献身的に支えた多勢の人達が居た。まず身内である、母親の八重と妹の律。そして叔父の拓川。この三人の支えが無ければ、とても三十五年も生きられなかっただろう。そしてよき友人や弟子達も、身内のように懸命に支えた。子規の死後も、彼の顕彰に生涯をかけた友人も居る。学者や研究者も後世に橋渡しをしている。こう考えると、本人もさることながら、影で支えた人達にも、もっとスポットライトを当てるべきだと思えてくる。

いずれにしても、百年ほど前の手紙類を通じて、この時代の人々の生き様に魅せられ、それらの人達との交友を通して、加藤拓川という人物像とその時代が浮かび上がってきた。そして正岡子規も突如眼前に現れ、二人の世界が重なり合い、ダイナミックな明治の群像となって動き出したのである。

これから、まず拓川の生涯を追い、次に書簡などを通じて、新生日本の土台を築こうとした人達を掘りおこしてみたい。

そこには濃密な人間関係が醸し出す、無私の友情が隠し味として、この時代を彩っていることに気づかされるだろう。

第一章　松山時代

父大原観山と幕末の松山

春や昔十五万石の城下かな

春風に乗って、瀬戸内の潮の香が漂ってくるような、伊予松山の風土を大らかにうたい上げた子規の句である。結核が重くなりつつある子規は、拓川や周囲の親戚、友人達の猛反対を押し切って日清戦争に従軍するのだが、中国大陸に渡る前に、見納めとばかり、帰郷した時の一句である。

松山市街の中心部に忽然と隆起したような城山、その頂きに優美な姿を戦国時代から残す松山城。その城山の南に平坦な地が広がり、城に近い順に、一番町、二番町、三番町、湊町と町名が付いている。一番町は上級武士。城から遠ざかるほど、位は下がっていく。

加藤拓川は一八五九年(安政六)に、この湊町四丁目十九番の大原家に生まれた。父は漢学者・大原有恒(おおはらありつね)(号・観山(かんざん))、母は儒学者・歌原松陽(うたはらしょうよう)の娘しげで、幼名は忠三郎と言った。

観山は加藤重孝の第三子であったが、親戚の大原家に養子に行っている。観山の三男である拓川は後継ぎの居なくなった加藤家に養子に入り、加藤を再興した。家の存続のための養子縁組が複雑に絡み合っている。

松山藩は一六〇〇年(慶長五)、関ヶ原の戦いで、徳川氏に味方した加藤嘉明が二十万石で藩を立ち上げた。いわゆる徳川親藩であり、幕末に徳川側に付いたために辛酸を舐めることになる。

伊予の地は温暖で、魚介類や柑橘類も豊富な、春風駘蕩とした風土に培われた文化が根付き、能、俳諧、和歌、茶の湯などが栄え、芸事や学問を育む土壌があった。

そのような中、藩校明教館が創立され、観山は十歳で入学、後に江戸へ出て幕府直営の昌平坂学問所（昌平黌）に学び、舎長も務めた英才であった。帰郷後は明教館トップの大司教に就任した。藩第一の漢学者で漢詩にも秀でていたが、江戸で学んだことで、広く世界の事情にも通じていた。鎖国当時に、ワシントンという地名がどこにあるかを言い当て、周囲を驚かせた。

漢学のみならず、広い見識を認められた観山は、幕末の混乱期には藩政にも関わり、「側用達」つまり政治顧問という重要なポストに就いた。

長い間続いた幕藩体制が瓦解しはじめ、アメリカの黒船襲来や、英仏などの列強の外圧がかかり、攘夷から開国へと急展開していく中、徳川側の松山藩は二度も長州征伐を命じられ、二度目は特に大きな打撃を蒙り、敗退した。その後、土佐藩が松山占領の勅命を掲げて迫ってきたので、これ以上攻めないで欲しいという歎願書を持って京に向けて出発するも、警備が固く、やむなく帰郷する。まもなく土佐藩が松山をすんなりと制圧したわけである。

この時、藩内には徹底抗戦を主張する者もいたが、藩の重職に就いていた観山が、はやる彼らをなだめ説得したこともあって、松山藩は恭順の道を選ぶ結果となった。もし徹底抗戦になっていたら、会津藩のような悲劇を招いていたかもしれないと言う人もいる。

事態は何とか収束に向かったが、薩長を中心とする官軍は、松山藩に対して十五万両という莫大な軍用金の賠償を命じた。もともと厳しい財政状態であった藩は大きな打撃を受け、困窮を極めることになる。余りに賠償金が法外だったため、藩における地位などと関係なく、大原家も貧窮した。

拓川の幼少期

拓川が生まれた一八五九年（安政六）と言えば、「安政の大獄」すなわち、大老井伊直弼が大弾圧を敢行し、吉田松陰や橋本左内ら、急進的開明派が次々に処刑された年である。その六年前に、アメリカのペリー艦隊が恫喝さながら開国を迫り、緊迫した情況の中で生を受け、しかも前述した動乱の末の困窮の波に飲み込まれて幼少期を過ごした体験は、拓川の思想形成に影響を及ぼさざるを得なかった。

拓川は晩年、次のように回想している。

明治六年の暮れなりしと覚ゆ。余は我が父の肩をたたきける時、唐人町の田中金兵衛という金貸しがつかつかと入り来たり「先生、利息だけでも貰いましょう」と申しければ、父は少しく当惑の態にて「金兵衛、誠に申し訳なけれど、此暮はまだ餅もつき得ず、子供の凧も買ってやる銭さへも無し。春になればきっと幾分を納むべければしばらく我慢してくれ」と言われし。しばらく黙止したる金兵衛は突然立って、手洗鉢の水を庭に投げ放して「凧や餅は此方に関係なし、私はこれでも頂いて帰ります」と周囲六尺に余る銅盤を両手に抱えて去れり。父は母にむかひ、「金兵衛はいつも淡白な男じゃのう」と笑ひ給ひ、我が母は黙して納戸に入りて独り泣き給へり。程なく我が弟は外より帰りて「ととさま早く凧を買って下さい」と迫れり。その翌元旦の雑煮の味のまずかりしこと、今も忘るる能はず（『拓川集』）

その後、拓川は少し働いて小金を稼ぎ、その鉢を取り返したが、「誰に頼まれた、そんなケチな根性で出世などできぬ」と観山からひどく叱られた。

その古銅の手水鉢は、拓川が郷里を後にして五十年、松山市長としてその家に戻ったところ、自分を待っていたかのように、元のところにあったと感慨深く回想している。

それほど貧しい幼年時代を過ごしたにもかかわらず、後に外交官として高額の報酬を得たが、何に使ったのか財は残さず、一軒の粗末なあばら家が残っただけであった。拓川もまた淡白な男と言わなければならない。

判官びいきの反骨の芽生え

松山藩は朝廷に弓を引いたわけでもないのに、徳川慶喜に付いていたがために、朝敵の烙印を押され、藩の年間予算を上まわる賠償金を払わされるとは、どうにも割が合わないが、そんな空気の中で成長した拓川の胸の内には、薩摩長州に対して生涯消えることのない反骨の炎がくすぶっていたのではなかろうか。外交官になってからも、長州の山縣有朋と反りが合わず、伊藤博文ともぶつかって外務省を去ってしまう。そう言えば、あれだけ交際の広い人間なのに、長州の友人が皆無というのも不思議な話だ。今ではなかなか理解しにくいが、当時の徳川親藩の人達で、薩長雄藩に対する反発心をバネにしてのし上がって行った人達も結構いる。盛岡藩士から総理大臣にまで登りつめた原敬なども、その一人であろう。拓川よりも柔軟で、長州の大物をうまく引き込みながら、世の中を渡って行った人物ではあるが、根底には拓川と同じ反骨の炎が消えなかったのではなかろうか。

もう一つ、エピソードがある。拓川が十六歳の時、父の観山が亡くなり、その葬儀に県の上役がフロックコート姿で会葬にやって来た。拓川はいきなりその人物に向かって「父は大の西洋嫌いでした。そんな姿で来られては父も喜ばないと思いますので、どうぞお帰り下さい」ときっぱり断り帰らせたとのこと。その人個人に対する思いというより、県庁という薩長政府に繋がる権力に対する反骨心が根底にあったと思われる。確かに観山は大の西洋嫌いで、明治に入っても孫の子規にちょんまげを切らせなかったのも事実である。

明教館時代

十代でみっちりと父親に漢学を叩き込まれた拓川は、一八七〇年（明治三）、十一歳で藩校明教館に入学している。同じ年に秋山好古も入学し、二人は生涯の親友となる。

明教館は藩士の子の大半が入学し、漢学を中心とした、レベルの高い教育機関だった。もっとも江戸時代は全体に教育水準が非常に高く、日本は識字率も世界のトップクラスであった。江戸だけでなく、地方からも優秀な人材を輩出したほど、教育が行き渡っていた。松山も例外でなく、各分野で逸材が世に出ている。

明教館の門をくぐった十歳そこそこの拓川は、すぐに先生の助手として、四書五経の素読を生徒に教えたほどだから、よほど早熟だったというか、父親の薫陶が絶大だった。拓川は観山に代わって甥の子規も教えたことがあった。

観山は一九七五年（明治八）、五十七歳で没す。その通夜の席で、親しい友人達を前に、拓川は「もはや学ぶべき人は居ない。東京へ出ようと思う」と打ち明け、その数ヶ月後に出郷した。当時十六歳で、晩年松山市長となって帰郷するまでの半世紀足らず、異郷の地を転々とすることになる。

秋山好古からの手紙

小説『坂の上の雲』の著者、司馬遼太郎と筆者の家とは密接な関係にあり、書きたいことは山ほどあるのだが、その小説の主人公の秋山好古とはさらに深い縁で結ばれている。拓川とは正に「竹馬の友」で、生涯家族ぐるみで親しく交わった。

好古も拓川と同じ一八五九年（安政六）生まれで十一歳の時、ともに松山の藩校明教館に入校し、机を並べて学んでいる。ともに一、二番を争う優秀な成績だったという。好古はその後大阪へ出て小学校の先生になったりしたが、家が非常に貧しく東京に転じ、学費の要らない陸軍士官学校に入った。後にフランスに渡り、サン・シール陸軍士官学校に入学、優秀なフランスの騎兵戦術を身に付け、日露戦争でナポレオン戦団をも敗退させ当時世界最強と恐れられたロシアの「コサック騎兵団」を相手に転戦し、日本騎兵の父と呼ばれたことは『坂の上の雲』に詳しい。

さて、筆者の手元に秋山好古から拓川に宛てた十通余りの書簡がある。当時の人達の筆の字はどれも達筆であるが、とりわけ好古の字は何とも豪快で、しかも流れるように美しい。筆者は思わず見惚れてしまった。「字は体を表す」とでも言おうか、力を抜いてさらさらと書いた手紙の筆跡にはその人の人格を彷彿とさせるものがある。

それらの書簡に混ざって一風変わった七五調の文体で綴られた次のような巻紙が出てきた。

自労自活は天の道
戒むべきは無為徒食
一夫一婦は人道そ
酒色の慾を慎みて
品性修養怠るな
日が暮るゝれば天を見よ

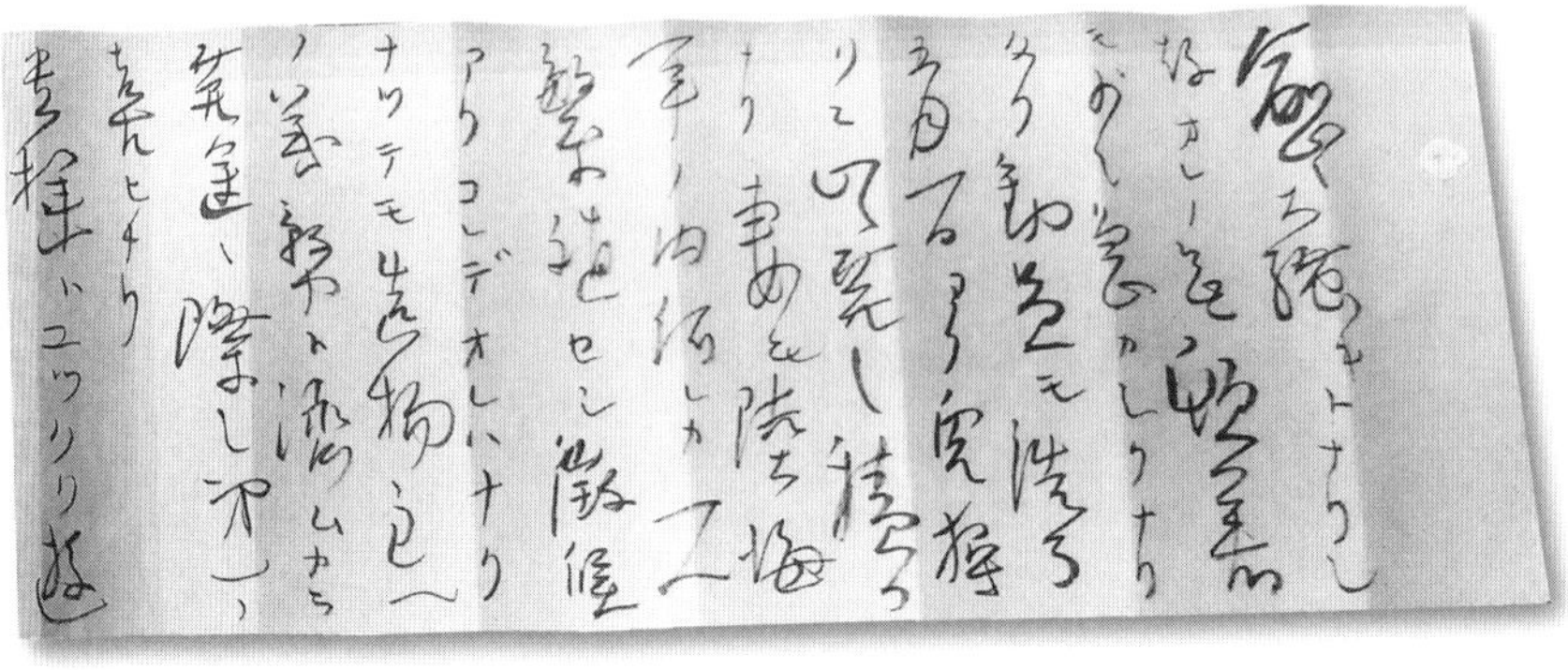

日露戦争出陣直前の秋山好古から拓川宛書簡

常に動かぬ北極星
陸地海路の旅行者の
道に迷わぬ磁石なり
曲りし道に入りにしと
心に疑ふ事あらば
吾良心に問ふべし
常に汝を導かん
絶へず汝を守るらん

好古

この七五・七五のリズムのよい詩形は「新体詩」と言って、明治初期に西洋の詩の形式を採り入れて創始された新しい形式である。

これはロシアを破り、日本に凱旋するにあたって兵士たちのために作った教訓歌であると『坂の上の雲』に記されている。好古は常に品性修養ということを人生の基本に置いていたと言われており、好古の生き方をよく表した文面である。小事にこだわらぬ鷹揚な、スケールの大きな人物であったが、自己を厳しく律するという面もあった。

「凱旋」と言えば、好古からベルギー公使館の拓川宛の絵葉書があり、一九〇六年（明治三十九）五月一日付で

無事凱旋　一同無事　忠兄　好古

とだけ記されており、好古らしい簡潔な文面である。

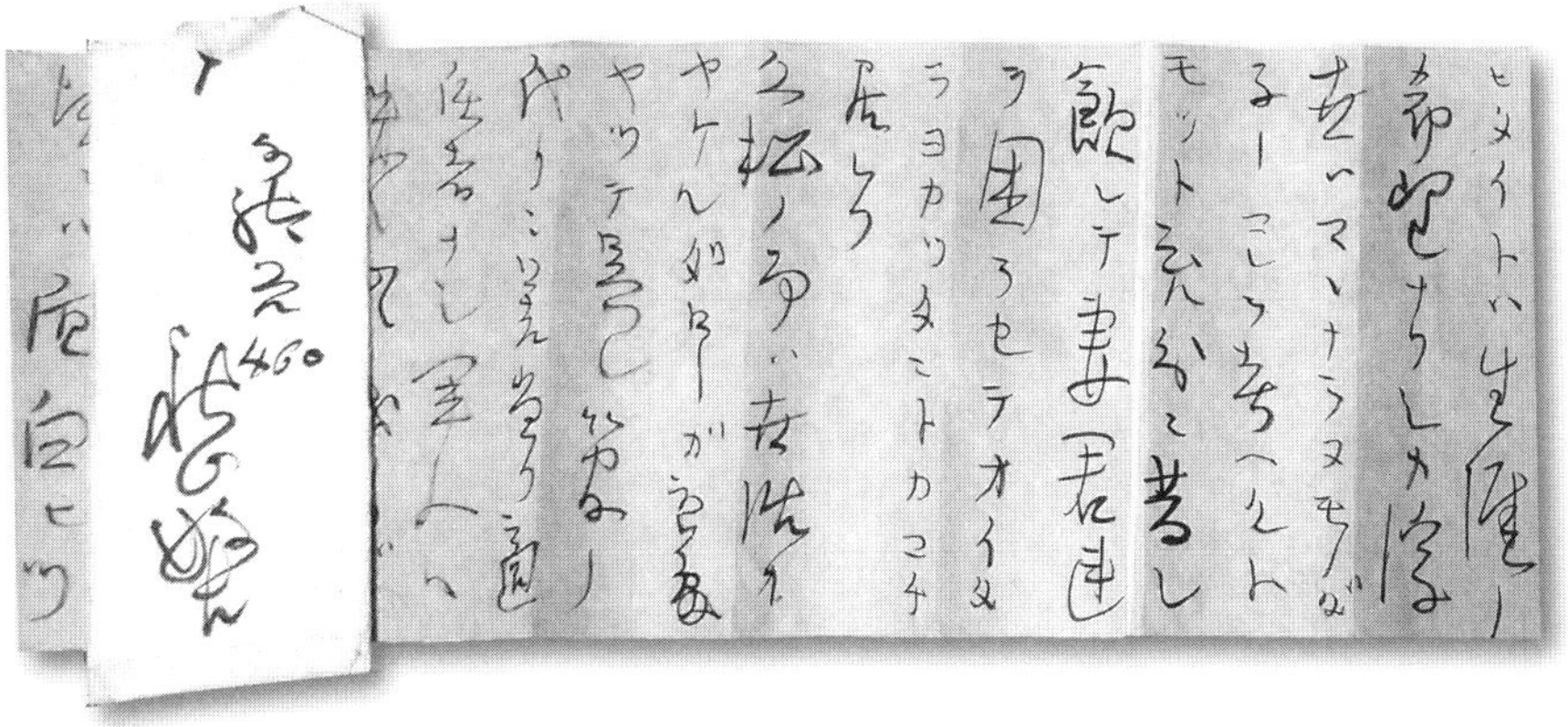

好古の書簡の中で極め付きの内容のものはちょうど日露戦争で中国に向けて出発する直前の一九〇四年（明治三十七）四月二十二日に拓川に送ったものである。

愈々（いよいよ）大騒キトナリシ故オレノ無頓着モ少シ急カシクナリタリ、動員モ結了五月一日ヨリ兎狩リニ出発ノ積リナリ、妻モ陸海軍ノ内何レカ一人繁殖セシ徴候アリ、コレデオレハナクナッテモ造物主ヘノ義務ハ澄ムカラ発途ニ際シ第一ノ喜トナリ、貴様トユックリ遊ヒタイトハ生涯ノ希望ナリシカ浮世ハママナラヌモノダナーコレヲ考ヘルトモット充分ニ昔ニ飲ンデ妻君連ヲ困ラセテオイタラヨカッタトカコチ居レリ　久松ノ事ハ世話ガヤケルダローガ宜敷ヤッテ呉レ、管ノ代リニ差当リ適任者ナシ、軍人ハ殊ニ出戦者ガ多イカラムツカシク此書状カ着スル頃ニハ面白ヒツカミアイガアルダロー　一寸ト発途ノ知ラセ迄　妻君十九郎ヘモ宜敷　四月廿二日　好古　忠兄

手紙が書かれた当時、好古は四十五歳で、陸軍騎兵第一旅団長として千葉県習志野市に待機。同旅団は四月二十一日に参戦が決まっており、この翌日にベルギー公使の拓川に送ったことになる。

冒頭の「いよいよ大騒ぎとなりしゆえ、おれの無頓着も少し急がしくなりたり」とは、日露戦争を取り巻く慌ただしい情況を表し、「五月一日より兎狩りに出発のつもりなり」とは日露戦争を「兎狩り」に例えている。好古独特のユーモアの表現だが、このような国家機密をはっきり言えない一種のカムフラージュともとれる。

「貴様とゆっくり遊びたいとは生涯の希望だったが浮世はままならぬものだなあ。もっと充分飲んで妻君連を困らせておいたらよかった」とは、いかにも大の酒飲みの好古らしい表現。出征して戦死する覚悟から、もっと貴様と飲み明かしたかったと惜別と友愛の情が文面ににじみ出ている。

酒飲みと言えば、好古は酒が体質に合っていたのか、満州の戦場で馬に乗りながら、いつも民家に立ち寄って譲ってもらったシナ酒の入った水筒をラッパ飲みしていて、時には酔っぱらっていたことさえあったとのこと。ある時、敵の流れ弾が唇をかすめて顔面血だらけになったことがあったが、それでも平然と酒をあおっていた。

最強のロシアコサック騎兵集団に対する防衛線を南満州の黒溝台に張っていた時のこと、日本で初の本格的な騎兵隊であった秋山支隊はまだ弱小集団で、その数わずか八千人。対するコサック騎団は十万人という圧倒的な勢力であったが、それでも好古は絶対逃げずに防衛線を守り通した。ポケットには突破された場合の最後の手段として、自決用の拳銃をしのばせていたという。

好古の逸話には事欠かないが、もう一つ。

「男子一事を成せば足る」という言葉を座右の銘にしていた好古だが、肝心なこと以外はまったく頓着せず、戦闘中の一年間に風呂は二回しか入らなかったという。部下が風呂を勧めても「風呂に入りに戦地に来たわけじゃない」と言って断った。

このように好古は無頓着で茫洋とした印象がある反面、なかなか鋭敏な頭脳と行動力ももっていた。日露戦争の前年の一九〇三年（明治三十六）に好古は清朝末期の大物、袁世凱（えんせいがい）に会っている。当時の上位の軍人は外交官的な役割も果たし、その裏では諜報活動も兼ねていた。袁世凱には非常に信頼を得た好古は、清国が満州をロシアに割譲する動きがあるとの情報を袁世凱から聞き出し、ただちに行動を起こし、結果的にはイギリスとの協力の元、割譲を阻止する運びとなった。大物の袁世凱にさえ「秋山大将ほど大きな人物は居ない」と言わしめた好古は、袁世凱の息子を日本見物に呼び寄せる世話までしている。

これも日露戦争前の話だが、ロシアに赴いた好古は、軍事施設などを見学し、その情報を本国に送っていたらしい。ロシアもロシアで強大な軍事力を日本に見せつけ、戦意を喪失させるという意図もあったらしい。

さて、もう一通、好古の人となりをよく表した満州から拓川宛ての書簡を紹介しよう。

七月十五日の書状並に返事共正に落手、不相変健気の由大幸々々　併新聞の始末には非常に困難を極め居るならんと察し居れり　お互の性質では商売は駄目故何トカシテ断然打切る方得策と考へ居れり、序ニ宜敷伝へて呉れ　オレモ不相変頑健暮し居れり、何分暑気ハ百廿度位故随分コタヘルガ存外ニ全般の健康状態は内地よりは良き方なり　朝日山一行ハ大連営口等にて興行し当地には来るやの話はなし、代理の者当地に来りしが何分在住者少なきと軍隊は演習等の為忙敷時季故余り利益も無し場処故多分取止めなるらんと察し居れり　新田主計へも序に宜敷言って呉レ　当地は別に異常ナケレド□の急変や満鉄（南満州鉄道株式会社）騒ぎで萬事遅滞し残念千萬なり　オレも随分永らく奉公シタ故早々に切り上げ土百姓となり清貧を楽まんと考へ居れり　一寸返事迄　早々

七月廿一日（一九一五年〈大正四〉と推定）　好古　恒忠兄

手紙の前半は「新聞の始末」とあるが、これは拓川が原敬の後任で「大阪新報社」の社長に就いたが、同時に取締役を兼任した「北浜銀行」の疑獄事件のあおりを受け、経営困難に陥ったことを示している（第五章）。お互いに商売には向かない性格だから、新聞社は辞めてしまえと好古は拓川に勧めている。もともとジャーナリスト志望の強かった拓川は、足かけ七年在籍した大阪新報社の社長の座を五十六歳で退いた。

拓川の友人にはジャーナリスト出身が多く、政治家として重きを成した、原敬、西園寺公望、犬養毅など皆、若い頃にジャーナリストを経験している。

また、明治の三大ジャーナリストと呼ばれた二人とも、拓川と親しい間柄にある。陸羯南とは原敬と並んで学生時代からの親友だったし、朝日新聞の主筆として二葉亭四迷や夏目漱石を育てた池辺三山、明治から昭和にかけて言論界をリードした徳富蘇峰とも親交があり、彼らの書簡も残されている。そういえば甥の子規もジャーナリストとし

て生計を立てていた。

さて、前述の書簡の末尾に、「オレも随分永らく奉公したゆえ、早々に切り上げ、土百姓となり清貧を楽まんと考え居れり」とあるが、戦場を駆け巡り、積極的に成りたかったわけでもない軍人を長く続けてきた身として、そろそろゆっくりしたいというのが好古の正直な心境だったのだろう。

しかし好古はその後の八年ほど陸軍の要職を歴任、教育総監、陸軍大将という最高ポストまで就くが元帥の称号の授与の話は断り、一九二三年（大正十二）末に六十五歳で陸軍の現役を退いている。ゆっくりする間もなく、松山の北予中学校の校長に担ぎ出されるのであるが、当時こんな人事は異例中の異例で、総理大臣を辞めて田舎の郷里の村長になるようなものだったが、好古の就任の弁は次のようなものであった。


中学のことは私は何も知らぬが、ほかに成り手がなければ校長職を引き受ける。日本人はちょっと地位を得て退職すると、遊んで恩給で食っていくことを考えるが、人間は最後まで世の中のために役立つ仕事をして働くべきである。


何やら今のスーパーや図書館で、定年後ぶらぶらと時間をつぶしているだけの老人には、耳の痛い言葉かもしれない。

私事になるが、秋山家と正岡家の縁は深い。拓川の多勢の友人の中で、十代から拓川の最晩年までの最も長い時間親しく交わったのは好古であろう。そして好古の次男の秋山次郎と筆者の父、忠三郎とも親交があり、そして次郎の次男、すなわち好古の孫の好史君と筆者とは神戸の六甲高校で同級、よく遊んだし今でも時々会う仲である。三代にわたって繋がっている。しかし、高校時代は先祖のことなど互いにまったく関心がなかった。また好古の次女、土居健子さんは筆者の両親の事実上の仲人。筆者の母の叔母にあたる人と健子さんとはお茶の水女子大学の同期で、この二人が両親を繋げたわけである。

ちょっと面白いエピソードがあるのだが、筆者の父の日記の一九二五年（大正十四）のある日に次のように記されている。父が京都大学の貧乏学生だった頃のことである。

コラム　手紙からみた明治の偉人

① 陸羯南◉約束を守った大記者

KUGA Katsunan, 1857-1907

加藤拓川は、徳富蘇峰、池辺三山、陸羯南の「明治の三大記者」のいずれとも交流がある。特に羯南とは、司法省法学校で共に校長の方針に反対して退学して以来、水魚の交わりだった。手元の絵葉書は一九〇三年、米欧旅行から帰途についた羯南が、エジプトからベルギー公使だった拓川に送ったものである。

「正岡（家）への伝言を了承した」とあり、前年に亡くなった正岡子規の遺族に、拓川が何らかの伝言を託していたことをうかがわせる。羯南は上京した子規一家を自宅の隣に住まわせ、子規が三十四歳で亡くなるまで新聞「日本」の記者として遇した。「おいの面倒を見てほしい」という拓川との約束を守り通したのだ。

結核に侵された子規も、羯南の手を握れば、不思議に安らかになったといい、「羯南のような温情の入はいない」と涙ながらに語っていたという。近代俳句の創始者といわれる子規の仕事は、羯南と拓川の友情なくしては成し遂げられなかっただろう。

陸羯南がエジプトから
ベルギーの加藤拓川に送った絵葉書
（☞巻頭カラー）
上：表の宛名
左：裏には現地の女性らしいイラストがあしらわれている。

秋山好古、加藤拓川一家と正岡家の人々

第 1 次世界大戦終結パリ講和会議に渡仏する拓川の壮行会（1918 年〈大正 7〉年）にて。前段左から加藤たえ（拓川次女）、秋山好古、正岡八重（子規の母）、加藤拓川、秋山治子（好古四女）、後段左 2 番目から加藤忠三郎（拓川三男）、秋山勝子（好古三女）、加藤あや（拓川長女）、塚原與志子（好古長女）、加藤六十郎（拓川次男）、秋山健子（好古次女）、正岡律（子規の妹）、加藤ひさ（拓川妻）。

秋山さん宅へ寄り、金を借りることを言い出しにくかった。百八十円借りた。好古は貸すのは嫌だからやると言った。kind grand uncle は前から好きだった。「貸すのはいやだからやる」とは好古らしい。百八十円というのは当時のレートではかなりの大金。好古は金にはまったく執着がなかった。陸軍時代、給料をもらっても、たまたま道で出会った友人が金に困っていると給料袋ごと渡したという。それを知った奥さんは、その後直接給料を受け取りに行ったらしい。

書簡の中に「妻も陸海軍の内いずれか一人繁殖せし徴候あり」と乱暴な表現の箇所があるが、好古の子供は誰も軍人にはならなかった。ところが、筆者の友人の好史君の息子は自衛隊に入隊し、一時は騎兵の流れをくむ戦車部隊に属していたとのこと。このひ孫の後継者を泉下の好古はどう思っているだろうか。

秋山好古は軍人らしからぬ軍人であった。家の経済的事情で教育者の道を諦め、軍人になった。なった以上、その一本の道を貫き、戦場では知恵の限りを尽くして強大なロシア軍と防戦した。彼は戦争が嫌いな軍人だった。血を見るのも嫌いだったという。ロシア兵の屍を見ると、部下に埋めてやれと言った。

戦争は国が平和を守るためにだけ止むをえずやるもので、利権や帝国主義的な侵略の目的でやるものではないという明確な考えが好古にはあった。

この時代の人は晩年は里帰りして、故郷のために働くという思いがあり、好古も松山の中学の校長になった。そして一日も休むことなく、一分も遅れることなく学校に通い、死ぬまで勤め上げた。

学内で何か問題が起きた時も、すべて校長が責任をとり、決して逃げないという姿勢を貫いた。当時すでに軍国主義が台頭してきており、軍人による軍事訓練が教科に義務付けられていたが、好古は「学生は軍人ではない」と言って訓練は最小限に留めさせた。

好古の松山の住まいは生家のままの藁ぶきの質素な家で、姪が家事手伝いに通っていただけで、一人暮らしであった。道後温泉で一風呂浴びて帰ると、ゆかた掛けになり、庭のイスに座って、松山城の方を眺めながらゆったりと酒を飲むのを日課としていた。生徒が訪ねてくると喜んで家へあげて話しこんだという。

軍隊時代を経て穏やかな晩年を過ごした後、最後は糖尿病と脱疽を患った。壊疽とも言い、足の組織の一部が壊死する病状だが、これは馬に長年乗って両足で締めつけていたのが原因ではないかと好史氏は筆者に語っていた。「足の痛みさえ無くなるなら足を一本失っても構わない。私はこの世で成すべきことは成し、いつ死んでもよい」と言って左脚切断の手術を受け、混濁した意識の中で「奉天へ」という言葉を残して七十二年の生涯を閉じた。ロシアの大騎兵団の退路を断った最後の激戦地、満州奉天の原野を、彼の魂は走り抜けていたのだろうか。

司法省法学校

十六歳で上京した拓川に話を戻そう。

この頃の東京は、新橋から東京まで鉄道が開通した直後で、文明開化の波がひたひたと打ち寄せていた。西洋と東洋、封建時代と近代とが合流する混沌とした荒波の中へ、青雲の志を抱いた多感な若者が船出するわけである。

叔父の家で旅装を解き、朱子学者の岡鹿門の私塾「綏猶堂」に入門する。岡は早くから尊皇攘夷論者で投獄されたこともあり、門弟三千人余りを有する、東京最大の漢学塾でもあった。

早々に拓川は塾長に抜擢されたが、一年足らずで辞め、翌一八七六年（明治九）秋に司法省法学校に入学した。

この法学校は東京大学法学部の前身で、江藤新平の創設した官僚養成の学校である。江藤は司馬遼太郎の小説「歳月」にも登場する異色の佐賀藩士で、司法卿まで登り詰めるが、西郷に付いて新政府に反発したため、刑死に追い込まれる。自分が作った法律で、最初に自らが裁かれ死刑になるという、何とも皮肉な悲運の逸材であった。

法学校は授業料が無料の上、衣食住まで官費で賄われた。貧乏士族の身にとっては願ってもない条件であった。それだけに勝手に退学することは認められず、卒業後十五年間も司法官を務めねばならないという制約があった。

入学試験は非常に難関で、二千名の志願者の中から、第一次選考で三百七十七名に振るい落とし、最終合格者は百四名。論語の解釈などの問題で漢学の素養があり、有利だったのか拓川は九八番で合格。後に親交を結ぶ原敬は二番であった。

この頃の日本は何かとフランスを手本にしていたので、法学校ではフランス法を教え、授業も皆フランス語であった。軍事面でもフランス式であったが、後にドイツ式に移行する。教師もお雇い外国人として、フランスの民法学者ボアソナードが来日した。彼は「日本近代法の父」と呼ばれ、日本の国内法の整備に大きく貢献した。また司法省法学校をはじめ、法政大学、明治大学でも教鞭を執り、十年間滞在した。ちなみに彼の俸給は日本の大臣を上廻るぐらいの高額だったと言われる。拓川とはその後も交際し、パリ公使館時代もボアソナードのお世話をしており、拓川宛の手紙も残っている。彼は非常に日本を愛していたことが文面から読みとれる。

賄征伐と生涯の友

試験も始終あり、厳しい授業内容だったが、若い彼らは寸暇を惜しんで青春を謳歌した。拓川は最初に親しくなった三人と富士登山を試みている。その三人とは陸羯南、福本日南、国分青厓（こくぶせいがい）で、生涯水魚の交わりとなる。国分などは下駄で登山したという兵（つわもの）で、逸話には事欠かない変人奇人であったが、後に一流の漢詩人のジャーナリストとなる。

入学した三年後に「賄征伐（まかないせいばつ）」という事件を起こす。寄宿舎の食事の質が落ち、賄業者が不当な利益を得ているのではと、学生が学校側に抗議したのが事の発端であった。明治期の寄宿制の学校ではよく起こった騒動で、子規も大学時代、皆で茶碗を叩いて食堂に抗議したと随筆に書いている。

最初に事を起こしたのは、拓川はじめ福本日南、秋月左都夫（あきづきさつお）ら二十名で、二週間外出禁止を学校から命じられた。数日後に校長はそれらの学生を集め、反省するなら禁足を解くと歩み寄ったが、この提案を学生側は蹴ったため、四人は真夜中に寄宿舎から追い出された。

原敬は当初、この騒動に加わっていなかったが、理不尽な学校側の処置に義憤を感じ、義侠心から立ち上がって、「学校の規律には従うが、良心の自由を束縛するいわれは無い。校長に心服するか否かは自由である」と論じ、先頭に立って、時の司法大臣大木喬任（おおきたかとう）にまで直談判に行った。大木は血気盛んな若者のやったことだから大目に見てやれと校長に伝達し、ひとまず事は収まった。さすが原はこの頃から交渉術には長けていたと言える。

これで一件落着とはならず、根に持った狭量の校長は、次の学年試験で成績不良を理由に、十六名を突然退学にした。その中には原敬、拓川、日南、青厓、羯南らが居た。校長の通達には「彼等は将来の見込みなき者ゆえ、退学に処す」という文言があったが、校長の主張は見事に外れ、後に原敬は総理大臣、羯南はジャーナリストとして名を成し、青厓は一流の漢詩人、拓川は外交官で大使となった。

ここで注目すべきは、校長も食堂の賄係も薩摩出身で、反旗を翻した拓川、羯南、日南、原敬などは、みな徳川親藩の出身者だったことである。当時の書生には、一種の反骨の気概のようなものがバックボーンにあったように思われる。

それに前述したように、法学校の卒業生は十五年も官吏を務める義務があったが、そんな道にずっと収まる気もなかったことも今回の挙動の根底にあったのだろう。

伊丹の実家に来られた時だったか、司馬さんがこの賄征伐の件を面白がられて、例のややかん高い声で「彼らは言ってみれば学生運動の走りですなあ」と愉快そうに言われたのが記憶にある。

七十年代当時は、六十年安保に続いて、学生運動の最も激化した頃で、筆者の通っていた京都の大学も紛争の拠

1882年兆民仏学塾生（中段中央・拓川）

点となり、バリケードで閉鎖されて一年間休講になったが、このような時代の空気の中での司馬さんの発言であった。

兆民仏学塾

血気盛んな彼らも所詮二十代の若者、超エリート養成コースから外れ、官の道を閉ざされて途方に暮れることになる。

拓川の随筆『僕と新聞記者』に次の記述がある（（）は筆者注）。

> 誰しも青年時代にはいろいろ空想を描くものだが、僕は常に第一に新聞記者となり、次に代議士となり、結局は立憲政府の大臣になりたいという欲望であった。二十一の時、司法省法学校から放逐され、同宿の原敬、陸実（くがみのる）（陸羯南）、国分豁（こくぶとおる）（国分青厓）氏と共に新聞社を狙った。ほどなく国分は朝野に、原は報知に入り、陸と僕は一ヶ月程探したがどうしても口が見つからず、月給十五円を振り出しをだんだん引き下げて五円まで下げたが買手がない。当時の陸は議論文章すでに一かどの腕前であったが、人を知るのは難しいことである。この兵子帯（へこおび）書生が他日明治の新聞歴史に名残を留める陸羯南と見抜いたものは一人もなく、彼は失望の余り郷里に帰り、遂に北海道に出稼ぎに行き、僕は当時貧友の中本章三（後の松山郵便局長）と共に「兵士の友」といふ雑誌を発行した。（中略）いかに度胸がよくても弾薬なしの戦争はできず、「兵士の友」はわずか七、八号で落城に及んだ。それから中本はたしか北海道へ飛び出し、僕は中江篤介（なかえとくすけ）塾に入った。

東洋のルソーと言われ、自由民権思想家の中江兆民（なかえちょうみん）が開設した「兆民仏学塾」に拓川が入塾したのは、一八八一年（明

NAKAE Chomin, 1847-1901

コラム　手紙からみた明治の偉人

② 中江 兆民◉大思想家のユーモア

しゃれた紫色の和紙に、女性的とも思える筆遣いの書簡は中江兆民の手紙だ。大阪で自由民権派の新聞・東雲新聞の主筆として論陣を張っていたころのもので、フランス公使館勤務の拓川がパリから送った2冊のフランス語の辞書に対する礼状だ。

文中に「貧洗うが如し。できれば『恵』の一字で願いたい」とある。つまり代金は勘弁してほしいというわけである。拓川は兆民の仏学塾の塾生のひとりで気兼ねがない。

拓川は松山から上京し、司法省法学校（後の東京大学法学部）に学ぶが、親友の原敬らと抗議運動を起こして退学となる。

「東洋のルソー」といわれた大思想家兆民も貧しく、しかしユーモアを忘れず、主権在民の思想啓蒙を生涯貫いた。

中江兆民からの手紙

治十四）頃と思われる。兆民は本名を中江篤介と言い、一八四七年（弘化四）土佐に生まれた。拓川の十二歳年長である。

兆民は十九歳で土佐藩留学生として長崎に出向き、フランス語を学ぶ。長崎には海外との貿易と、倒幕をもくろんでいた同郷の先輩が居た。その名は海援隊を組織した坂本竜馬。土佐藩士の多くは彼の元に出入りし、兆民も足しげく通ったらしい。

兆民は竜馬に一目会うなり、この人物はただ者ではないと直感した。大物の放つオーラにさすがの兆民も圧倒されたのか。

ある時、竜馬は独特の土佐なまりで「中江の兄さん、タバコを買うてきておうせ」と兆民に命じたが、このことを兆民は印象深い出来事として終生胸にしまいこんでいたと言われる。

一八七一年（明治四）、東京でフランス学を学んでいた兆民はすでに国家中枢の指導的立場にあった大久保利通に採用を直訴し、特命全権大使の岩倉具視、大久保とともに、アメリカから欧州に渡り、いわゆる岩倉使節団の留学生としてフランス哲学、文学、史学などを学んでいる。

折りしもその直前に、パリ・コミューンという歴史的な政変が勃発し、人民革命が成立した。パリの国民軍と小市民や労働者が社会主義者の指導の元に樹立した自治政府である。社会主義革命を起こそうとしたが、政府軍の攻撃により鎮圧された。いわゆる「血の一週間」と言われ、後にマルクスをはじめ、多くの知識人に影響を与えた出来事である。

公家出身で、後に首相から元老にまで登り詰めた西園寺公望は、兆民より一足先に、やはり留学生として太平洋を渡り、アメリカで南北戦争の英雄グラント将軍（後の第十八代アメリカ大統領）と会見、パリに三月二十七日に入った。その到着の翌日にパリ・コミューン宣言がパリ市庁舎前広場で読み上げられた。正に歴史的な日にパリに着いたわけである。その衝撃は大きかったろう。

西園寺はその頃パリで兆民と出会い、後に帰国して「東洋自由新聞」を刊行したり親交を深めることになる。その時まだ拓川は二人に出会っていないが、後に二人とも別々に密接な関係になろうとは奇縁というほかない。

拓川が兆民塾に入塾した時は、兆民はまだ三十代前半、フランスの自由思想を経た自由民権論を標榜する油の乗り切った年代で、足掛け五年ほど兆民塾に在席した拓川は、兆民から大きな影響を受けた。拓川の師と言えば、十代で漢学と生き方を学んだ父親の大原観山、そして二十代で学んだ中江兆民の二人に尽きるだろう。特に兆民からは多大な思想的影響を受け、兆民の「自由平等は人間社会の大原則なり」という思想は、拓川の生涯を貫く根幹となった。拓川は兆民を心底尊敬していた。

そう言えば、拓川と兆民はいろいろと共通する点がある。どちらも奇行の持ち主で、兆民は後年「中江兆民奇行談」という本まで出されたぐらいの筋金入りだが、そんな本を出した人も変人と言えよう。余談だが、その奇行の二つを紹介しておこう。

若い頃兆民は見合いをさせられたが、初めからその話が気に食わなかったのか、見合の席へ早目に出向き、同行者と先に大酒を食らっていた。相手の女性が現れた頃には酩酊状態で、しかも素っ裸になっていた。相手の人達はびっくり仰天、席を蹴って帰ってしまう。破談になったことは言うまでもない。

もう一つの珍談。友人の葬式に出向いた時のこと。兆民は霊前でおもむろに焼香し、未亡人に向かって一通りお悔やみを述べた。ここまで何事もなかったのだが、急に改まって「誠に申し上げにくいことだが、二円ばかりのお金を貸して下さらぬか」と切り出した。さすがの夫人も色を成したが、とにかく二円を渡すと、兆民はそそくさと別室に入った。そして戻ってきて、夫人にうやうやしく差し出したものは、先ほど借りた二円を入れた紙に香奠と走り書きしたものであった。

拓川の奇行も多々あるのだが、それはさておき、二人とも判官(ほうがん)びいきと言おうか、権力の横暴に屈しなかったという点でも共通している。兆民は代議士になって未開放部落の代弁者の役割を果たし、何より差別と偏見を軽蔑したという点で、拓川は兆民から大きな影響を受け、松山市長時代に、兆民同様未開放部落のために尽力しようとしたことが知られている。

兆民塾の試験は厳しく、講義や塾の規則も厳格ではあったが、師弟の関係はあくまで対等とし、何より塾生の自由と自主制が重んじられた。時には兆民は数人の塾生を連れて、そば屋で車座になって飲みかつ議論を戦わせたりした。拓川もその中に加わっていたのだろう。

塾生数はピーク時には五百人以上居て、外からの出入りもあったが、自由民権論のアジトということで、新政府から睨まれた。また兵役免除が官立学校に限定されるという政策も打ち出され、一挙に塾生が減り、一八八七年（明治二十）に廃校になった。

塾生には一ヶ月ほど在席した原敬も居たらしいが、あるいは拓川が誘ったのかもしれない。最も有名な兆民の高弟といえば、大逆事件で明治天皇暗殺計画の疑いで刑死した幸徳秋水（こうとくしゅうすい）が居る。ほかに社会評論家として活躍した酒井雄三郎、外交官の大山綱介等が居る。大山から拓川への葉書は数通あるかと思う。

廃校後、兆民は大阪で「東雲（しののめ）新聞」を発行したり、代議士になるも、意見の衝突ですぐ辞任、北海道に渡り商売に手を出したが、これも失敗。最後は食道癌となり、余命一年余りと医師から宣告を受け、『一年有半』を著わす。食道癌が命取りになった点でも拓川と同じで、癌に侵されても果敢に活動した点でも二人は共通している。

五十四歳で逝去した兆民の告別式には多勢の会葬者が訪れ、同郷の板垣退助が弔辞を述べ、原敬、徳富蘇峰、三宅雪嶺、幸徳秋水、拓川などが出席し、青山墓地に埋葬された。

フランス語が身を助く

拓川は兆民塾を去り、「兵士の友」という雑誌もつぶれ、失意の末、いったん松山へ帰郷する。この頃の日記に拓川は「脳病になる」と記しているが、悩み事でやや神経を病んだという意味だろう。拓川は豪胆な面と、神経の細かい面とを合わせ持っていたようである。

さて、拓川は司法省法学校や兆民塾、教会へ住み込んでのフランス語の勉強などを経ていたので、相当フランス語が堪能だった。今でこそ英語が国際的な共通語になっているが、当時はフランス語が重要な外交用語であった。

そこで拓川は松山の藩主の子・久松定謨の家庭教師を仰せ付かることになる。定謨はフランスのサン・シール陸軍士官学校へ留学することになっていた。フランスの皇帝ナポレオン・ボナパルトが創設した名門で、秋山好古も後で入学することになる。近年では、フランス大統領を務めたシャルル・ド・ゴールなども学んでいる。

そこで拓川はまだ十代の定謨の補佐役と通訳を兼ねて、フランスに渡ることになる。この辺から将来の進むべき道が開けて行くことになる。

子規の上京

一八八三年（明治一六）、二十四歳になった拓川は洋行にあたって、友人達としばしの別れの宴を持つことになり、陸羯南や原敬などとたびたび会っている。

松山へ帰省して兄弟や親戚をはじめ知人へのあいさつ廻りをしているが、この時期に親戚に対して大切な仕事を一つこなしている。それは甥の正岡子規の将来への道筋をつけたことである。

当時、子規は十六歳、松山中学の五年生だったが、暗記ものの歴史の授業が面白くないと学校に抗議したり、不満が募ってきていた時期で、また、自由民権論の演説を勝手にぶったり、政治家になるという野望を抱いてもいた。ひと旗揚げるには、政治経済文化などあらゆるものの中心地だった東京に出るしかない。こんな松山のような田舎に籠もっていてはだめだという思いが、ふつふつと胸にたぎっていた。当時、志を抱いていた地方の若者の共通の思いだった。そして、その立身出世の第一歩は東京帝国大学に入ることであった。

叔父の拓川はひと足先に上京し、大学も卒業し、今や我が国が手本としているフランスに留学しようとしている。そんな郷里の出世頭のような叔父が羨ましい。先に上京している友人のことも風の便りに耳にするにつけ、子規は何度も上京の希望を手紙に託して、拓川に送りつけるのだった。

今、時日（日数）を空しく松山に費やして一年間に一寸の知識を得んよりは、むしろ時日を東京に費やして一尺の知識を取らん事、私の希望する所に御座候。

などと慕る思いを手紙に吐露している。

当時、上京して遊学するためには、東京での身元引受人が必要であった。拓川はそのたびに、せめて中学だけは卒業してからにせよと説得していたが、自身が渡仏することになったので、もう今しかないと判断し、ついに上京を促す書簡を子規に送った。その文面を現代語で要約すると

私は渡仏の前に出張もあり、上京するつもりなら今しかない。とにかく十円もあれば今年中は何とかなるので、そのメドがつけば決行されたい。布団は一枚あげるからあとは着代えが一枚あれば十分。親戚の送別会は無用で、そのお金をもらった方がお互いの得である。

この手紙を受け取った子規は、飛び上がらんばかりに狂喜した。この手紙が生涯で一番嬉しい出来事だったと子規は後に回想している。

早速、母の八重が夜鍋して仕立てた着物を着て、その二日後に出郷した。これを機に、子規の人生は大きく転回して行くことになる。

日本を離れる拓川は、甥の面倒を見れないので、親友の陸羯南に「何かあったら助けてやってほしい。よろしく頼む」と子規を託した。羯南はその約束を、子規が亡くなるまで守り続けた。

上京後、大学を中退した子規を羯南は自宅の隣地に住まわせ、自分の経営する日本新聞に入社させた。子規が病で寝たきりになっても、その新聞に俳句や短歌、評論や随筆などを書かせて、給料が最後まで支給されるようにした。子規は晩年、脊椎カリエスの苦痛で悶絶し、そのわめき声が隣家まで聞こえると、羯南が飛んできて子規を抱きかかえて介抱した。すると子規も苦痛が幾分和らいだと言う。羯南ほど誠意と優しさを持ったひとはいるだろうか。子規は晩年、「羯南ほど徳のある人はいない。彼のことを思うと涙を抑えることができない」と記している。

羯南と拓川との変わらぬ友情がなければ、今ある子規は存在しなかったと言えよう。この時代の半端でない、深い友情がどう人々の人生に影響し、この世に何を残したかということが、本書の隠されたテーマ、という気もする。

第二章　パリ時代と華麗なる交友

パリへの旅立ち

松山へ帰った拓川は親戚や知人を訪ねて別れを告げ、郷友の壮行会や元藩主・久松公の宴に出たりし、道後温泉につかった後、皆に見送られて三津港から出航した。

神戸で下船し、奈良から京都に遊び、大津から東海道を歩いて伊勢神宮に参拝する。四日市港から再び船に乗り、横浜に入港。東京日本橋の久松邸に泊まった。

一八八三年（明治十六）十一月十日、横浜港より羯南、青厓、子規等に見送られ、フランス郵便船タイナス号に乗船、南廻りでエジプトのスエズを通過し、マルセイユに入港したのが約二ヶ月後の一月八日であった。そして列車に乗り換え、パリのリヨン停車場に降り立ち、いよいよ新天地での生活が始まったわけである。

最初、カルチェラタンという下町の学生街に下宿し、久松公の士官学校への入学の手続きが主な仕事だったが、学校が始まってしまうと、さほどやるべきこともなく友人も居らず無聊をかこっていた。やがてパリの法科単科大学と私立政治学校に入学したらしいが、この期間は日記も空白で詳細は不明である。

もっとも、拓川の日記は『拓川集』にも部分的にあるが、内容はいたって簡潔、人名や地名など最小限の単語が無造作に記されているだけで、内容や感想など一切無く、自分の行動が最低限分かればよいというものであった。

例えば親友の原敬（はらたかし）が暗殺された一九二一年（大正十）十一月四日の項を見ると、「此夕原首相死」八日の郷里での葬儀では「朝十時盛岡着　此夜雪」とだけ記載されている。

この点、原敬は詳細を極めた膨大な『原敬日記』があり、二十歳から亡くなるまでの四十五年間で、その数八十二冊。日本の近代史を知る上で、後世の貴重な遺産となっている。淡白な拓川と几帳面な原敬の対照的な資質が日記にも表れている。

原敬赴任

拓川が渡仏した二年後の一八八五年（明治十八）、駐仏公使館一等書記官に任命された原敬は、長州出身の大物、外務大臣の井上馨（いのうえかおる）に見送られて横浜港を発ち、マルセイユに向かった。

井上馨と言えば、幕末の志士として盟友伊藤博文と大暴れし、維新後、初代外務大臣となって鹿鳴館に象徴される欧化政策を推進した。農商務省の上司として、原の能力を評価し、引き上げた人物である。この時代は能力とやる気のある人間を、上司や実力者がどんどん引き上げて要職に就かせた。今のような年功序列ではなく、一足飛びに上に駆け上がれた、柔軟な体制の時代だったようである。

原は二ヶ月近い航海の末、十二月にリヨン駅に着き、拓川の出迎えを受けた。この原の公使館着任が拓川の進路を決定付けることになる。原は早速画策し、本国の外務省に拓川のことを打診、拓川は（晴れて）一八八六年（明治十九）六月に外務省交際官試補として公使館に勤務することとなり、以後二十年間欧州に滞在する。原の友情の賜物である。

この時期はまだ外交官試験の制度がなく、原の斡旋で簡単に外交官になれたわけである。試験が実施されたのは、その八年後である。原は二十代とは言え、政府の中枢に期待される存在だったし、拓川もフランス語が堪能で外交官の資質として交際に長けていたこともプラスに働いたのかもしれない。

拓川自身は将来の抱負をどう考えていたのだろうか。彼は先述したように新聞記者と代議士を目指していたようだ。友人もこの二つのコースを歩んだものが多い。師の中江兆民（なかえちょうみん）、西園寺公望（さいおんじきんもち）、犬養毅など皆そうである。

一八九一年（明治二十四）、フランスから帰国した拓川は、当時陸奥宗光大臣の元で農商務省に居た原敬から同省に来ないかと誘われ、拓川を陸奥に引き合わせたことがあった。陸奥は「カミソリ陸奥」の異名を取る切れ者で、策士でもあったが、外交面で条約改正などを次々に推進した敏腕政治家である。

その誘いを友人の陸羯南に相談したところ、「日本の新聞界は頼りないし、今の政界も大したことはない。真に抱負のある者は陸奥ぐらいだろう。これからは外交畑がよい。条約改正など、今後の外交は最も大切で、君も腕を振えるだろう」と陸は淡々と拓川に説いた。

拓川は後に語っている。

僕は平生一身上のことは、自分で決心せぬ前に人に相談することはなかったが、この時ばかりは陸の忠告に従い、遂に満二十年の月日を外交畑で暮らしたのである。

陸も新聞記者で一生を終えるつもりはなく、もっと飛躍する志があったようだが、中年に悟るところあり、新聞に身を埋めたのであった。それゆえ、彼が新聞記者になったのは、昔の武士が出家して坊主になったような決心で、それが新聞で成功した原因の一つであろう。彼は世間の俗流の如く、「筆で飯を食う気がまったくなく、筆で腹を切る覚悟」で居たようである。

フランス公使館にての拓川の執務姿

華麗なる交友

当時、海外へ出るということは、現代と違って大変なことだったのは言うまでもない。欧州への船旅は二ヶ月もかかり、熱帯も通過するので疲れるし、疫病にかかる危険もあり、正に命懸けの旅で、中には客死した人も居たらしい。費用もかかり、それが国費でも私費でも相当な覚悟で出かけたことであろう。海外の情報も今と比べれば格段に少なく、不安と不便もつきまとったはずである。留学生を含め、渡航した人々は何かと公使館の世話になり、日本人同士情報交換し、助け合った。

当時の外交官は国同士の重要な案件や外国の要人の慶弔の行事などが無ければ

比較的ひまで、拓川が赴任した頃は公使館に電話さえ無かったらしい。時間があれば、親睦も兼ねて宴を催したり、碁や将棋に興じたりする中での情報交換も仕事のうちで、拓川のような人づきあいのよい、世話好きの人間は外交官に向いていた。その上、若くて独身、さらに酒好きとくれば、友人を作るのに恵まれた立場にあった。しかも何らかの志を抱いていた選り抜きの人達が集ってきたので、非常に多彩な交友が広がったわけである。

西園寺公望との出会い

西園寺公は九年間パリに遊学、様々な文化人や芸術家、政治家などと交際し帰国している。その後、オーストリア駐在特命全権公使を経て、一八八七年（明治二十）、ベルギー公使兼任のドイツ公使に着任した。翌年、拓川はベルギー公使の代理としての任務引き継ぎのため、ベルギー公使館の西園寺公を訪れた。これが二人の最初の出会いと思われる。共通の知人である中江兆民の話で盛り上がったであろう。二人は肝胆相照らす仲となり、生涯交友することとなる。政界や官界に身を置く二人であったが、ともに粋人で文人肌の面があり、自由主義者であった。公は十歳下の拓川をよき友人だったと回想している。

欧州で二十代の青春を過ごした西園寺公にとっては、勝手知ったるパリは懐かしく、たびたびパリに来ては拓川を誘い出し、ムーランルージュなどの歓楽街や劇場を渡り歩いたりした。

筆者の手元には、拓川自身の作った手製の「西園寺公望書簡集」がある。布張りの表紙を開くと、四十通余りの拓川宛書簡が年代順に丁寧に貼り付けてあり、公に対する拓川の敬愛の念がうかがえる。文面は政治外交などの話はなく、モンテカルロやカルチェラタンなどで遊んだ愉快な思い出話が多い。このような手製の書簡集は、ほかに陸羯南、原敬、国分青厓（こくぶせいがい）の三冊がある。

豪腕実業家・岩下清周

もう一人、パリで出会った大切な友人に、岩下清周（いわしたきよちか）という人物が居る。三井物産に入社後、能力を買われ、パリ支店長に赴任していた。この頃の岩下の人物評を、拓川は「岩下清周伝」に次のように記している。

余は彼との間には笑い話が一つある。余が巴里（パリ）に赴任した時、彼はすでに三井物産支店長として彼の地に在り。その傲岸な態度、無愛嬌で毒舌を振ひ、頭髪を一糸乱さず中央より左右にべったりと分けたる彼の風采は、余に無限の嫌味を感じさせたり。故に余は成るべく彼の面(つら)を見ることを避けたり。しかし、当時の日本人は極めて少なきため、みな親密になり、毎月三・四回は彼と同席することになりしが、互いに一言も話しかけたことはなし。無言の交際を一年ほど続けたある日、山本芳翠画伯の宅で彼は友人と将棋を指す座に臨み、余はその相手に二・三の助言を与え、彼を見事に負けさせたり。それまで無言の彼は突然余に将棋盤を突き出し、一戦を挑み来たり。余はこれに応戦し、初めて彼と話し始め、たちまち二十余年の友となれり。

人の出会いや縁というのは不思議なもので、第一印象は案外あてにならないことがある。反目し合っていた者同士がけんかしてから、無二の親友になったというケースもままある。二人はその後、困った時に助け合っている。

岩下は熱血漢で辣腕の実業家。よいと思ったことはぐいぐい実行するタイプの人間であった。三井銀行に移った岩下は、大阪支店長として積極的な融資に乗り出し、そのやり方が余りに激し過ぎて、上司の中上川彦次郎（福沢諭吉の甥）に睨まれ名古屋に左遷、これを不服として辞表を叩きつけ、大阪北浜銀行に移る。後に頭取となり、将来伸びると見込んだ会社や人物にはどんどん融資し、なかには無担保もあったとか。堅実な取引先への融資という当時の常識をくつがえし、今で言うベンチャー企業への融資を積極的に行い、紡績、電力や鉄道などに手を差しのべた。

箕面有馬電気鉄道（後の阪急）を設立し、三井銀行時代の部下だった小林一三(こばやしいちぞう)を引き抜いて任せた。大阪電気鉄道（後の近鉄）設立にも関与、生駒トンネルの工事にも尽力し、大林組の大林芳五郎を助けた。

しかし、そのやり方が余りに過激だったため、出る杭は打たれるで、世間の嫉妬と疑惑を増幅させ、取付騒ぎ、いわゆる「北浜銀行事件」が起り、背任罪で有罪判決を受けてしまった。財産をすべて投げ売って償い、富士の裾野に籠り、農園を持って余生を過ごしたようである。その頃拓川に宛てた手紙が残っていて、差出人には富士農園と判が押されている。

清周の長男に岩下壮一という著名なカトリック神父が居るが、欧州留学中に父親の事件を知り、それを機に神の道に入ることを決意、父の葬儀のあいさつで、その罪の償いとして献身すると述べ、その後、富士の裾野の癩病院長として働くことになる。

北浜銀行事件の時、拓川はじめ多くの友人が清周を支えたらしいが、一方、拓川が外務省を辞めて困っている時に、清周は北浜銀行の取締役のポストを与えて助けた。持ちつ持たれつの友情である。

人の縁ということで、一つ付け加えておきたい。岩下清周を調べていて、この疑問が解けた。筆者の父・正岡忠三郎はもともと東京育ちであるが、なぜ関西にある阪急に勤めることになったのか。

岩下と拓川がパリ以来の友人で、その息子の忠三郎を、岩下は彼の部下で後に阪急の社長にした小林一三に引き合わせ、就職を斡旋したというわけである。そして小林が切り開いた阪急沿線の伊丹に父は新居を構え、そこで筆者は生まれ育った。岩下が拓川にパリで将棋盤を差し向けなければ、このストーリーは無かったかもしれぬと思うと、縁の不思議さを感じないわけにはいかない。

公使館での仕事

業務に慣れてきた拓川は次第に仕事が増え、公使に随行して、欧州各国を歴訪し、スペイン、ポルトガル、ベルギーなどの国王や首相に謁見したり、日本の要人と会う機会も多くなった。前述した西園寺公望、そして上司としては田中不二麿(たなかふじまろ)がまず挙げられる。

田中不二麿は一八四五年(弘化二)に尾張藩士の家に生まれ幕末には志士として奔走したが、明治に入り、岩倉使節団で木戸孝允に同行してアメリカに渡り、先着していた新島襄(にいじまじょう)と出会う。新島は安中藩(群馬県)を脱藩し、死罪覚悟の密航を企て、アメリカの貨物船で新大陸に渡る。その船の船長に見込まれ、彼の知人の家に下宿し、アーモスト大学にまで入れてもらう。十年滞在し、帰国時にアメリカの一般市民から寄付を募り、その資金を元手に、京都にキリスト教の同志社英学校(後の同志社大学)を設立した熱誠の士である。

司馬遼太郎は『明治という国家』の著書で、「田中不二麿という人は実に謹直で、その人柄は古武士のようであった」と評している。筆者の手元には彼から拓川宛の書簡が数通あるが、その角張った丁寧な字体が、正に実直な人柄を表している。教育行政家として活躍し、司法大臣、文部大臣などを歴任している。

その田中公使の後任として、長州出身の曾禰荒助（そねあらすけ）が公使として着任。若い頃フランスに留学、駐仏公使としては条約改正に尽力した。その後、山縣有朋（やまがたありとも）や桂内閣の大臣を歴任し、伊藤博文暗殺後、韓国統監となったが、日韓併合には反対で、断固として軍の圧力に抗し続けた。しかし、残念なことに間もなく六十一歳で他界してしまった。軍はここぞとばかり長州の軍人の寺内正毅を統監にして併合を強行してしまう。

有能な実務官僚で、近代日本のインフラの建設に尽力した人物だが、まったく飾らない素朴な人柄であったという。ある人が彼の藤沢の家に招かれ、家の近くにさしかかると、尻まくりをして川の中で這いずり廻っている男が、こちらに向かって大声で「君にご馳走しようと思ってエビを獲っている。テンプラにして食おう」と叫んでいる。よく見ると現職の大蔵大臣・曾禰荒助その人であった。

拓川は条約改正の案件で、曾禰荒助、青木周蔵、内田康哉（うちだこうさい）とロンドンへ行き、領事の官舎で飲み明かし、酔いつぶれて床に大の字に寝てしまったという逸話もある。

大物の上司たち

拓川は随分たくさんの上司に仕えてきたが、彼らはほとんど一八三〇年（天保元）から四〇年代頃に生まれ、二十代か三十代の若い頃に幕末の動乱期を生き抜き、維新後、政府の中枢で活躍した歴史上の人物が多い。公使館直属の上司は、前述の田中不二麿、曾禰荒助、西園寺公望が居たが、外務省のトップの外務大臣もそうそうたる面々である。外務省に入り、最初に外交官になった時の外務大臣は井上馨であったが、続いて伊藤博文、青木周蔵と長州の大物が目立つ。

一八九一年（明治二十四）、いったん帰国した拓川が、外務大臣秘書官として直接仕えたのが榎本武揚（えのもとたけあき）である。武揚は十二歳で昌平坂学問所に入り、中浜万次郎、通称ジョン万次郎に学んでいる。彼は少年の時、漁師として沖に出て漂流、

コラム　手紙からみた明治の偉人

③ 山縣 有朋◉國家の為に自重あれ

「國家の為に自重あれ」。一八九三年、長州閥の元老、山縣有朋からフランス公使館の加藤拓川に宛てた手紙に、気になる一節があった。パリを訪問する知人の対応を拓川に依頼する内容。右肩上がりの癖のある字体ながら丁重な文面だが、二人の明治維新前の立場を思うと、考えさせられる。

拓川の出身の伊予松山藩（愛媛）は佐幕派で、長州征伐で先鋒となり、戊辰戦争では朝敵として追討された屈辱の過去がある。

司馬遼太郎の小説「坂の上の雲」にも「拓川は山県という人物を好まなかった」という一節がある。ヨーロッパ視察旅行の山縣を拓川が案内した時の下りだ。筆者の手元にその際の認念写真があるが、拓川が山縣のすぐ後ろでふんぞり返っているように見える（上写真）。「自重せよ」とはこの時、拓川の山縣への対応に問題があったためなのか、それとも単なる当時の挨拶句なのか、今となっては分からない。いずれにせよ明治は、貧しい日本を欧米と肩を並べる国にしようと、「国家」を強く意識した時代だった。

左が山縣、右から２人目が拓川

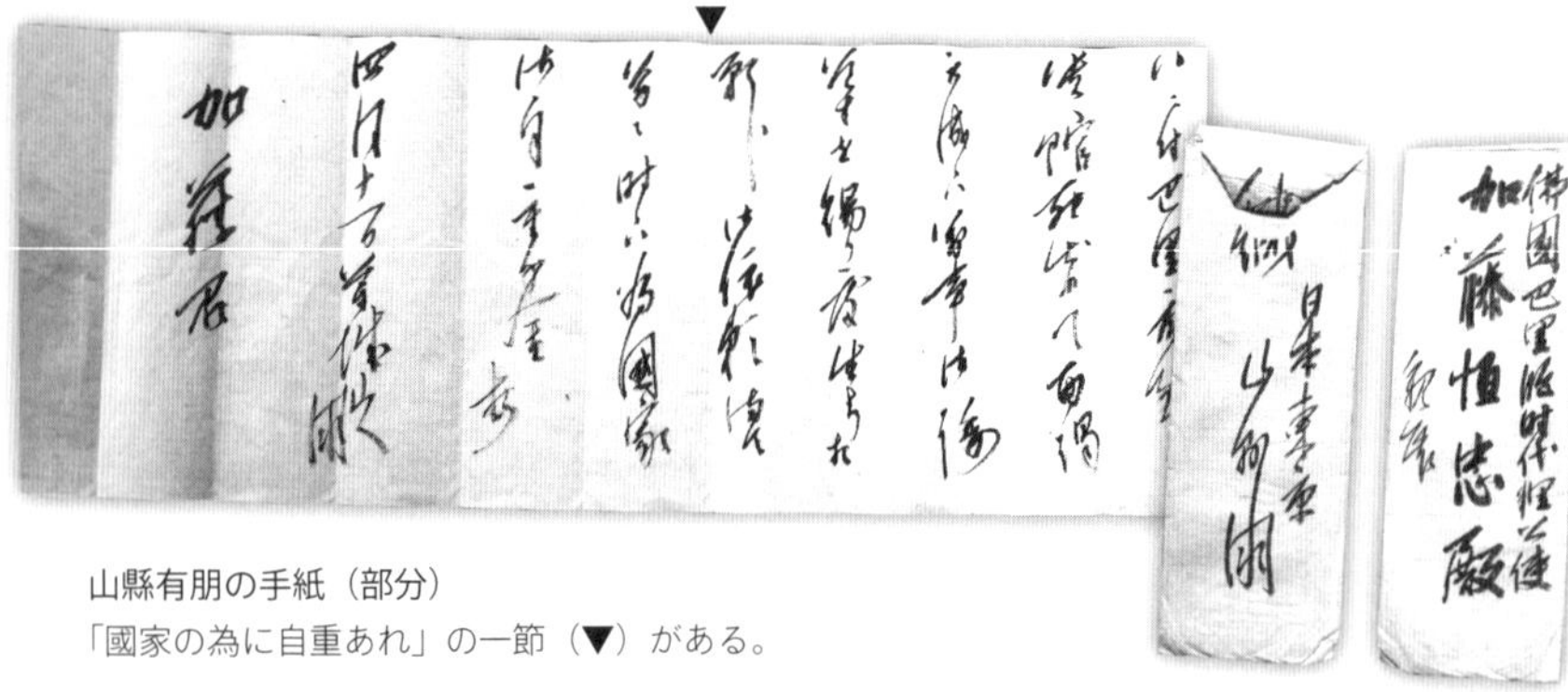

山縣有朋の手紙（部分）
「國家の為に自重あれ」の一節（▼）がある。

助けられたアメリカ船の船長に見込まれて渡米。帰国後、薩摩の島津斉彬に認められ、幕府の要職に就いた人物である。

余談になるが、筆者が通った神戸の六甲中学に万次郎の孫の中浜慶和という先輩が居られた。実直な風格のある人だった記憶がある。

さて、その後榎本武揚は勝海舟のもとで軍艦航海術を学び、幕府の官軍の要職に就く。明治維新で官軍による軍艦接収を断固拒否し、箱館の五稜郭に立てこもるも降伏。敵軍の黒田清隆の計らいで、刑死をまぬがれ、新政府に登用され、各大臣を歴任し、特命全権公使としてロシアとの北方領土の処理にあたる。

敵側であっても有能な人物なら登用していくという、柔軟で懐の深い明治政府の政策として、この一件はよく例にあげられる。

その後、外務大臣は大隈重信、加藤高明、林董などが続くが、ポーツマス講和で健闘した小村寿太郎も、拓川は部下として接している。拓川は次のように語っている。


小村は大の筆不精であったが、その上、人から来た手紙も封を切らぬものが多かった。差出人の名前だけ見て内容を察し、そのままにしてしまう。小村が外務省を去った後、机の引き出しには封を切っていない手紙が大量に残されていて、皆驚いたとのこと。それだけ俊敏な判断力があったということだろう。

稀代のコレクター・松方幸次郎

もう少しパリ時代の交友に触れてみたい。松方コレクションで知られる実業家松方幸次郎が居る。薩摩藩出身で明治政府の財政の基礎を作った松方正義の三男。大学予備門で学生を先導し、卒業式をボイコットするという暴挙を起こす。寄宿舎詰所を破壊、警察官とにらみ合う事態になり、ついに退学処分となる。例の拓川や原敬の賄征伐に継ぐ学園紛争の草分けと言えようか。政治家として息子の狼藉に困った父親を説き伏せ、アメリカのエール大学に留学し、後にフランスのソルボンヌ大学に移る。この時期に拓川と交遊したと思われる。

帰国後、川崎造船所の社長に抜擢され、軍艦や潜水艦の製造などで事業拡大する。一方、日本に本物の洋画を誰でも鑑賞できる美術館を建てたいという思いから、欧州にたびたび渡り、絵画を買い漁る。また、維新後安価で海外に売りさばかれた浮世絵を買い戻し、その数八千二百枚に上った。

ところが一九二七年（昭和二）の金融恐慌が起きて、経営危機に陥り、国内の所蔵美術品は差し押さえを食らい、翌年に長男が急死。失意に暮れる間もなく、今度はイギリスのコレクション倉庫が全焼、また第二次大戦でフランス国内の美術品も「敵国財産」ということで差し押さえられるという不幸が怒涛の如く押し寄せる。戦後フランスのコレクションは吉田茂首相の口利きで返還され、国立西洋美術館に収蔵され、幸次郎の夢がやっと叶ったわけだが、その時すでに幸次郎は他界していた。しかし返還された作品の数はわずか三百七十点で、一万点あったコレクションの大半は未だに行方不明とのこと。高価な美術品は数奇な運命を辿ることがよくあるようである。

近代洋画の父・黒田清輝

パリ時代は皆若く、これから羽ばたこうという青雲の志を抱き、少々背伸びしながらも、これから世界の一等国に這い上がろうという気概に溢れていた。彼らの集っている場は随分熱気が充満していたにちがいない。

その中に日本の美術の近代化を推進した画家の黒田清輝が居た。拓川は何かと若き留学生の世話をした。黒田は最初法律を学ぶために渡仏したのだが、絵の才能があるからその道に進んだ方がよいとの友人の忠告で画家に転進した変わり種である。西洋画の技法を身につけ、帰国後裸婦の絵で物議を醸したりしながらも、名作を多く発表する。東京美術学校（後の東京芸術大学）の教授などを務め、画壇の重鎮となった。

筆者の手元に花瓶に活けた菊の花の拓川宛絵葉書があり、差出人は共通の友人である陸軍軍人の曽我祐邦で消印は大正二年。「本日上京、黒田君ヲ訪ヒ久振リニ巴里談トナリ、大兄の御噂申シ」と記し、自作の絵の下にセイキ・クロダとローマ字のサインがある。花のパリでともに過ごした青春を懐かしく思い出したのだろう。

海軍武官・瓜生外吉

拓川はパリで様々な交流があったはずだがとても書ききれない。もう二、三挙げれば、軍艦千代田の艦長として韓国の仁川港で砲撃を加えて、日露戦争の口火を切った海軍の瓜生外吉が居る。

当時の海外の公使館には、拓川のような外交官である「文官」と軍人として駐在する「武官」が居たが、瓜生は武官としてパリへ赴任してきた。この人物との交流の詳細は後ほど触れることにする。

そのほか、著名人では明治から昭和の言論界で活躍した徳富蘇峰が居る。三十代の前半で欧米を視察、パリ公使館に立ち寄っている。彼の面白い内容の手紙が手元にあるので次に紹介したい。

ロンドンの徳富蘇峰からの手紙

徳富蘇峰は熊本県の水俣に生まれ、キリスト教徒になって熊本バンドに参加、後に京都の同志社で新島襄に師事し、二十七歳で『国民新聞』を創刊し、藩閥政府批判をして一躍論壇の寵児となった。三十代前半、一年余り欧米を視察し、フランス公使館で拓川に世話になったらしい。次に訪れたロンドンの下宿から、拓川に愉快な内容の手紙を送っている。

小生の寓主は寡婦にして娘両人あり。何れも熱心なるキリスト教徒にして、食事も祈祷せされば匙も庖丁も手にする能わず。日曜に共々会堂に赴かされないと不機嫌なり。小生京都同志社を明治十三年五月に出てより未だこんな窮屈な世界に入りたることなし。思ふに貴兄の如き人をしてこの境にあらめば一日にして死せんのみ。酒は固より半滴も飲めず。飲むものは茶と冷水のみ。今日は久しぶりに外出の途次に麦酒一杯を傾け気を勃興せしめ候。併し寡婦の手前は矢張り禁酒なり　平生四角八面の頑固生たる小生をして困殺さしむ余り御憐□を仰ぐとの外なし。気候は悪ろし　馬車代は安くなし談友に乏し……


などなどさんざんぼやき、窮状を訴えているものの、どこかユーモラスだ。拓川とはパリの下町を飲み歩き、随分親しくなっていたのだろう。そういえば、ロンドンに留学していた漱石も下宿のおばさんにいじめられたらしい。ずっと相手より英語のグレードの高い漱石に食卓で英単語のテストをされて閉口したとのこと。後の文豪漱石にしても、明治・大正・昭和の三代にわたって言論界で活躍した蘇峰にしても形無しである。

この時、蘇峰と外遊をともにした銀行家で後の日銀総裁となった深井英五もパリから絵葉書を拓川に送っている。

平民主義から国家主義へ思想を転向し、批判された蘇峰も九十四年の生涯を全うした。拓川が他界した八年後の「拓川を偲ぶ会」にも蘇峰は出席しており、リベラルな拓川とは思想を違えても生涯親交した二人の懐の深さがうかがい知れる。

フランス通の外交官・本野一郎

本野一郎（もとのいちろう）は佐賀藩の蘭学者の家に生まれた。一八七三年（明治六）、十一歳ですでに父親と渡仏。帰国して東京外国語学校に入学、再びリヨン法科大学に留学した。この頃に拓川と出会っている。フランス語が非常に堪能で、美しい筆跡のフランス語の書簡が九通残っている。

「リヨン大学で論文や試験で頑張っている。公使館の休みを取って、是非リヨンの狭い下宿でゆっくり泊まって行ってほしい。地方を小旅行した。誰といっしょかは言うまでもないだろう」などと若者同士の親しげな文面が多い。「二ヶ月前から裁判所長に就任した。様々な事件を処理できて、やり甲斐がある」と記しており、二十代なのに法律家としてよほど優秀だったことが分かる。拓川の前にベルギー公使、一九一六年（大正五）には寺内正毅内閣の外務大臣を歴任。この頃シベリア出兵を積極的に主張したり、やや主戦論者であったが、原内閣がシベリア撤兵を宣言した直後の一九一八年（大正七）に五十六歳で他界した。

異色の美術商・林忠正

単に画商という肩書きには収まらぬ、スケールの大きな、志を抱いた人物であった林忠正（はやしただまさ）。一八五三年（嘉永六）、越中富山の代々外科医を営む家に生まれた。養子先の義父が失脚したため、留学資金も無く、色々画策して東京大学を卒業間際に中退し、フランスに渡ったのが一八七八年（明治十一）。二十七歳の時である。以後二十七年間パリで人脈を拡げ、有名な美術商の地位を築く。

浮世絵を初めとする膨大な美術品を収集、日本文化の真髄を欧州に紹介し、ジャポニズムの火付け役となった。たまたま通訳をした伊藤博文に、日本美術の復権への情熱が認められ、それが林を大舞台に押し上げるきっかけとなった。

曾禰荒助をトップとするパリ万国博の事務官長に、伊藤や西園寺のバックアップで抜擢される。ここで林は辣腕を振るったが、急に大舞台に登場した林に猛烈な嫉妬の嵐が吹き荒れた。マスコミからも徹底的に叩かれたが、結果的には大成功で絶賛を浴びることになる。

林は日本の留学生の面倒もよく見、黒田清輝にも支援の手を差しのべた。パリの芸術家のサロンにもよく出入りし、日本美術の真価を著作によって広め、モネやドガなどの印象派の画家とも交流している。

林はパリで収集品を東洋美術のオークションに掛けて売り払い、その代わりに膨大な西洋絵画を日本に持ち帰って美術館を建設するつもりだったが、万博で消耗してしまったのか、志なかばで病に倒れ、五十五歳で帰らぬ人となる。その後、遺族がオークションに掛け、林忠正コレクションは再び海外に散って行ったのであった。何やら以前に触れた、松方幸次郎の最期とどこか重なって見える。

拓川とも親交があったようだが、彼のサイン入りのポートレートが一枚残っているだけである。

美貌の詩人・ゴーチェ

ジュディエット・ゴーチェは、フランスの知名の女流文学者。父はロマン派の詩人テオフィル・ゴーチェ、母はイタリアの名バレリーナ、エルネスタ・グリジである。

金髪で湖面のような蒼い眼の、魅惑的な二十八歳のゴーチェは西園寺公望と交流し、彼は暗記していた『古今集』の中から選んだ八十八首の和歌をフランス語に訳して、ゴーチェを感動させ、今度は彼女が五行詩に直して『蜻蛉集』という豪華本に結実した。これを機にゴーチェは日本文学に傾倒して行くことになる。

ゴーチェは新作オペラの台本の手直しを西園寺に依頼し、オデオン座で上演すると好評を博した。その後たびたびゴーチェの作品がオデオン座で上演されたと言う。

筆者の手元に、ゴーチェから拓川に宛てた一通の手紙がある。女性らしい小さな封筒の中の四つ折りの厚紙の便箋には、勢いのあるフランス語で次のように綴られている。

ムッシュカトウ

私たちの友人山本（芳酔）が帰国して以来、一度もお越しになりませんね。あなたのことを聞きあわせましたが、その時はロンドンにいらっしゃるとのことでした。例の日本の芝居をオデオン座でいま稽古の最中で、いろいろ助言をおねがいしたいものと思います。もしお邪魔でなければ、つぎの日曜日午後会いに来ていただくか、だめなら他の日をお聞かせ頂きたいのですが。わたしは引っ越して、今はワシントン通り三十番地にいます。

西園寺は数年前に帰国しており、同じようにフランス語と日本の事情に精通し、文人肌の拓川を頼りにしたのだろうか。ゴーチェは拓川より十四歳年長で、一度結婚したがすぐ離婚し、独身で情熱的な、しかも知的な美女となれば、二十代の独身の拓川も少しは心動かされたかもしれない。しかも女性の住まいに招かれるというのだから。もっとも彼女は社交界の花形で、多くの文人や芸術家が押しかけていたというのだから、少し考え過ぎかもしれない。

最も華やかなりし「花の都パリ」には、街中に芸術と文化の香りが漂っていたのではなかろうか。画家ではマネ、モネ、ルノワール、ロートレックなど印象派からアールヌーボーに連なる巨匠達、音楽ではリストやショパン、ドビッシーなどがパリのカフェに出没していたのだろう。日本人では黒田清輝、山本芳翠（やまもとほうすい）、浅井忠（あさいちゅう）、藤田嗣治（ふじたつぐはる）などの画家、そして異色の美術商の林忠正など、時代は前後するが、多彩な顔ぶれの芸術家達が彷徨し、ゴーチェなどのサロンやカフェで濃密な交流をしていたことを思うと、こんな「古き良きパリ」にタイムスリップしてみたくもなる。筆者もずっと昔、晩秋のパリの街を半月ほどさまよったことがあるが、街中に芸術の香りが漂い魅了された。セーヌ川の河川敷のコンクリートの壁面の落書きでさえ、芸術作品にみえた。ずっとカルチェラタンの安宿に逗留していたが、百年ほど前に、祖父拓川もその界隈に住んでいたとは、その頃は知る由もなかった。

外交官としての対外折衝

拓川の交遊という面から欧州に渡航してきた日本人の世話や交際に注目してきた。本来の外交官の役割である外国との折衝に注目せねばならないのだが、拓川の簡単な日記や資料から詳細を展開させるのは困難なので、年譜などから簡単に触れてみたい。

拓川がフランス公使館に務めたのは一八八六年（明治十九）であるが、この頃からイギリス・フランス・ロシアはじめ欧州列強がいっせいにアジア・アフリカなどに進出し、利権の大きい植民地の激しい争奪戦の時代に入った。正に国家間の弱肉強食により世界地図が色分けされていく時代に、近代国家を成立させたばかりの後進の日本がどう割り込んでいくのかという構図の中で、外交官の役割は国の存亡を賭けた、非常に重要なものであった。

拓川も盛んにフランス近隣諸国、スペイン・ポルトガル・ベルギーなどに出張し、国王や首相、外務大臣などに謁見している。

一八九一年（明治二十四）初頭にいったん帰国し、榎本武揚外務大臣秘書官に任命され、翌年再び公使館書記官としてフランス在勤を任ぜられ渡仏。

その年に拓川のいう「ポルトガル事件」が起こり、パリ・リスボン間を何度も往復している。というのもまったく未開の暗国大陸と言われたアフリカ大陸に列強の激しい侵略が開始され、わずか数十年であっという間に全土が植民地化された時代で、その中でポルトガルはヨーロッパ諸国の中で最初のアフリカの植民地支配者であった。その後、主にイギリスとフランスが一挙にアフリカ大陸に進出しはじめた。軍事力と経済力を背景に、英仏両国は「取り放題」とばかりに、英はエジプトから南北に縦断方向に、仏はサハラから東へ横断作戦をとり、その十字の交差するところで衝突。ポルトガルは「歴史的所有権」を主張したが、英仏の力でねじ伏せられてしまい、ポルトガル政府は国民の信頼を失い、暴動や政変が生じた。この一連の出来事を「ポルトガル事件」と呼んでいるのだろう。日本は直接関係ないが、拓川はいかなる任務でポルトガルを往復したのか詳細は不明である。

一八九四年（明治二七）、朝鮮を巡って、日本と清国の対立が激化し、日清戦争が勃発。八ヶ月にわたった戦いで、近代装備を持つ日本が李鴻章（りこうしょう）率いる大国・清国をせん滅、勝利した。日本は遼東半島、台湾の割譲、賠償金二億両（テール）

を支払うことを清国に認めさせ、列強と肩を並べる帝国主義国家として世界の舞台へ踊り出たのである。これが下関講和条約であるが、その調印したわずか六日後にロシアは神戸沖に艦隊を派遣して威嚇しながら、遼東半島を清国に返還するよう日本に要求。清国の分割を狙っているフランス・ドイツも圧力をかけてきて、止むなく返還せざるをえなくなった。日本は世界最強の陸軍を有するロシアと、これ以上戦う余力が無かったからである。これが「三国干渉」と呼ばれる、日本にとって屈辱の歴史である。正に食うか食われるかの弱肉強食の時代に入ったわけで、拓川も外交官として三国干渉の一国であるフランスとの交渉に苦心したにちがいないが、詳しい内容は分からない。「帝国主義を盗賊主義である」と後に批判した拓川はどのような心境でいたのであろうか。いずれにしても、当時の外交は国の命運をかけた重要なミッションだったことはまちがいない。

その他の著名人との出逢い

明治前期にフランスにやって来た人々は、留学にしろ視察にしろ、何らかの任務や志を持っていたので、後に著名になった人々が多い。中でも土佐出身の陸軍軍人、戊辰戦争や西南戦争の司令官だった谷干城（たにたてき）は一八八六年（明治十九）に欧州視察に出発し、パリに立ち寄っている。その他、西郷隆盛の十五歳下の弟で海軍元帥となった西郷従道（さいごうつぐみち）も拓川は接待し、名刺代わりの立派なポートレートをもらっている。

他に、十四歳でフランスに留学して染色技術を学び、帰国後稲畑産業を創設し実業家となった稲畑勝太郎が居る。彼は映画の映写機を持ち帰り、日本で初めて映画興行や映画作りを手掛けたことでも知られる。拓川とは晩年まで交際し、京都の別荘の立派な庭園に立つ稲畑氏のモノクロの絵葉書が手元にある。さらに薩摩出身の首相・元老になった黒田清隆や、終戦直前に情報局総裁として玉音放送の製作に関わった下村宏など、拓川と接した人々は枚挙にいとまが無い。

帰国・結婚

一八九六年（明治二九）、日仏改正条約調印に参加し、その後パリ万国博事務局の事務官を勤めた。翌春、足掛け十四年のパリ駐在を終え帰国。外務大臣秘書官に任命される。時の外務大臣は西徳二郎で、続いて大隈重信、青木周蔵、加藤高明、曾禰荒助、小村寿太郎などの外務大臣に仕える。八月に三十八歳で二十歳の樫村寿と結婚する。日本に呼び戻されたのは、いずれ公使になる予定で、公使は奥さんを伴わないと重要なレセプションなど恰好がつかなかったからである。

寿は、東京大学医学部教授、山形県米沢市出身、樫村清徳の長女で、自宅は東京の飯田橋に二千坪を構える邸宅で、当時「飯田橋御殿」と呼ばれる豪邸だった。今は東京大神宮という婚活、縁結びの神社の敷地になっている。なんでも関東大震災で被災し、半分を大神宮に売却したとのこと。樫村はドイツ留学の後、神田駿河台に山龍堂病院という日本初の結核専門病院を建てて、多くの医師や看護婦を雇い入れていたとのこと。その跡地は現在明治大学になっている。

寿は女四人男二人の六人兄弟の長女で、昔で言う「乳母日傘」で何不自由なく育ち、馬車に乗って学校へ通い、昼には執事が温かい弁当を届けた超お嬢さん育ちであった。その上、気が強く気位も高かったので、最初手を焼いたらしいが、十九歳も年上の拓川は女性に厳しいところもあり、うまく御していったらしい。明治はまだ男尊女卑の傾向が強かった時代でもある。

二人の事実上の仲人は寿の叔父にあたる賀古鶴所という人で、彼は東京大学医学部を出て陸軍の軍医になり、山縣有朋に随行してベルリンへ留学。耳鼻咽喉学を日本へ持ち帰った最初の人で歌人、酒好きでもあり、拓川とは非常に親しく、拓川宛の書簡が百通以上ある。賀古は森鴎外の親友で、鴎外の遺書を代筆したことで有名である。この遺書を巡っては筆者が所有している賀古の拓川宛書簡の中で画期的な発見があったのだが、それは別の項に譲る。

さて、樫村家はなかなか華やかな家系で、三人の大臣をはじめ、社交界の花形や名物芸妓、大物弁護士や実業家などが居り、一冊の小説仕立てにできるぐらいユニークな人物を輩出しているが、とても本書に入りきらないので別の機会にぜひ書きたいと思っている。筆者の祖母の寿だけは筆者が高校生の時まで存命で、本書に登場する人物の中で、実際会ったことのある唯一の人である。彼女も波乱に富んだ人生で、前半は外交官夫人として華やかな世界に生き、後半生は一転、身内の度重なる不幸に見舞われ、宗教の世界にすべてを捧げた。

拓川と寿の結婚式はどちらの家系も広い交際を持つ人達が多いので、さぞ華やかな宴になったことだろう。しかし、その夜に拓川は新妻を置いて友人達と一晩中芸者遊びに興じたというから、今なら問題になり、女性群から非難の声があがるだろうが、拓川独特の照れ隠しもあり、当時の男社会の蛮カラな気風がそうさせたとも言える。

結婚に際して、親友の原敬から祝いの品が送られたことが次の書簡で分かる。

一　秋田織　一反
一　鰹節　一箱
右、誠に軽少之品ニ候得共(そうらえども)
御婚儀之御祝まで差出候(まじくそうろう)間
御笑納被下候(くだされそうら)ハゞ、
本懐之至ニ被存候。
尚拝晤ニ譲り候。怱々頓首
九月六日　敬
加藤老兄

拓川の家族
後列右より六十郎・十九郎・忠三郎・あや、前列右より拓川・たえ・寿。

寿は結婚当初のことを後にこう語っている。

当時の住居は麻布の一の橋と二の橋の中間で、竹藪の側の家でしたが、当時は今日のように電車も通っておらず、あの辺は狸でも出そうな淋しいところでした。

夫は何度もヨーロッパに行った人間だから非常にハイカラであるはずが、その実バンカラのバンカラだといわれていたくらいで、非常に自由主義者であった反面、非常な専制主義者でもありました。結婚前私は恐ろしくわがままもので、いつもよく所々へ顔を出しておりましたが、結婚してからはほとんどどこへも出ず家にくすぶっておりました。

筆者の母から聞いた話では、十八も上で外国にもたびたび行き、人生経験豊かな夫に対して、箱入り娘の自分は非常に背伸びして接していたとのこと。

結婚の翌年に長男十九郎（じゅうくろう）が生れる。十月九日生れなので十九郎、次男は六月十日生れで六十郎（ろくじゅうろう）、三男、すなわち筆者の父は五月十八日に生れたので五十八（いそはち）と名付けるつもりが、甥の子規に「五十八は太鼓持めいておかしい」と言われ、拓川は自分の幼名をそのままとって忠三郎と付けたとのこと。随分無頓着な話である。その時子規は「雀の子忠三郎も二代哉（かな）」という句を添えたお祝いの手紙を拓川に送っている。

二十世紀に入った年の一九〇〇年（明治三十三）五月に外務省総務局人事課長に就任、拓川四一歳。その直後に次男六十郎出生。なかなかの名人事課長だったと、拓川の死後集った座談会で外務省の同僚や部下が評している。拓川の義弟にあたる石井菊次郎は「若い書記官などを自宅に呼んで飯を食って談笑しながら、その人物を見ていて、適材適所に配属した。なかなか出来ないことで、自分も人事課長の時にまねをしようと思ったが出来なかった」と語っている。拓川のずっと下の部下に後に総理大臣として戦後処理に腕をふるった吉田茂が居たが、彼は「外務省に於ては加藤人事課長と言うものは一つのエポックメーキングでしたね」と回想している。たわいもない話をしながらも、拓川は鋭く相手の性格や気質を見抜く眼を持っていたらしい。

コラム　手紙からみた明治の偉人

④石井菊次郎◉ユーモアで戦勝祝い

ISHII Kikujiro, 1866-1945

日本がアメリカと結んだ「石井・ランシング協定」（一九一七年）に名を残す外交官・石井菊次郎は加藤拓川の妻・寿の義弟。外相時代に第四次日露協約を結び、国際連盟の日本代表も務めるなど平和外交をリードした。その石井の意外な素顔を伝える絵葉書が残っている。

日露戦争の激戦地、中国旅順港を写した三枚つづりの絵葉書で、横に並べるとパノラマ写真になる。日付は戦争終結翌年の一九〇六年十月十日。出張で訪れたのだろうか、寿宛てに「この地の宿の家具や食器は皆、ロシアからの分捕り品」とユーモアを交え、戦勝を喜ぶ。

日独伊三国同盟締結に際し、ドイツへの不信感を強く表明した石井の意に反して、日本は同国と勝ち目のない戦争に突入。石井は妻と一緒に東京大空襲で命を落とす。断続的に行われた同空襲の終盤にあたる一九四五年五月のことだ。七十九歳にして地方へ疎開せず、都民と運命を共にしたのは、戦争を止められなかった責任感からだろうか。

石井菊次郎が送った旅順港のパノラマ写真の右端部分
沈んだロシア軍艦が見える。（全体は☞巻頭カラー）

第三章　ベルギー公使時代

ベルギーへ

一九〇二年（明治三十五）二月七日、特命全権公使としてベルギー駐在の辞令が出る。直前の一月に日英同盟が締結された。ロシアのアジア進出を牽制する目的で強大なイギリスと手を結んだことは、その後の日本にとって大きな味方を得たことになった。正に帝国主義の時代で、アジア・アフリカ・中南米に進出しようとする列強のせめぎ合うヨーロッパに小国日本の外交官として拓川は乗り込んでいったわけである。

その直前に拓川は、右膝下静脈炎という病名で一ヶ月余り東京の日赤病院に入院、多くの見舞客が日記に登場している。秋山好古（あきやまよしふる）、原敬（はらたかし）、陸羯南（くがかつなん）、珍田捨巳（ちんだすてみ）、寺内正毅、秋月左都夫（あきづきさつお）、岩下清周（いわしたきよちか）、新田長次郎、梅健次郎など後に名を馳せた人達の名が見られる。

三男・忠三郎の出産を控えた妻の寿（ひさ）を残して、五月三日に横浜を出航、原敬、加藤高明などが見送っている。子規は重篤な状態で見送れず、「春惜しむ宿や日本の豆腐汁」の句を添えて根岸の豆腐料理屋「笹乃雪」の一折を送っている。この店は、今でも鶯谷の子規庵のすぐ近くにある。寿は生まれたての筆者の父・忠三郎と次男・六十郎を実家に預けて、数ヶ月後に長男の十九郎を連れてベルギーへ向かう。

拓川は七月四日ブリュッセルに到着、「駐ベルギー特命全権公使」として着任し、五年後の帰国まで駐在する。当時は日本には大使の称号はなく、外交官としては最上位のポストは「特命全権公使」であった。全権代表として条約の調印や自国の情報提供、そして赴任先の情報収集などが主な仕事であるが、拓川が具体的にどのような実績があったのかは資料がまったく残されていないため、想像するほかはない。ベルギー時代の拓川の日記すら跡形もないのは、外交機密に関することなので残さなかったのかもしれない。

数少ない手がかりと言えば、二千枚近く残されていた当時の拓川及び妻の寿宛の絵葉書である。これらは各国、主にヨーロッパ諸国の外交官からのものが多いが、まだ解読が進んでいない。あとは当時公使館を訪れた人達の芳名録があり、これはなかなか面白い内容なので、あとで触れることにする。

当時の世界情勢

外交官として欧州に駐在した十九世紀後半から二十世紀初頭の国際情勢と日本の立場は、どのようなものであったかを大まかにでも把握しておかないと、拓川の動向が見えてこないので、この辺で少し触れてみよう。

前述したように、十九世紀後半は帝国主義が本格化し、列強による激しい植民地争奪戦が展開される時代に拓川は欧州に滞在し、日本もその渦中に投げ込まれる現実を目の当りにしたわけである。この時代は、中央集権の統一国家で軍隊を有する近代国家の形をとっていないと植民地化されてしまうという、統一国家か植民地に甘んじるかの二者択一の苛烈な世界情勢だった。

日本は朝鮮を巡って清国とぶつかり勝利したものの、三国干渉で遼東半島を止むなく返還させられる屈辱を味わい、まだ国力が列強に及ばぬ現実をつきつけられた。その上、三国干渉から三年後の一八九八年（明治三十一）、ロシアは清国と旅順・大連条約を結び、遼東半島を支配下に置くという力ずくの暴挙に出た。日本が勝利の代償として獲得した遼東半島を清国に返還させたあと、その場所にロシアが居座ってしまったわけである。北方のロシアとしては不凍港を獲得する南下政策を取る必要に迫られていたとは言え、日本としてはこの横暴なやり方にも「臥薪嘗胆」を合言葉に耐え抜いて国力の充実を図るしかなかった。そして、ロシアへの復讐の念を国民全体が密かにくすぶらせていたと言える。

しかし、実は当時の政治家や軍人は復讐の念や精神論を振りかざすような思いより、もっと冷めた目で世界の現実を鋭く見ていた。司馬さんの言う「リアリズム」の眼を持った指導者が国の舵取りを担っていた。その一人が初代から四回も首相を経験した後、元老となった伊藤博文で、ロシアとの戦争の勝算を最も悲観的に見ていた。戦争を回避するために単身ロシアに乗り込み交渉しようとした人でもあるが、彼は「満韓交換論」を提唱した。すなわち日本は韓国を支配し、ロシアは満洲を支配するが、お互いに干渉しないという条約をロシアに持ちかけたのである。「満洲はロシアに譲るから、韓国は日本にくれ」という言い分も随分勝手な虫のよい話で、よその国を好き放題に取りあうというのも現代の常識では考えられないが、このような話がまかり通った時代なのである。

当然満洲をすでに実行支配しているロシアとしては、日本にとって生命線である韓国も狙っていたし、日本より圧倒的な国力を誇っていたため、この日本の提案には応ずるはずもなかった。ロシアが韓国を支配するようなことになれば、対馬経由で日本にまで侵略してくる危険性が飛躍的に増大する。ロシアが交渉に応じないで、これ以上横暴を振るうなら戦争も止むなしという情況に日本はじわじわと追い詰められて行った。このように日露戦争は止むを得ない防衛戦争であるという面もあるが、結果として韓国を日本の勢力下に置き、韓国の外交、内政全般を統括する統監府を置き、初代統監に伊藤博文が就任した。その後、一九〇九年（明治四十二）十月二十六日に伊藤が暗殺され、翌年に韓国を併合するに至った。「日露戦争は防衛戦争だ」というのが司馬さんの考えだが、結果的には韓国を併合しているため、そうとも言えない面もあり、弱肉強食が当時の「世界の常識」という観点から見ると難しい判断である。

それでは他の列強との力関係、各国の思惑はどうだったかを簡単に触れてみたい。

当時のイギリスは、「日の沈まぬ大英帝国」「栄光ある孤立」と自称して世界で抜きん出た国力と軍事力を誇った最強国で、弱小国の日本としては、そのような大国と手を結んだ日英同盟は画期的な出来事であり、国民は日英両国旗を交差させて戸口に立て、喜びを表した。

この日英同盟の立て役者は小村寿太郎外相と林董（はやしただす）駐英公使の二人だったが、拓川にとって小村外相は直属の上司で、その後に外相となった林董とは意見がぶつかって、拓川が外務省を去るきっかけとなった因縁の人物である。

さて、イギリスはなぜ日本のような国と同盟を結ぶ気になったのか。当然国益を計算した思惑があるわけで、ロシアの極東への進出を警戒すると同時に、ロシアの目が日本などの極東に向けば、欧州におけるロシアの脅威が弱まり、逆にロシアと日本が同盟を結ぶようなことになれば脅威は増大する。このような状況の中で、日本は英国との間で「日露が戦っても英国は手を出さないが、ドイツも参戦するようなことがあれば英国も参戦し、日本をバックアップする」という約束を取りつける。一方、ロシアと隣接するドイツにとっては、日露が戦いはじめると、ロシアのドイツへの圧力が減ずるから好都合である。

フランスはと言えば、すでにロシアと同盟を結んでおり、日露の開戦直後に英仏協商を締結。フランスはロシアに多額の資本投下をしており、日露戦争になるとフランスは経済的打撃を蒙る。

このように、列強の思惑が複雑に絡み合っている国際情勢の中、日英同盟の締結直後に拓川はベルギー公使に着任する。

ベルギー王国の位置と国情

当時のベルギー国は中立国の小国ではあったが、ヨーロッパ諸国で最も早く産業革命が成功し、商工業国として第一級の先進国として栄えていた。ベルギーの歴史における最盛期に拓川は赴任したわけである。

ベルギーは北海に面し、南西側をフランスと国境を接し、東側はドイツと隣接し、ドーヴァー海峡を挟んでイギリスとも近接し、その上、問題のロシアとも遠からぬ距離にあるという、地政学的には微妙で緊張した位置にあった。このような帝国主義的緊張関係の力学が複雑に絡み合った欧州の中心位置のベルギーで、加藤公使はどのように動いたのだろうか。

最もよき時代のベルギーに数年拓川が滞在したのは幸運であったが、それまでのベルギーの歴史は複雑である。強大な権力を持つハプスブルグ家に支配されたり、他の隣接する国と統合したり、紆余曲折を経て、一七八九年にハプスブルグ家に対して革命を起こし独立する。しかしその後、フランス革命戦争でフランスに支配され、一八三〇年ネーデルランド国王ウィレム一世の支配に対して再び革命を起こし独立、永世中立国となった。

しかし、拓川の去った後の第一次世界大戦でドイツ帝国に支配され、第二次大戦でまたもやナチスドイツに占領され、多くのものが失われる惨劇を経て、現在はＥＵ（欧州連合）の本部が置かれ、ヨーロッパ統合の中心的な役割を果たしている。

このような複雑な歴史を経ているため、言語もフランス語、ドイツ語、オランダ語などが使われている。拓川の時代はフランス語が特に公用語として通用し、世界的にも外交交渉はフランス語が幅を効かせていた。

公使館の芳名録

日英同盟が結ばれた直後にベルギー公使の辞令を受け、欧州に渡った拓川は、やがて列強の膨張圧力の増すなかで、どのような役割を果たしていったのか。前述したように拓川自身の残した資料はないが、唯一、興味深い一冊のノートが手がかりになる。

それは日露戦争前後にベルギー公使館を訪問した人達の芳名録である。単行本ぐらいのサイズの無地のノートで、表紙は、こげ茶色の革張りに金糸のクローバーの葉の模様が散りばめられている。冒頭には拓川自筆の漢詩と落款入り署名があり、「一九〇三年（明治三十六）四月三日　神武天皇祭」と揮毫され、最初に元藩主・久松定謨の署名がある。みな自筆の署名に俳句や短歌、詩、絵画、ポンチ絵、戯歌などを書き加えており、公使館での集まりの熱気がそこはかとなく伝わってくる。

ページをめくっていくと、井上円了とあり、「花ちりてはや今ころは蛍がり　さるに此地は雪風ぞふく」と歌が添えられている。「日本では蛍の季節なのに　こちらは雪混じりの風が吹いている」と、母国への郷愁と異国での旅愁が込められている。円了は長岡藩の東本願寺の末寺の長男で東京大学哲学科で学び仏教学者となったが、妖怪の研究者という顔も持っていて、東京大学の権威主義に反発して独自の哲学館を設立、後に東洋大学となった。一九〇二年（明治三十五）に世界旅行を試み、ベルギーに立ち寄っている。

井上は国内でも全国各地で仏教道徳の講演を行い、多い時には年間二百二十日を超えたがその途上、中国の大連

SHIBUSAWA Eiichi, 1840-1931

コラム　手紙からみた明治の偉人

⑤ 渋沢 栄一 ◉ 清廉の士・熱意の外遊

「日本資本主義の父」といわれる渋沢栄一が欧米視察中の一九〇二年七月、イギリスからベルギー公使の加藤拓川に送った手紙が残っている。会社訪問などの手配を依頼した手紙で「万国東洋会社をも訪問し其重役之人々とも会見の上日本ニ於いて取扱候事共も話合」などと几帳面な筆跡で書かれている。産業の一等国・ベルギーで見聞を広めたいという渋沢の意気込みが伝わる。

この視察で渋沢はセオドア・ルーズベルト米大統領とも会っている。一方、拓川に送った依頼文は計三通もあり、帰国後に礼状も送っている。国家元首とも会見する大物が、一外国公使に直筆の書簡を何度も送る点に誠実な人柄がしのばれる。

渋沢は日本を代表する五〇〇社余りの会社設立に携わり、透徹したリアリストの実業家だったが、財閥をつくらず、論語に基づく「道徳経済」を説いた。自動車燃費データ不正問題に揺れる、現代の財界にも思い出してもらいたい清廉の士だ。

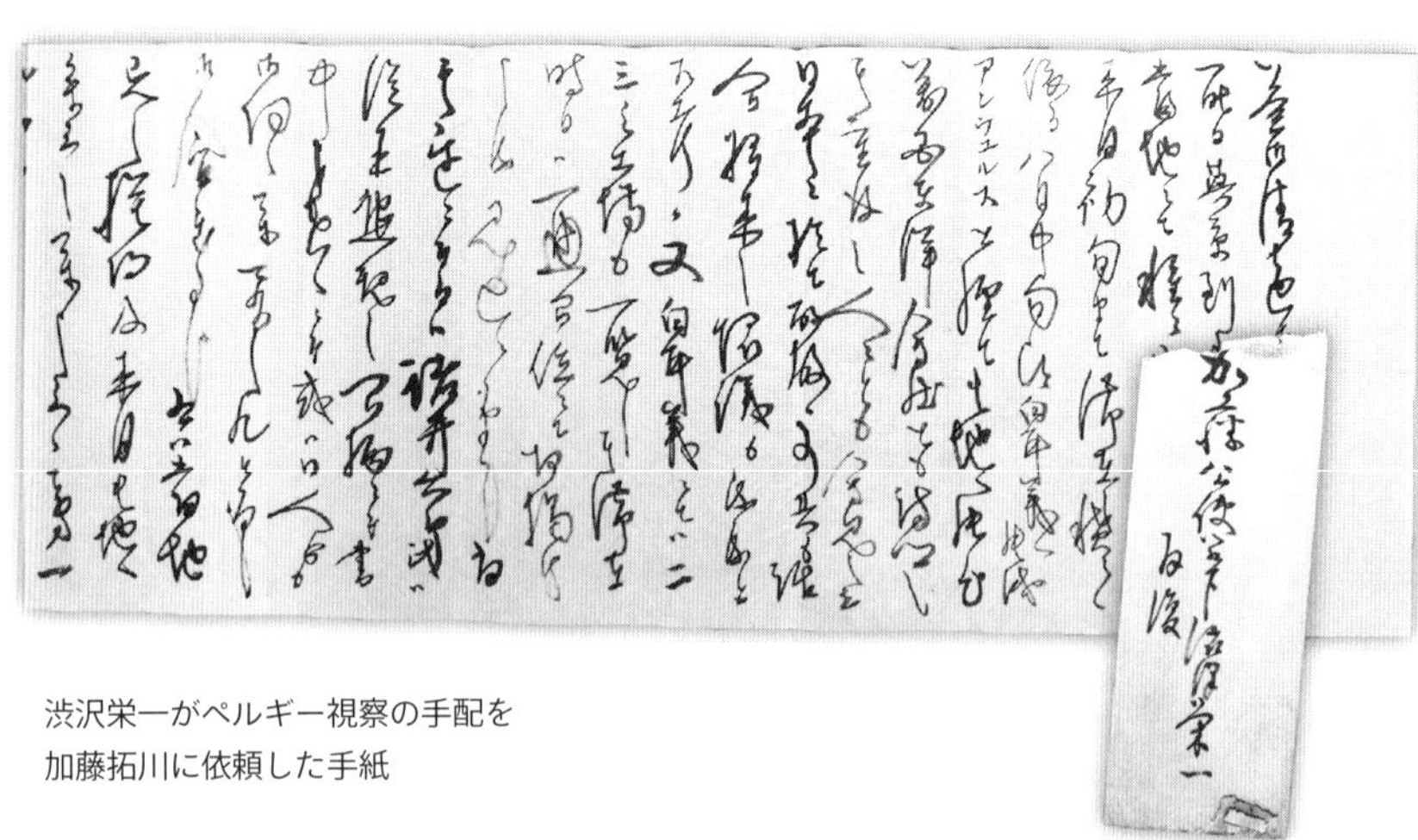

渋沢栄一がベルギー視察の手配を
加藤拓川に依頼した手紙

で客死する。享年六十一歳。妖怪を研究することで迷信などを打破しようとして思想面で、日本の近代化を進めた異色の哲学者である。

六月一日には拓川の前任のベルギー公使で、フランス公使に転任した本野一郎（もとのいちろう）も訪ねている。

その翌日には、ドイツ公使館二等書記官の小田徳五郎が来訪。彼の拓川宛絵葉書は数十枚あり、日露戦争の戦況、外交官や日本軍の要人の動向が記されている。

十三日には、拓川と司法省法学校の同期でスウェーデン公使の秋月左都夫が訪ねている。秋月は硬骨の人で、学習院大学教授として皇太子時代の昭和天皇の家庭教師を務めたが、余りに厳し過ぎて免職になったという逸話がある。彼は牧野伸顕（まきののぶあき）の義弟にあたり、従って吉田茂の叔父筋にあたるわけだが、第二次大戦末期、吉田茂らと工作し、秋月自身潜水艦の荷物の中にまぎれ込んでイギリス沖に放り出してもらい、脱出してイギリスに辿り着いてイギリス政府と停戦の協議をするという無謀な企てを思いついた。当時八十数歳という高齢だから驚きだ。結局自分が病気になったので「途中で死んでもよいではないか、行って来い」と吉田茂に託し、彼もその覚悟を決めたらしい。しかしこの情報が海軍に漏れて決行できなくなったとのこと。何とも驚くべき話である。

十月二十八日には下村宏（号・海南）が訪ねている。彼はベルギーへ留学した時に拓川に世話になり、暇つぶしの碁の相手をさせられた。この頃の拓川宛葉書が残っているが、それから四十年余りの太平洋戦争終戦時に、下村は内閣情報局総裁の要職にあり、昭和天皇の肉声録音、いわゆるポツダム宣言を受諾し降伏するという声明の「玉音放送」を担当した。録音を終えた一九五三年（昭和二十八）八月十五日未明、軍部に拘束されるが、幸い宮内省の金庫にあった録音盤は奪われず、同正午にラジオ放送された。主要都市の大半が焦土と化し、原爆が投下されても戦争を続行しようとした狂気にとどめを刺した玉音放送を、命がけで推進した下村の業績は大いに評価に値する。

一九〇四年（明治三十七）一月七日、公使館と領事館職員九十六人が集まり盛大な新年の宴会が開かれている。

ところが一ヶ月後の二月六日にロシアと国交断絶、八日に日本の連合艦隊が旅順港外のロシア軍艦を夜襲、翌九日に韓国の仁川港外でロシア軍艦二隻を撃破、翌日にロシアに宣戦布告し日露戦争が勃発する。この時代には、国際法上他国への攻撃の前に宣戦布告する義務は必ずしも無かったとのこと。ロシアもまさか小国の日本が戦争をし掛けてくるとは思っていなかったらしい。日本はそれまでに軍事、外交上の慎重な検討を重ね、金子堅太郎をアメリカに送り込み、留学先のハーバード大学で同級だったセオドア・ルーズベルト大統領に終戦後の講和の仲介を頼むという周到な準備までしていた。まさか戦争など仕かけてこないだろうと日本を甘くみていたロシアに対し、先制パンチを食らわし、戦局が有利に傾いたところで急いで講和に持っていくというシナリオをすでに作っていた。軍事力がロシアの一〜二割しかない日本にとっては、この手しかなかったのである。

さすが、この期間は芳名録の記述が少なく、ベルギー公使館も宴会どころではなく、随分あわただしい情況になり、列強諸国への対応や情報のやりとりに追われたはずである。

まず、駐ベルギー公使の拓川は宣戦布告の翌日に、対露戦争をベルギー国に通達し、中立を堅持するよう要請し、ベルギー国はその旨承諾する回答を寄せ、拓川は二月十八日に本国の小村寿太郎外相宛にその旨を打電した。

当時の国際法では中立国が交戦国の一方の軍艦に港湾を開放し、石炭や食糧等を積載することを禁じていた。この時期に拓川はたびたびパリへ赴いている。古巣でコネも多く、本野一郎フランス公使とも非常に親しい間柄であったので、ロシア寄りだったフランスからロシアの情報を探る必要もあったし、ロシアの軍艦に対するフランスの支援を牽制する目的も兼ねていたと想像される。

バルチック艦隊がアフリカ南端の喜望峰周りで長旅をする間、イギリス領の港に寄港させなかったことが日本に非常に有利に働いたことは日英同盟のお陰だったが、アフリカや東南アジアのフランス領の港には結果的に寄港補給することができ、バルチック艦隊は日本海まで何とか到達できた。しかし、この長旅でロシア軍は疲れきっていて、著しく士気が低下していた。このような国際関係が戦局を左右したわけである。

コラム　手紙からみた明治の偉人

⑥秋月 左都夫◉逆縁の友に寄り添い

AKIDUKI Satsuo, 1858-1945

外交官の秋月左都夫は宮内省御用掛を務めた際、皇太子時代の昭和天皇に厳しい指導をしたという逸話も残る。その厳格な秋月だが、一九二〇年九月、加藤拓川に送った手紙は違った印象がある。まだ二〇歳だった次男六十郎を結核で亡くした拓川へ、弔意を述べた内容だ。

自分も長男と長女を死なせていることに触れながら、「おさとり（悟）なんかハ何の役にも立たぬ」「自ら其事（そのこと）に逢（あ）わねバ其真理ハ会得出来不申候（もうさずそうろう）」と拓川の悲しみに寄り添っている。「お互（い）に極（ごく）普通の凡夫」と軽口を交え、親が子を先に亡くす「逆縁」に、誰もが激しく動揺するのは当然のことと慰める。

六十郎は旧制一高の秀才として将来を嘱望され、拓川は五人の子供の中でも特に溺愛していた。妻の寿も、この死を乗り越えるために天理教に入信したといわれる。失意の拓川に届いた旧友の温かい手紙。気さくな文面に表れる、子を思い、友を思うさりげない優しさは、逆縁の痛みを味わった経験が成せるのだろうか。

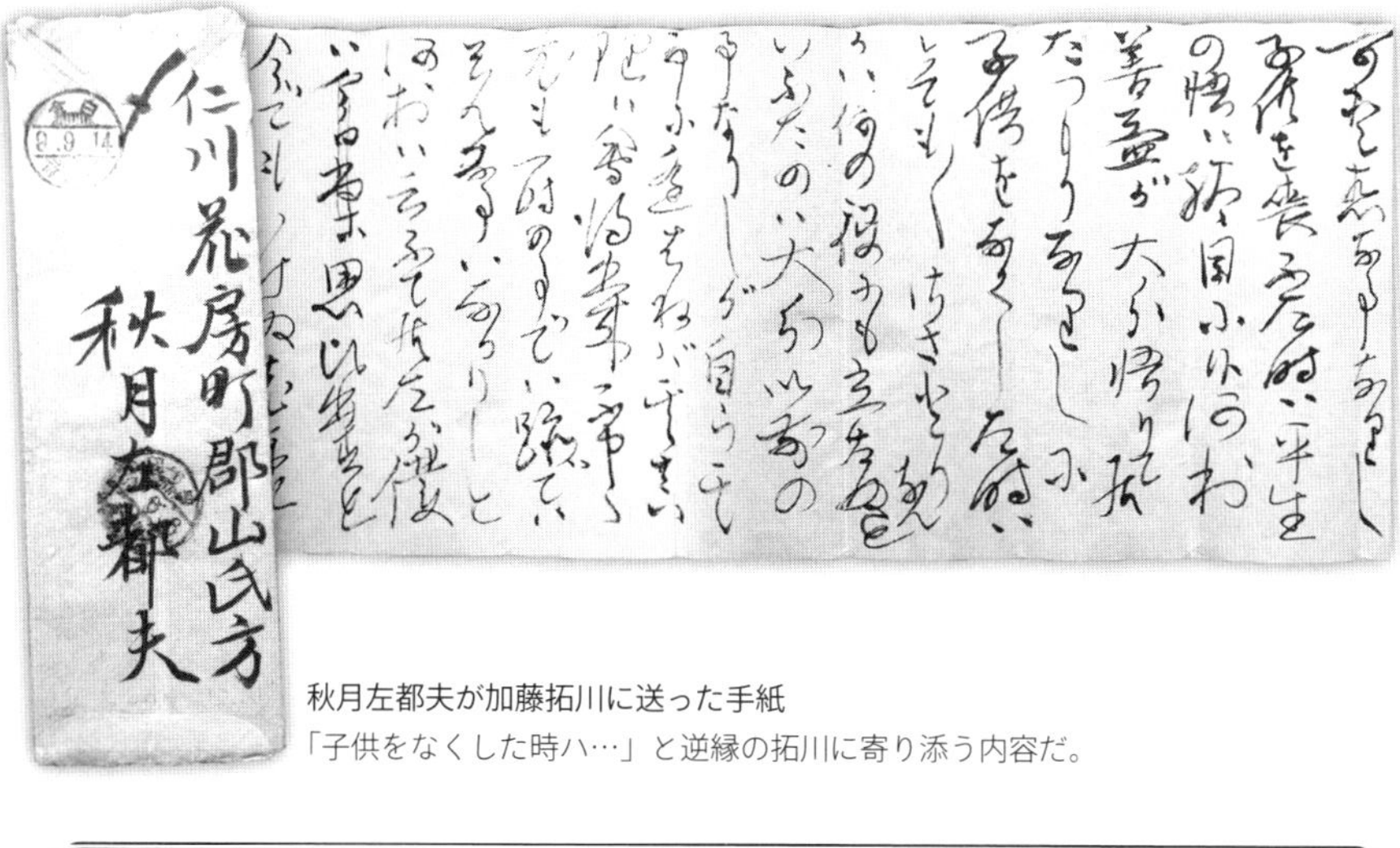

秋月左都夫が加藤拓川に送った手紙

「子供をなくした時ハ…」と逆縁の拓川に寄り添う内容だ。

奇術師・服部天一

四月二十四日の芳名録には、「奇術師松旭斎天一事　服部松旭」とある。一世を風靡した奇術師の草分け的存在で、明治時代に日本の芸人として海外へ進出し、名をあげたのはこの松旭斎天一と〝オッペケペ節〟で時代諷刺をうたった新派劇の俳優・川上音二郎である。音二郎とも拓川は面識があり、住所録にその名が記されている。

天一は実に数奇な運命を辿った破天荒な人物で、福井の出身だが、父親は真影流の剣客。天一の義兄が酒癖の悪い男で、ある日、御殿で抜刀して乱暴を働き、その咎でお家断絶にまでなる。一家は逃げるようにして四国の阿波の西光寺という寺に住み込む。間もなく母親も父親も亡くなり、天一は十歳で孤児となり、近くの島の寺で出家の身となる。寺を無断で抜け出て、空海にあやかって二十一日間の断食を試みて倒れていたり、手のつけられぬワンパクであったし、ほとんど学校教育も受けていない。寺の住職が見かねて、基本的な教養を教え込んで漢詩や書にも通じる身になったと言われる。若い時に苦労しているので勘も磨かれ、世間や人間の機微にも長けたのだろう。

服部天一

結局寺からも追い出され流浪の旅に出て、旅芸人などと知り合い、講談の前座を任されたり、奇術の秘伝の種を授けられたりした。

二十六歳でアメリカ人の奇術師ジョネスに出会ったことが大きな転機となり、彼に雇われて上海に渡り、奇術師として出発する。この海外渡航を天一は誇張し、世界一周の奇術師とはったりをかまして売り出して行く。しかし、それまでには「火渡りの術」と称して燃えさかる炭火の中をくぐり抜けて失心、大火傷を負って長期療養したり、刀の刃渡りを試みたり様々な荒修業を積んでいった。

一九〇一年（明治三十四）にはアメリカに渡り興行していたが、たまたまエール大学創立二百年記念式典に招待された伊藤博文と日本人会主催の宴会で同席となった。日本人がみなぺこぺこして伊藤の盃を受け、伊藤ひとりが威張っているのに天一が腹を立てていたらしい。「貴様、一杯飲め」といって伊藤博文が天一に与えた盃を一気に飲み乾した天一は、「伊藤、一杯飲め」と盃を返したという。周囲の者も伊藤でさえびっくりして、「わしを伊藤と呼び捨てにするのは天皇陛下ぐらいしかおらぬのに、あれは何者だ」と側近に聞いて、有名な奇術師の天一と分かった。さすがに大政治家の伊藤博文、天一の気概に感心して直ちに筆をとり、「妙術驚天下　為天一師　博文」と揮毫して天一に渡した。双方とも武士の気概で相照らすものがあったのだろう。明治人の大らかさを表す、ちょっとよい話である。

再度渡航し、天一一行はベルギー公使館に立ち寄り、こんな話も二人は肴にして杯を交わしたのかもしれない。今度はその数年後に、拓川がその伊藤博文とぶつかって外務省を辞することになるのだから、因縁めいたものを感じてしまう。芳名録の天一の横には「中井か津」と署名されているが、天一の一番弟子で「天勝」と名のり、美貌の女奇術師として人気を博した女性で、天一の愛人だったともいわれている。天一の奥さんは夫の愛人と承知していながら同居させ、天勝の世話をよくしたとのこと。天勝もよくわきまえていて決して出過ぎたまねをせず、控え目で礼節をわきまえていた。そう言えば、拓川もお妾さんが居て、妾が正妻（すなわち寿）の後に同行して買物に出かけていたという話は、筆者の母から聞いている。今だと何事かと叩かれるだろうが、当時はよくあった話である。何しろ女性には選挙権も財産権も持てない不平等な男尊女卑の時代であった。

天一から拓川宛絵葉書は四枚あり、ロンドンからイギリス人相手に手品を披露している姿や水芸の写真などが印刷されていて、お礼の言葉が添えられ、天一の礼儀ただしい細やかな面がうかがい知れる。

異色の情報参謀

その名は明石元二郎。知る人ぞ知る情報将校、すなわち超大物のスパイで、日本政府から莫大な資金を託されて、日露戦争前後に欧州を相手に命がけで暗躍し、帝政ロシアを土台から崩そうとした異色の人物である。明石元二郎からベルギーの拓川に宛てた絵葉書が数枚手元にあり、その中の二枚は実にセンセーショナルな内容で、筆者が最も書きたかった人物の一人である。司馬さんも『坂の上の雲』の第五巻で、「大諜報」と題してかなりのページを割いて詳しく触れている。

明石元二郎の名はベルギー公使館の芳名録にも登場しているので、まずそのことから触れてみたい。一九〇四年（明治三十七）の芳名録をめくってゆくと中ほどに、明石の自筆で次のように記されていた。

七月二十一日

摩天嶺ニ露軍逆撃を蒙り申候　四五日後

加藤公使之使館ニ於テ

将棋ニ　二番負ケ一番勝ちし記念日

明石元二郎

中国の「摩天嶺」という戦闘地域で日本はロシア軍に逆襲されたが、その数日後にベルギー公使館で加藤公使と将棋で一勝二敗　その記念日に」という意味である。

明石はこの頃、諜報活動で欧州を飛び廻っており、始終ロシアの工作員に尾行され、時には命を狙われる危険にさらされるという緊張の日々を送っていた。公使館という安全地帯で羽根を伸ばし、のんびりと将棋をし、日露戦の戦況はともかくとして将棋は一勝二敗の記念すべき日だというわけで、駘蕩としたユーモアを感じさせる。

ここで明石元二郎の非凡でドラマチックな人生を少し振り返ってみたい。明石は幕末の一八六四年（元治元）に九州福岡に誕生、明石家は元を辿れば明石城の城主。父は黒田藩士であったが、元二郎誕生の二年後、幕末の動乱に巻きこまれ切腹し果てている。まだ二十九歳という若さであった。元二郎には兄が一人居たが、二人の息子を母親は刺繍の手内職で育てたという。そればかりか、内職の針の手を休めずに、傍らの元二郎に論語の素読を教えたり、「おまえは先祖代々から立派な血を受け継いでいて、偉い人になれるのだから」と励ました。家は貧しくとも、毅然とした母親から教養と躾を幼い時にたたき込まれたことが、彼のその後の人生の規範となっている。この時代の人々の評伝から気付くことは幼くして父親を亡くし、厳しい環境のなかでも凛とした母親の深い愛情を受けて育ち、ひとかどの人物になったケースが多いように思う。

一八七六年（明治九）、十二歳で学問を修めて世に出るために上京し、明石家と親しかった團尚静の家にやっかいになる。尚静の養子に入ったのが團琢磨（だんたくま）で、彼は後に三井財閥の頂点に立ち、三井本館入り口で右翼に暗殺された著名な実業家である。明石はこの兄貴分のような存在の團琢磨にかわいがられた。ちなみに團琢磨と拓川とは親交があったらしく、拓川の追悼会に出席している。ひょっとしたら明石がとりもった縁かもしれない。

さて、明石は大変貧しかったので、学資の不要な陸軍幼年学校から士官学校へと入学している。これは秋山好古・真之兄弟の境遇と似ている。学業ではフランス語は一番で、後に英語やドイツ語、ロシア語まで驚くべきスピードでマスターし、語学の天才と周囲を驚かせた。この能力が、後の諜報活動で大変役に立ったことは言うまでもない。

優秀な成績で卒業し、陸軍に入り参謀本部付けとなる。その頃の彼の住まいは黒田藩の江戸藩邸の一隅に建てられた小屋で、家具もほとんど無い粗末な部屋であったが、なぜか猫を一匹飼っていたらしい。参謀本部から帰宅した明石が阿弥陀（あみだ）に被っていた黒い帽子をポンと投げると、猫は一目散にその帽子に飛び込んで寝てしまう。翌朝、その猫を起こし、毛だらけになった帽子をかぶって出勤するのであった。服装にはまったく無頓着で、いつも服は汚れ、靴も泥だらけだった。汚い話ついでのエピソードと言えば、ある日、手に吐いた痰をどうするのかと部下が見ているとその手をポケットにつっこんですましていたとのこと。こういう小事に無頓着な人が大事をなすのかもしれない。

この種の話をもう少し紹介しよう。無頓着では引けを取らぬ秋山好古と酒を酌み交わした時の話。場所は明石が留学したドイツでのことで、一晩飲み明かしたらしい。ドイツと言えばビールである。明石が後に回想している。「秋山さんは私より五つも年上だったが、何度か酒をつきあわされた。互いにビールを浴びるほど飲んだが、たまたま私のジョッキの中に一匹ハエが飛び込んだ。すると秋山さんのジョッキにも別のハエが飛び込んだ。私はそのハエを取り除くのも面倒なので、横に吹き寄せて飲み続けた。秋山さんはどうするかと見ていると、彼はハエごとごくんと呑み込んで平然としている。さすがの私も仰天した」。こんな人物二人と親しかった拓川もまた酒好きであった。

さて、陸軍では明晰な頭脳を持ちながらも物に頓着しない無邪気な性格が皆に好かれ、薩摩出身で日清戦争にて全軍の作戦を指導した陸軍大将の川上操六に特にかわいがられた。彼に随行して東南アジア等を視察した後、一九〇一年（明治三十四）フランス公使館勤務の辞令を受けてパリに駐在。翌年、日英同盟締結後にロシア公使館勤務となり、いよいよ本格的な諜報活動に入っていくわけである。

明石はロシア人を雇い、ロシア語を勉強しはじめるが、何と二時間ほどで簡単な日常会話をマスターしてしまったというのだから、特殊な語学の才能と記憶力が抜きん出ていたのだろう。ロシアの政府要人の集まるパーティーに招待されても、ロシア語はまったくできないそぶりを見せながら、ロシア人同士の会話を盗み聞きして情報収集していた。こうして明石は歴史の舞台、いや「舞台裏」に登場することになる。

前述したように、当時のロシアはヨーロッパ列強の壁に阻まれ、西に進出できなかったので、南東方面のアジア、とりわけ満洲と朝鮮を狙っていた。その延長線上に日本もある。ロシアは超大国であったが余りに北に位置するため、太陽も乏しく農地も確保しにくく、冬は港も凍りつく。だからロシアにとって南下政策は長年の悲願であった。この動向に日本も当然脅威を感じ、余りに軍事力の差があるロシアに対して同盟を結ぼうと外交交渉も試みたが、結局イギリスと手を結び、ロシアと対峙することとなる。そしてシベリア鉄道の建設が進み、ロシアの大量の軍事物資が極東に運ばれる前に何とか手を打つ必要にも迫られていた。

ロシア国内は、皇帝ニコライ二世の統治するロマノフ王朝と貴族達が国を私物化し、農民は農奴制が廃止されてもなお貧しい生活を強いられ、反逆した者はシベリア送りにされるなど、国民は圧政に苦しんでいた。役人の賄賂が横行し、権力は腐敗し、国の土台自体が崩れはじめていた。その上、ロシアは隣接するフィンランドやポーランドにも進出し、圧力をかけ、周辺の国を苦しめていた。

このような情勢を現地で把握していた明石の取った戦略の基本は、これらのロシアの圧政に苦しむ人々、ロマノフ王朝を倒そうとする反政府勢力や革命分子、そしてロシアに苦しめられている隣国の地下組織と手を組んで革命を起こさせ、帝政ロシアを内部から崩壊させて、対ロシア戦を有利に導くことであった。

まず戦争を始める前に敵の戦力、即ち政治経済、国民性など生の現地の情報収集が不可欠であり、それゆえ諜報活動が重視される。敵を知れば百戦危うからずである。このような任務の遂行には、記憶力が抜群で語学に長じ、胆力もあり、人間的な魅力を持ち合わせ、しかも軍人として厳しい訓練を受けた明石はうってつけであった。

スパイと言えば細身に黒いスーツをまとい陰気な鋭い目の抜け目ない人物を想像させるが、明石はくりっとした大きな眼で、どこが茫洋とした風貌で、髭を生やせばどこの国の人か分からないという、およそスパイらしからぬ雰囲気がむしろ幸いしていた。

いよいよ欧州を本格的に暗躍していくわけだが、そこで一番ものを言うのは「金（かね）」である。明石はロシアと周辺諸国の現状を参謀本部に報告し、そのための活動資金として百万円を要求した。当時の百万円と言えば米価に換算すれば現在の数十億円、政府予算の歳入と比較して数千億円、中を取っても数百億円である。そのような莫大な大金を明石ひとりに持たせて、明石の自由に使わせることを決定した政府要人も太っ腹だが、それだけ明石の能力を買っていたとも言える。何しろ貧しい国家財政の二百五十分の一にあたる大金である。

この工作資金を、明石はこれぞという相手には惜しげもなく大胆に使った。価値ある情報は大金で買ったし、役に立ちそうな革命分子には援助を惜しまなかった。

革命家の中で最も親密に接触したのが、シリヤクスという人物である。彼はヘルシンキの名家に生まれたフィンランド人で、明石より九歳上であった。一族には政府高官や弁護士が居り、財産も名声もあり彼自身も弁護士であった。しかし、当時のフィンランドは完全にロシアの属国となり下がり苦しめられていたので、国民は独立を希求していた。人一倍愛国心の強かったシリヤクスは一介の弁護士に収まりきらず、その志と才気が彼を革命の道へと押し出した。即ち国民を私物化し、すべての悪の根源とされたロマノフ王朝打倒の地下運動へと駆り立てたのである。明石はシリヤクスと密接なコンタクトを取り、ロシア国内、そして属国の反政府勢力や不満分子との人脈を拡大し、革命組織に惜しみなく高額の資金援助をし、着々と支援の手を差しのべていった。映画にもなった有名な「戦艦ポチョムキン号の反乱」も、明石が後方支援したと言われている。

欧州での明石の縦横無尽の活躍は、さながら映画を見ているようなスリルにあふれるストーリーである。別の人物になりすましたり、ロシアの官憲の目を盗んで大量の武器弾薬を船に隠して運んだり、時には命を狙われることもあり、その都度細心かつ大胆に任務を果たしていった。後に当時のドイツ皇帝ウィルヘルム二世は明石を評して、「たった一人で日本の満洲軍二十万人に匹敵する成果を上げた、恐ろしい男である」と言わしめた。

漢詩暗号文の絵葉書

筆者の手元に一枚の絵葉書がある（☞巻頭カラー）。スイス・ジュネーブのレマン湖の景色で湖面が不自然に青みがかっていて、おそらくモノクロ写真に彩色したものであろう。長い橋の向こうに街並が拡がり、遠方に雪を頂いた白い山・モンブランが描かれている。ジュネーブのホテルから一九〇四年七月二十四日付でベルギーの拓川に宛てたものである。写真の余白に、次のような短い文面がエンピツ書きで無造作に書かれている。

振衣千仭岡　洗足萬里流時の心持チハ

白山の嵐に塵リ打払ひ　湖にうつる影の

清けき

共謝過日の御寵遇皆様へよろしく

筆者はこの文面の文字も意味も読解する力がなかったので、筆者の師である子規研究家の故・和田克司先生にファックスで解読をお願いしたところ、時を置かずして先生から電話をいただき、興奮気味に「正岡さん、えらいことが分かりました」と、先生の声は心なしか上ずっていた。

実はこの最初のくだりは漢詩の一部で、『古詩源』という中国の漢詩集に収められていたもので、『古詩源』は隋以前の古い漢詩を集めて清朝時代に編纂された詩集である。その中の「咏詩八首」の第五に次のような漢詩がある。

皓天舒白日　皓天白日を舒べ
霊景耀神州　霊景神州に燿く
列宅紫宮裏　宅を列ぶ紫宮の裏
飛宇若雲浮　飛宇は雲の浮ぶが如し
峩峩高門内　峩峩たる高門の内
藹藹皆王侯　藹藹として皆王侯
自非舉龍客　舉龍の客に非るよりは
何為炊来游　何為れど炊ち来遊せん
被褐出閶闔　褐を被て閶闔を出で
高歩追許由　高歩して許由を追ふ
振衣千仭岡　衣を千仭の岡に振ひ
濯足萬里流　足を萬里の流に濯ぐ

最後の二行だけを明石は葉書にしたためたが、漢詩の教養のある人は、その前の一節が浮かぶことだろう。「高歩して許由を追う」の「許由」とは堯代の隠者のことであり、ここに深い意味がこめられている。隠者とは一体誰なのか。

ここで明石の動向を振り返ると、シリヤクスと知り合ったことで一挙に反ロシア地下組織の情報網が拡がり、二人は革命の同志のような深い絆で結ばれ、欧州を暗躍することになる。

異国での諜報活動というのは大きな危険と困難が伴うことは言うまでもない。見も知らぬ人物がホテルに訪ねてきたり、バーで突然近づいてきたりしても、とっさにその人物の正体を見抜き、信頼できると判別すれば仕事を依頼し、しかるべき資金を渡さねばならない。時には敵と味方のどちらにも通じる「二重スパイ」であったり、こちらに雇われたと見せかけて、敵に情報を流す「逆スパイ」であったり、敵の秘密警察であったりする。また、明石をスパイと知りながら自由に泳がせられて相手に動きを探られることもある。明石はかなり大胆に行動し、一歩間違えば命を奪われかねない所へも幾度となく乗り込んで行った。「敵の敵は味方である」という発想から、ロシアに反感を抱いている組織や人物で使える者はどんどん使って情報を集めた。金で割り切って働く職業的スパイの方が、むしろ主義や道義的な動機で動く者より役に立ったと彼は後に追想している。

一九〇四年（明治三十七）の夏、明石はスイスに乗り込むことになる。スイスという国は永世中立国で他国からの侵略や干渉を受けないことを保障された国だから、他国の地下組織の人間がアジトにするには極めて都合のよい国で、事実多くの革命分子が潜伏していた。

レマン湖のほとりジュネーブで、明石はある重要な人物に会うことになる。

その名はウラジミール・レーニン、言わずと知れたロシア革命最大の指導者である。皇帝暗殺事件で処刑された兄の影響で早くから社会改革に関心を持ち、自らも闘争で捕えられシベリアでの三年間の流刑生活を終えて今はスイスに潜伏していた。

明石とレーニンは会った瞬間に、立場こそ違え、帝政ロシアの打倒という共通の目的に向かって命を賭けていることを互いに理解し合えたのだろう。明石は革命への援助をレーニンに約束し、奥さんの手料理のボルシチをごちそうになって別れた。

前述の葉書の漢詩の一節の「許由」、つなわち隠者とは、実はレーニンのことを指すのではないかというのが和田先生の主張であった。レーニンは当時、確かモンブランの麓の「バラの村」とか言う名の寒村に身を隠していた。そこへ明石は今から訪ねようとしているのか、もう行ってきたのか、いずれにしてもその事を暗に拓川に漢詩に託してさりげなく知らせたと思われる。漢詩の教養の深い二人だからこそ理解し合えるわけである。この当時、機密事項を漢詩の暗号文で伝えることがよくあったらしい。それも封書でなく、人の目に触れやすい絵葉書で報せるとは、裏をかく明石らしい大胆さともとれる。ベルギーという中立的な立場にあって、情報の集まりやすい公使館の拓川は、この事実を本国に送ったのかもしれない。

しかし、これらの暗号文は、実はロシア側に解読されていたことを明石は後に知ることになる。それを教えてくれたのは、たまたま明石の滞在するホテルに訪ねてきたローラン夫人という美しい中年の女性で、彼女の夫は何とロシア秘密警察のパリ駐在主任、スプリンゲルという名のいわくつきの男であった。彼が明石の命を狙っている可能性も十分ありえた。以前は夫人も夫のスパイ活動を手伝っていたが、次第に夫の非情さに嫌気がさして寝返ってしまい、明石にこの重要な情報を流したというわけである。急拠日本政府に暗号を作り直すよう要請したのは言うまでもない。もし暗号がその後もロシア側に流れ続けていたら、日露戦争の行方もどうなっていたか。

バルチック艦隊の動向

もう一枚の絵葉書はドイツのベルリンからで、大聖堂のような豪壮な建物の図柄の余白に次のような文面があった。

秋月（左都夫）氏は一昨日出発　小生も将(まさ)に北海の途に上ラント致　茲(ここ)ニ尽祝御健在

近況

北山夜雨不浅愁　北山の夜の雨は愁(うれい)浅からず
志托欧南花月遊　志を欧南に托し花月に遊ぶ
緑酒紅灯楊柳影　緑酒紅灯楊柳の影
恨多波的海門舟　恨は多し波的海の門舟

おおまかな意味は、欧州の北方の夜は雨が降り愁いが深い。南欧の花月に想いを馳せる。「波的海」とはバルト海のことで、港には船が多くて心配である。即ちバルチック艦隊のことを指している。十月十五日バルチック艦隊が出港したことを明石は本国に暗号で送っており、この八月にまだ停泊していることを拓川に報せていると思われる。

以上のことからも、明石はこの間ずっと欧州を奔走し、重要な機密情報を送るとともに、革命軍を支援し、戦況に大きな影響を与えたのだが、諜報工作という役割と、彼の表に出たがらない性格から、歴史上、余り目立った存在になっていない。そのこと自体明石が望むところだったのだろう。

日本が勝利した後も、シリヤクスなどの革命家の仲間達に情が移り、明石は欧州に残って革命に身を投じようとさえ考えたらしいが、帰国命令が出て七年ぶりに日本の地を踏むことになる。その時百万円の資金は二十七万円残っていたが、すべて使途を明記した領収書とともにそっくり参謀本部に返した。

家族とゆっくり過ごそうと思う間もなく、ドイツ駐在武官として欧州に舞い戻ることになり、着任してすぐ、思い出のジュネーブの万国赤十字改正会議に次席委員として赴くことになる。この時、首席で出席したのが加藤拓川である。この調印を巡って問題が起き、拓川は外務省を去ることになるのだが、本件は詳しく後述したい。

明石は一九〇七年（明治四十）に帰国の船中で妻の死去の報せを受け取った。結婚して二十五年、そのうち二年ぐらいしか一緒に暮らしてやれなかったことを悔やんだ。

その年の秋に保護化した韓国に、憲兵隊長という治安維持の責任者となって赴任することになったのは、皮肉な巡り合わせである。日韓併合に反対する民衆を制圧する任務で、欧州でやっていたことの真反対のことをやる羽目になった。同士だったシリヤクスがこのことを知ったらと、思わず彼の顔を思い出したはずである。国の要請なら任務として割り切らざるをえない。帝国主義の仲間入りをし、国を強くしていこうという日本の針路に従わざるをえなかったのか。拓川自身もこの時代の流れの中で、少なからず葛藤があったのではなかろうか。

明石は最後に台湾総督となったが、そこで二十六歳になる最愛の娘の訃報を知らされる。周囲も見かねるほどの落胆ぶりで、間もなく体調を崩し、あっけなく五十五年の波乱万丈の生涯を閉じることになる。日本で亡くなったが、遺言により台湾に戻って埋葬された。歳月が流れ、その墓も荒れて忘れ去られ、その上に誰かが住みついたらしいが、近年、台湾の人々の暖かい支援もあって、遺族が同じ地に墓を再興したということである。歴史は様々な側面から見る必要があるだろうが、日清戦争以来、半世紀にわたって日本は台湾を統治したが、その方法が比較的うまく行って、それまで非常に貧しかった台湾の産業を発展させ、ダムや水路などインフラを整備し、教育制度や治安をよくした。そのような日本への評価が、台湾での明石元二郎の墓の再興に繋がっていると思われる。

明石とは対称的な片山潜

ベルギー公使館の芳名録に戻ろう。

一九〇四年（明治三十七）七月二十一日の明石元二郎の記述と同じ見開きの端に、三日後の二十四日付で「片山潜（かたやません）」とだけ署名されている。

片山潜は、日本の社会主義運動家の正に草分け的存在。岡山県に生まれた彼は、少年時代は百姓をし、上京して漢学塾で学び、その後渡米して皿洗いなどしながら苦学し、エール大学を卒業、神学を学んでキリスト教徒となる。このような経歴が土台となって社会主義に目覚め、生涯をその運動に捧げ、ソ連にとどまって日本共産党の創立に尽力し、モスクワで死去。クレムリンの赤壁に葬られた。

片山がベルギー公使館に立ち寄ったのは、隣国オランダのアムステルダムで開かれた万国社会党大会に副議長として出席の途上であった。片山はこの席上、ロシア代表プレハーノフと固い握手をして「戦争反対、社会主義弾圧反対」をアピール、世界的に注目された。

かたや、明石元二郎は日露戦争の渦中の軍人として欧州を暗躍している。しかも明石はロシアの社会主義運動家と手を結び、帝政ロシアの土台をゆすぶらんとしていた。ロシア政府としては、戦争の相手国の日本とロシアの社会主義の代表者が手を結んでいるのをにがにがしい思いで見守ったはずである。ロシアの反政府勢力に肩入れするという点では、明石も片山も利害は一致するのだが、立場はまるで違うということだ。もし、二人が同じ日にベルギー公使館にやって来て鉢合わせしたとしたら何を論じ合っただろうか。加藤公使としては仲をどうとりもったか、思想も立場も違うが、日本の国を思う高い志を持った両者の邂逅は見ものであったろう。

情熱の詩人・土井晩翠

九月八日には、土井晩翠(ばんすい)が公使館を訪ねて戯れ歌を芳名録に記している。

軍子はカトウ日本の武士のツネタダ

ヒサしきは……………土井林吉(本名)

公使のカトウツネタダと妻のヒサを捩って短歌に入れ込んで遊んでいる。土井晩翠はこの時三十三歳。その三年前に滝廉太郎の作曲と彼の作詞で、代表作「荒城の月」を発表し一躍有名になっている。漢文調の男性的な詩風は当時の青年層の心をとらえ、情熱の詩人と言われた。この年に帰国し、英文学者として仙台二高でその後三十年教鞭を執った。この間、拓川の三男で筆者の父・正岡忠三郎も二高に在学し、詩人と交わっていたので、土井晩翠とも接したかもしれないが今となっては聞く人も居ない。

旅順陥落

『芳名録』の中ほどに赤く塗られた日章旗や提灯の挿絵があり、その下に、多勢の署名の記された賑やかなページが出てくる。

「明治三十八年一月五日旅順陥落祝捷会紀念」とある。旅順が陥落したのは元旦であるから、その四日後に公使館で盛大な祝勝会が催された。戦力ではるかに上廻るロシアに苦戦を強いられながらも辛勝したことで、会場にもほっとした空気が流れていたのではないだろうか。バルチック艦隊との決戦も控えていて、手離しで喜べなかったであろう。ひとまず安堵しつつも冷静な雰囲気がこの紙面や他の書簡類からも感じられる。というのも、その次のページには、誰かが『旅順港陥落の歌』と題して長文の戯(ざ)れ歌を綴っている。全文を紹介できないが「遼陽で大山鳥が黒鳩に豆鉄砲を食はし居る」など。すなわち大山巌大将がロシアのクロパトキンをやっつけたと洒落ている。この頃の人達はどのような情況でもユーモアと余裕が感じられる。それが徐々に昭和に入って、みなしゃかりきになって暴走しはじめたのではなかろうか。

この芳名録には俳句や短歌、詩や画家の手による美しい日本画など盛り沢山で、公使館を訪ねてきた人々の背景を調べれば興味深いことがいろいろ分かってくることと思われる。

任命書と叙勲

外交官として日本帝国政府から受与された任命書で、拓川自身がひとまとめに保管していたものが数十枚あり、その中には叙勲の証明書も数通ある。これらによって、拓川の職歴の大筋と功績を読み取ることができる。

その中の二・三の証書を紹介する。

外務書記官謙外務大臣秘書官在官中　明治三十三年清国事変ニ於ケル功ニ依リ旭日小綬章及金千圓ヲ授ケ賜フ

明治三十五年十二月廿八日

清国事変とは、義和団事件（北清事変）のことである。十九世紀末に露英独仏などの列強がじわじわと清国を侵食しはじめ、露骨な帝国主義がまかり通り、それに反発する中国民衆の抵抗運動が勢力を拡大して次々と外国公使館を襲撃していったため、列強の連合軍を清国に派遣し、鎮圧した事件である。日本もこの連合軍に加担したが、その事後処理に拓川も関わったと推察できるが詳しいことは分からない。

もう一件、次のような証書がある。

明治三十七八年事件ノ功ニ依リ勲二等瑞宝章及金八百圓ヲ授ケ賜フ

明治三十九年四月一日

これは日露戦争の功績に対する叙勲であるが、具体的な内容は記されていない。おそらく様々な欧州の情報を本国に送ったり、各国との外交交渉に寄与したことなどが含まれていると思われる。ちなみに八百円とは現在の八百万円ぐらいか。このような臨時収入に恵まれた拓川だったが、おそらく友人や部下に大盤振舞いしたことであろう。

特命全権公使加藤恒忠
西班牙國皇帝陛下結婚式
挙行ノ節特派使節トシテ
参列被仰付
明治三十九年四月二十四日
内　閣

右の任命書はスペイン国王アルフォンソ十三世とイギリス女王ヴィクトリアの孫のヴィクトリア・ユージェニーとの結婚式に、拓川がベルギーから特派使節として派遣された時のものである。結婚式はマドリードの大聖堂でとり行われ、拓川はローブデコルテの礼服を着用した妻・寿を伴って出席。その式典の後、大聖堂から国王夫妻は馬車に乗って市内をパレードしたが、その途上、無政府主義者が爆弾を投げ込み、三十一人の死者を出した。夫人の服に警備兵の血が飛んだが、二人は無事だった。

そして翌日には闘牛の観戦の予定だったが、王妃はキャンセルせずに出席したため、勇気ある王妃だと一躍株が上がった。この裏にはカトリックのスペイン国王が宗派の違うプロテスタントに属すイギリス国教会の王妃を迎えるということで、反対した世論に対する配慮があったと言われている。

拓川にも他国の外交官から見舞の絵葉書を受け取ったり、自らも家族に葉書で無事を伝えている。二十世紀初頭にすでに爆弾テロがあったことに驚かされる。それはともかく、外交官加藤拓川夫妻にとって、この頃が最も華やかな絶頂期であったが、やがて様々な苦難に襲われることになる。

第２回万国赤十字改正会議の風景と出席者サイン（スイス・ジュネーブ）

第四章 伊藤博文との確執

ジュネーブへ

一九〇六年（明治三九）七月にスイスのジュネーブで、「第二回万国赤十字条約改正会議」が開かれ、加藤拓川は特命全権委員に任命された。次席は欧州を暗躍した例の情報参謀、明石元二郎陸軍大佐であった。

この経緯は、成澤榮壽著『伊藤博文を激怒させた硬骨の外交官・加藤拓川』に詳しく述べられているので引用させていただく。著者とは直接お会いしたことはないが、この書を出版されるに際し、拓川の資料をお貸ししたことがあり、拓川の数少ない貴重な評伝である。

さて、このジュネーブ赤十字会議の調印を巡って本国と一争動が起こり、拓川は外務省を去ることになるのである。この問題の裏には、列強を背後に控えた韓国と日本のデリケートな関係が潜んでいる。それには、当時の日韓関係のおおよその歴史的経緯を振り返る必要がある。韓国は言うまでもなく、日本本土から海を隔ててわずか二百キロの最も近い隣国、両国の中間に位置した対馬では江戸時代に盛んに貿易が行われ、様々な物資や文化が日本に流れ込み、比較的良好な関係にあった。明治の初めに征韓論を西郷隆盛が主張して、武力でもって鎖国状態の韓国を開国させようとし、両国の関係は一時緊迫したが、結局一八七六年

（明治九）、日朝修好条規で日本は朝鮮を独立国として認めるという画期的な政策を打ち出した。これが結果的には清国を刺激し、日清戦争へと発展する。なぜなら中国は古来から朝鮮の宗主国と主張し、従属関係にあったからである。

一八九四年（明治二七）に日本は清国に勝ち、下関条約を締結。清国は朝鮮の宗主国たる立場を放棄し、朝鮮を独立国と認めた。そして遼東半島と台湾は日本に譲渡された。

しかし先述したとおり、その直後にロシア、ドイツ、フランスが組んで日本に遼東半島の返還を迫り、日本はこれに応じざるを得なかった。これ以上の戦争継続は、財政的にも無理だったからである。いわゆる「三国干渉」である。

その三年後に今度はロシアが清国と条約を結び、遼東半島を実質支配下に置くことになる。この軍事力を盾にしたロシアの横暴なやり方に、日本国内は「臥薪嘗胆」を合言葉に、この屈辱に耐え忍び、軍備の増強を図ってロシアを警戒した。そのロシアはやがて極東進出を露骨に推し進め、満州全土を制圧して朝鮮半島にまで勢力を伸ばしはじめた。このまま放置すると朝鮮を制圧して日本にまで乗り込んでくるという危機感で、日本はロシアと戦うしかないという情況に追い詰められた。日清戦争も日露戦争も朝鮮半島を巡る攻防が根底にあったわけである。

「三国干渉」の年に、続いて「閔妃（みんぴ）事件」という何とも不可解な事件が起こった。当時の李氏朝鮮の国王「高宗」とその父親大院君、高宗の妻「閔妃」を中心とする国内の内紛もあり、閔妃がロシア軍の力を背景にクーデターを起こそうとしたため、ロシアの朝鮮への介入を危惧した日本は閔妃暗殺を企てた。その首謀者が在朝鮮日本公使・三浦（みうら）梧楼（ごろう）だったと言われる。今に例えてみれば、アメリカの大使が東京で皇居に乱入して日本の皇后を殺害するようなとんでもない暴挙である。三浦は広島裁判所で不問に付され、その後政界に進出、枢密顧問官となり、政界の黒幕として活躍した。

一九〇四年（明治三十七）日露戦争が勃発、その直後に「日韓議定書」を交わし、日本は韓国での軍事行動の自由を得る。続いて「第一次日韓協約」を結び、日本人顧問による韓国の内政・外交・軍事の指導が始まり、日本の実質的な干渉が始まった。特命全権公使として林権助が韓国に赴任した。彼から拓川宛の書簡もあるが、今回の問題とは関係ない文面である。

翌年、日本は日本海海戦で大勝し、ロシアとの講和に持ち込み、ポーツマス講和条約を締結、日本の韓国保護化をロシアに承認させ、韓国とは第二次協約を結び、日本は韓国保護化に踏み出した。保護化で注目すべきは、「韓国の外交権を日本が掌握した」という事実である。

一九〇六年（明治三十九）二月に統監府が設置され、初代統監に伊藤博文が六十五歳で就任した。

余談になるが、この就任決定の逸話が面白い。統監の人選の協議は料亭で開かれ、元老達が集まったが、皆なりたがらないのか難行して重苦しい雰囲気になった。その時居合わせた秀松という芸者が何も考えずに、「伊藤様が行けばいいじゃありませんか」とひょいと言ったところ、ほかの元老達も「それがいい」とはやしたて、急に伊藤が就任することに決まったらしい。もっともこれには元老達の陰謀であったという説もあるようだ。

さて、伊藤博文が統監となった五ヶ月後にジュネーブ赤十字会議が開かれた。この条約の締結後の正式名称は「戦地軍隊ニ於ケル傷者乃病者ノ状態改善ニ関スル条約」となっている。赤十字は戦争や大きな災害での被害に際し、敵味方の区別なく中立の立場で人道的支援をする世界的な組織だが、日露戦争は未曽有の近代戦争で多くの死傷者を出したため、戦争によって避けることのできない惨害をいかに軽減するかという人道的見地から、戦地軍隊の傷病者をどう処置するかが重大な問題となって開催された。

会議の成果は赤十字の目指す方向に進展したし、拓川の仕事も本国で評価されたのだが、その調印を巡って、本国の中枢、外務大臣の林董、そのバックの元老伊藤博文の二人と、ベルギーの拓川との間に抜きさしならぬ「齟齬（そご）」が起こったのである。

条約締結にあたり調印の欄に、日本全権の拓川としては「日本」と署名するのは当然だが、「日本国」と並んで「韓国」の文字も入れて調印したのである。前述したように、この時点で日本は「韓国を保護化」しており、韓国の外交権を日本が握っていて、それが国際的にも認められていたので、拓川はその道理にそって韓国の文字も入れたわけである。

しかし、この調印に林外相が異議を唱えることになり、拓川との間で何度も電文でのやりとりを交わしている。この一件は外務省編纂の『日本外交文書』第三十九巻にすべて開示されており、筆者はずっと以前立命館大学よりこの写しをもらっていた。この文面はくどくどしい文語調で非常に読みづらいが、全文を何回読んでみても、その内容をすっきりと把握しにくい。というのも林外相側は誤解しているのか、バックの伊藤博文に忖度(そんたく)してか相互の論旨が噛み合っていない。長くなるが大事なところなので、この経緯を『日本外交文書』から順に追っていく。

○三月十三日　西園寺公望(さいおんじきんもち)（首相兼外務大臣）より伊藤博文（韓国統監）宛（以下、現代かな使いに異訳する）

ジュネーブ会議に対し、スイス国外務大臣から韓国の参同を望む旨、私に申し入れてきた。日本から派遣する委員は同時に韓国の為同会議に参列する都合なる旨打電する考えなので承認の返電を請う。

○三月十六日　伊藤から西園寺に

遺存なし。韓国政府にもこの旨通知した。

○五月十九日　西園寺より拓川宛

貴官は今般赤十字条約改正会議に帝国政府代表委員に任命された。最も重大なことは電信にて政府の指揮を受け、それ以外は貴官の裁量で決定すべし。

貴官は帝国を代表すると同時に韓国をも代表するものと承知されたし。

昨年調印の日韓協約の規定により韓国の外交事務は帝国政府が行うこととなったので貴官が韓国を代表するに当たり、特に韓国より委任状を受ける必要はない。貴官が韓国の為調印すべき場合には「韓国ノ為メ」なる文字を用いたし。

○七月七日　拓川より林薫外相宛

昨日条約調印。我が意見大抵通過す。……全権状の件故障なく韓国の為調印せり。我専門委員は昼夜勉勤本官を助け、殊に委員会にて熱心に帝国政府の意見を主張し満足の結果を得たり。

○七月九日　拓川より林薫外相宛

会議は七月五日議事を終了し、翌六日に調印。本官はベルギーに帰任……

（続いて各国の出席者を記載。その中に）

韓国

加藤恒忠

陸軍大佐明石元二郎

侯爵一条実輝（海軍中佐）

秋山雅之介（国際法学者）

日本国

（として同右署名列記）

○七月二十四日　拓川より林薫外相宛

韓国より委任状の公附を受ける必要なき旨五月中に電信並びに西園寺前任大臣より訓示あり……会議場で異論が生じた時は一応弁論を試み、その際議長の同意を得られないなら会議に付くことを拒絶し、韓国の為に調印を延期して更に閣下に請訓することに決心……全権査閲の際果して議長より韓国代表證を示すことを要求したるにより本官は日本皇帝陛下の御署名は日韓両国を代表する旨を述べたところ結局何らの異議なく韓国のため條約調印は終了した　右報告まで。

ここまでは問題なく電信が取り交わされたが八月十七日林外相より拓川宛に次のように打電した。

條約の前文に於て韓国皇帝が貴官を同国全権委員に任命し、かつ各国全権にその全権委任状を示し、その良好妥当なるを認め左の條款を議定せる旨を記載し韓国皇帝は貴官に全権委任状を与へ依然として外交権を行使するものの如く認められる　右は当時訓令の主旨並びに事実とも齟齬するが如何にして右の如き形式に同意し該條約に調印したのか詳細の事情至急電報すること。

「齟齬」という言葉が林外相から飛び出し、拓川の報告に初めて異議を唱えている。「拓川が韓国皇帝から全権委員に任命され、その委任状を各国に示して同意を得た」とまったく事実を誤解し、「依然として韓国が外交権を有しているように各国にとられる」と主張している。なぜこのような誤解が生じたのか、今までの外交文書の経緯からは考えられない。

拓川は、四日後の八月二十一日に林薫に解答を送っている。

韓国も条約国の一とする以上は前文中に韓国の文字なくして特に韓国の為に調印すること能はず。かつ日韓協約の規定に基き日本の全権状が同時に韓国代表をも意味することの承認を得たる上は日本の御批准は同時に韓国の為にも有効と解釈するは当然なるべき故に日本が韓国の外交権を有するは本条約明文以外の事項として右の形式にて調印せり。

以上、拓川は明快なる論旨を述べている。それから二十二日後に西園寺首相・兼任外相より拓川宛に、「貴官は韓国の下に一つ、又日本国の下に一つ都合二ヶ所記名調印したものと認められるが相違なきや」との電文を受け取り、その日に拓川は「相違なし」と返電している。拓川の林宛電信から二十二日間も空いており、この間、林から西園寺首相に一時外相を移して兼任させているところを見ると、林は急遽韓国へ渡り伊藤統監と協議したと推察できる。

西園寺はパリ時代からの交遊で、拓川とはごく親しい間柄である。そして首相兼外務大臣の権限から、この外交問題に関してもっと便宜を計れる立場ではなかったかとも思うが、伊藤は元老で隠然たる勢力を有し、しかも韓国の問題なので伊藤にお伺いを立てないわけにはいかない。その上、西園寺にとって伊藤は若い時から引き立てられ出世街道を登り詰めてきた、いわば大恩人でもある。最初は一八八二年（明治十五）に伊藤が明治憲法作成の調査のため渡欧するのに随行し、能力を認められてドイツ公使になり、日清戦争下の第二次伊藤内閣で四十六歳で文相となり、第三次内閣で再び文相になっている。

とにかく伊藤博文は、今回の拓川の調印に対して激怒したという。それは拓川の義弟の石井菊次郎が通商局長として京城（現ソウル）で伊藤に会っていて、「伊藤さんは非常にこの問題で不気嫌だった」と後に『拓川集』の対談の中で回想している。

伊藤はどのような理由で不気嫌だったのか、日本と韓国の両方に調印したのがなぜいけなかったのか、拓川と林との電信のやりとりの食い違い、誤解、そして元老伊藤からの圧力などが混沌と渦まいているようで、問題の核心が明確に見えてこない。

ここで言えるのは、伊藤博文の気質とそれに基づく対外政策の考え方がこの問題のキーである。彼は長州藩の足軽という低い身分であったが物事に執着心がなく、明るい性格で、冷静なリアリストでバランス感覚があった。松下村塾で吉田松蔭に学び、尊王攘夷運動に加わったが二十二歳で井上聞多（馨）とイギリスに留学、イギリスの絶大な国力をつぶさに見て攘夷など無理と悟る。折りしも母国での下関戦争の報を聞き、日本の自滅を危惧、急遽帰国して長州藩を説得し、戦争を停めようとしたが時すでに遅し。英仏米オランダの四国連合艦隊の下関砲撃となり、長州は大敗した。

幕末のめまぐるしい展開をくぐり抜け、明治維新となり一八七一年（明治四）に岩倉使節団の副使となり、木戸孝允、大久保利通らと長期の欧米視察を断行し、日本を近代国家にすべき青写真の作成に加わった。この時に親交を得た薩摩の大久保の引きで政治の中央に踊り出て、以後何かと大久保に重用される。薩摩と長州は何かと反目し合ったが、この二人の関係は注目に値する。両者とも高い次元で、互いの見識と能力を認め合っていたリアリストだったということだろう。一八七八年（明治十一）に大久保が暗殺され、一挙に伊藤が政治の中枢に出て、一八八五年（明治十八）にわが国初の内閣総理大臣となる。やがて欧州を調査し、明治憲法を草案、一八八九年（明治二十二）に発布された。大久保が築いた土台の上に、伊藤が新生日本の骨格を作ったと言っても過言ではない。豊かな国際感覚を身に着けた穏健な開明政治家であった。

第二次伊藤内閣の時に日清戦争が起こり、下関講和会議に全権として陸奥宗光外相と出席調印。伊藤は日露戦争には反対で、単身ロシアに赴き、日露協商を結ぼうとしたが果たせなかった。逆に、日英同盟を結ぶこととなりロシアと対立。結局日露戦争が起こり、日本はロシアに辛勝、そして韓国を保護国として抱え込むことになるわけである。伊藤はやむなく韓国統監となるが、彼は韓国併合には当初反対だったと言われる。韓国を近代化させて国力をつけることで、韓国はロシアや諸外国からの標的の防波堤になるという考えで、伊藤はあくまでも韓国の植民地化には反対だったと言われる。

このような背景を考えると、拓川の今回の調印は伊藤の目にどのように映ったのだろう。日本の代表が韓国のところにも調印するということは、日本が韓国を植民地化しようという意図が見すかされるということなのか。この件に関する伊藤側の資料が無いので、これはあくまでも筆者の推測の域を脱しないが。

何度も繰り返すが日韓条約で日本が韓国の外交権を握った以上、両国の代表である拓川が両国の署名調印するのは当然であり、韓国の元首からの委任状が無くても問題ないことは諸外国も承知のことだというのが拓川の繰り返してきた主張である。法律を学んできており、国際法にも精通していた拓川としては妥当な処置をしたまでとのこと。

九月二十二日付けで在京城・石井菊次郎通商局長より珍田捨己外務次官宛に送った文面の中で、伊藤統監と協議の元に作成した「日本政府宣言書案」を部分的に紹介する。

ジュネーブ条約締結中に韓国皇帝を加え日本国皇帝陛下の全権委員として同条約に署名せるは全権委員の誤解に基くものにして又現下韓国の国際間に於ける地位と両立せざるものなり……七月六日の条約の署名は錯誤に係り……日本政府は之を全然無効なりと認む。

十月十一日の林外相より西源四郎オーストリア臨時代理公使宛電文では

韓国皇帝が加藤公使を其全権委員に任命したる旨、並に各全権委員は互に其委任状を示し其良好妥当なるを認めたる旨記載せられ、日韓協約の結果韓国の外交は帝国政府が掌握し、韓国皇帝は最早外交の権を有しない事実に反する……加藤公使は韓国皇帝より全権委員に任命されることなく、又委任状も受けたこともなく調印したのは事実に相違せるをもって……我全権委員が韓国に関してなしたる措置を否認することに決定したり（尤も全権委員が帝国に関してなしたる措置は之を否認しない）。

要約すれば「韓国皇帝が拓川を任命したり委任状を出したわけでもないのに、拓川が韓国の項にも調印するのはおかしいし、韓国が外交権をまだ有することになる」との主張だが、これも理屈が通っていない。それでは日本が韓国の外交権を持っているのに韓国の調印をしない場合、韓国が宙に浮いてしまうことになる。どうも林外相はつじつまの合わない詭弁を弄しているようにも思える。

この問題に対しての他の政治家の意見をあげると、西園寺は基本的に拓川の行動を誉めたし、以前拓川の上司だった小村寿太郎駐英公使も「内話として同意見だ」と拓川に伝えたらしい。原敬（はらたかし）は日記に「伊藤侯並びに井上伯を訪ふ……伊藤侯は朝鮮統治の困難を説き、国王始め動もすれば独立の意思を起こすにより名を避けて実（じつ）を取るの方針を執りつつありといえり。侯の苦心する点多からんと思わる」（一九〇七年〈明治四十〉二月十五日付）と記している。「名を避け実を取る」とは形式よりも実質的な利を取るという意味か。

保護化は韓国が国力を付けるまでに限定するという伊藤博文の思惑とは反対に、植民地化の方向に向かわざるを得なかったのか。穏健派の伊藤の肩を持つわけではないが、伊藤でさえ、軍部指導の帝国主義の怪物のような力にじわじわと押されていったような気もする。

その裏にはほかの長州出身の軍人たちが控え、中でも山縣有朋（やまがたありとも）が隠然たる力を政治にも軍事にも発揮していた。二人は若かりし頃、松蔭の元で幕末の動乱を奔走した間柄だったが、後に決定的な政敵となる。どうも二人は対称的性格で、伊藤は開放的で陽気な性格だったが、山縣は陰気で陰謀を巡らせ、権力を掌握していくタイプだったらしい。伊藤は人や物に対しても淡白で、派閥を作ろうとせず、簡素な家で家具や装飾品にも興味がなく、趣味といえば読書と刀を愛でることぐらいであった。金銭的にも淡白で、引き出しに入れた金をわしづかみにして外出し、宿代も「これで足りるか」とわしづかみにして渡したという。庭も草木を無造作に生やしているだけで灯篭一つ無かった。

山縣と言えば、莫大な財を築き、広大な屋敷を東京や京都に幾つも構え、特に庭には贅を尽くし、自ら設計に熱を入れた。人に対しては末永く面倒を見、大派閥網を張りめぐらし、君臨した。

陰と陽、余りに対称的な二人だが、山縣より三歳年下の伊藤の方が先に初代総理大臣になり、何かと出世の上で山縣に先行していたので、山縣は伊藤に嫉妬心をくすぶらせて張り合い、宿敵となった。山縣は陸軍の頂点に立つ武断派で策士だが、伊藤は国際協調派で争いごとは好まなかった。戦争より外交を重視した。

不可解な伊藤の暗殺

前述したように伊藤は韓国併合には反対だったが、統監になってしまい、三年余りで退任した直後一九〇九年（明治四十二）十月にハルビンの駅頭で暗殺される。

犯人は韓国人の安重根と言われているが、併合に反対だった伊藤を暗殺するというのも腑に落ちないし、伊藤のような超大物を暗殺すれば当然日本がさらに併合を進めるのは目に見えている。

ところで、この暗殺事件には不可解な点が多く謎に包まれている。犯人とされた安重根はロシアの護衛兵の間からかがんで銃を発射させたので弾丸は伊藤の身体を下から上へ貫くはずだが、解剖の結果、右の肩口から左下方へ抜けていたことが分かっている。二階から何者かが撃ったのではないか。彼の肉体に埋まっていた弾丸は安重根のブローニング銃ではなく、フランス騎兵隊カービン銃のものであった。これらの点は、伊藤のすぐ傍らに居た元貴族院議員・室田義文という人物が証言している。

日本政府はこの事実を表に出すと簡単に解決しない事件になり国交上も支障をきたすと案じ、隠蔽してしまった。安は事件の約四ヶ月後に死刑判決を受け、その二ヶ月後に執行されている。この事件は一九六三年のジョン・F・ケネディ米大統領の暗殺事件を連想させる。オープンカーでパレードをしていたケネディをダラスのビルの上から銃撃したオズワルドが犯人として捕らえられ、護送中に近距離で別の男に銃撃された。しかし弾丸の経路から、別の場所からもケネディに向けて銃が発射されたとの目撃証言がある。犯人は当時のジョンソン副大統領との陰謀説もあり、次の座を狙っている最大の受益者が犯人の可能性は考えられなくもない。

今回の伊藤暗殺で言えば、併合を強く望む武断派で伊藤に反目しているナンバーツーの人物となると……といろいろ想像してしまう。それにしても要人の暗殺事件というのは不可解な話がつきまとい、黒幕の存在がちらつき、真相は闇に葬られてしまう場合が多いようである。そしてテロリストの一撃によって、歴史はあらぬ方向へと大きく舵を切られることになるのである。

伊藤の見識

この大事件が引き金となって両国にとって思わぬ展開の「日韓併合」につき進んでしまうが、併合にあたって米英をはじめとしてどの国も反対しなかったのは、当時の世界情勢と各国の思惑が絡んでいたためと思われる。

ところで、伊藤博文は銃弾に倒れ、列車内に担ぎ込まれ、気付け薬にブドウ酒を一口ふくんだ後、射ったのは誰かと尋ねた。随行の室田が「韓国人です。逮捕されました」と告げると、「馬鹿な奴じゃ」と一言つぶやいて絶命した。この最後の言葉が意味するものは、「俺を殺すなどバカなことをする。韓国のためにも日本のためにもならないのに」という思いだったのだろう。伊藤は韓国人民を認めていて、「歴史上でも日本より進歩していた時代がある。今の状態が悪いのは人民ではなく政治が悪いのだ。日本の韓国への進出は反対だ」と主張していた。また伊藤は秘書の古谷久綱に次のように語っている。「日本はわずか四十年で大きな進歩をとげたが今後はどうだろう。我々は将来のために最善の措置をとり、あとは次代の人材に託すしかない。今後日本が特別の人種の如くふるまい、他国の正当なる権益を無視して傍若無人の行為に出るならば、国を誤るは火を見るよりあきらかである。『驕る者は久しからず』とは個人だけでなく国家に対しても真理である。歴史をひもといて盛衰の跡を見ると、国家の滅びるのは、他がこれを滅ぼすのではなく、概ね自ら滅ぼすのである」。このような深い柔軟な見識とバランス感覚を持った伊藤博文が、初代内閣総理大臣として長く国を治めたことは日本にとって幸せだったと言える。

話をジュネーブ会議に戻さねばならない。本会議において韓国と調印したことを無効にするとの決定の通知を拓川に送った直後に、林外相は拓川に対して帰国命令を出し、伊藤統監宛にも「加藤公使にはすでに帰朝を命じたり」と十月十一日付で通達している。

十月十五日には、林外相からベルギーの拓川宛に、「……日韓領国は極めて微妙な関係にあるので、日本の対韓政策に憂いあるものはこの際除去せねばならぬため、今回の措置をやむをえず執った。貴官と委員一同、本条約に関し苦心尽力されたことを政府は深く諒とする所なり」と労をねぎらい、何とか拓川の怒りを鎮めようとしている感がする。

確かに日韓関係は微妙な情況に来ている最中に、両国の代表として矢面に立たされた外交官としての拓川は、帝国主義的な世界に対して深く思うところがあったであろう。日露戦争で何とか辛勝したまではよかったが、徐々に欲を出して、日本が暴走しはじめる予兆のようなものをあるいは感じていたのかもしれない。

拓川の帰国と辞任

日露戦争終結の二年後の一九〇六年（明治三十九）十二月に四十七歳の拓川は帰国し、長い欧州での生活にピリオドを打つわけである。

芳名録には外交官仲間が一句認めて締めくくっている。

公使さり秋風寒く覚へけり

翌年五月九日に拓川は約二十一年在籍した外務省を依願退職し、その足で、韓国と北中国への旅に出る。苦しめられた問題の国へ自ら出向いて、現状をこの眼で確かめたかったのかもしれない。それに、生涯に八回ほども出向いたお気に入りの中国で心身の疲れを癒したかったのだろう。この間のことは、拓川自筆の『韓満旅中芳名録』という小冊子に誰と会ったか詳しく記されている。釜山から京城（現ソウル）大連旅順と巡っている。

大連では、当時満鉄（南満州鉄道株式会社）総裁だった後藤新平や奉天総領事の吉田茂と会食している。後藤とはその後も交際していたようである。彼は大隈重信とともに「大ぶろしき」と揶揄されるほどの大言壮語の人物だったが、実行力のある辣腕政治家で満鉄総裁を経て、寺内正毅内閣の外相としてシベリア出兵を推進したり、関東大震災

コラム　手紙からみた明治の偉人

⑦ 吉田 茂◉外務省・反骨の系譜

YOSHIDA Shigeru, 1878-1967

敗戦後の日本復興を主導した元首相の吉田茂。出身の外務省を通じて加藤拓川とも接点がある。それを示す一つは、拓川が一九二三年に亡くなってほどなく、中国・天津総領事だった吉田の元に拓川の知人から届けられた紹介状だ。拓川の長男で日本郵船に勤めていた十九郎に便宜を求めている。

もう一つは三十一年に行った拓川をしのぶ対談。拓川の人事課長時代に言及して「外務省においては一つのエポック・メーキング（画期的）」（拓川集より）と発言している。言葉は短く、何に対して評価したかは判然としないが、別の人物の発言から拓川が無私で武士的な素養があったことや、人物を見る目があったことと思われる。

吉田は戦時中に行った終戦工作が発覚して拘束されるが、その際にスパイした書生を許す。敗戦後もプライドを持ってマッカーサーと渡り合うなどスケールの大きな政治家だ。その不屈の反骨精神は、拓川に通じる外務省の一つの系譜だろうか。

加藤拓川の知人から吉田茂に届けられた紹介状
拓川の長男十九郎の便宜を求めている。

では東京市長として復興に腕を振るった快男児だった。彼は伊藤博文にハルビンでロシア外相との会談を勧め段取したのだが、結果的には先述したような悲劇を招いてしまった。

ロシアに決闘を仕かけた瓜生艦隊

拓川の友人には、『坂の上の雲』に登場し日露戦争で活躍した軍人も多い。中でも以前取り上げた主役の秋山好古、特異な大物スパイの明石元二郎、松山出身で好古の書生として鍛えられ陸軍大臣になり、昭和天皇に信頼された白川義則大将などが居るが、海軍大将の瓜生外吉という人物も興味深い。

彼は一八五七年（安政四）加賀藩に生まれ、海軍兵学寮を経て砲術を学ぶため、一八七五年（明治八）にアメリカへ留学している。その四年前には、岩倉使節団の先発隊がアメリカに向けて出発している。新しい日本の国作り、言わばグランドデザインの設計図を描くために、明治維新前後に活躍し、新政府や産業の中枢に座した要人の大半が参加した空前絶後の大規模な海外視察団である。その期間は一年十ヶ月にも及んだ。その間「留守政府」を預かったのは、西郷隆盛などわずかな指導者たちであった。

使節団の団長は特命全権大使で右大臣の岩倉具視で、以下長州の木戸孝允、伊藤博文、薩摩の大久保利通とその次男の牧野伸顕、その他、中江兆民、新島襄、金子堅太郎、團琢磨などそうそうたる顔触れであった。そして、その中に五人の少女が居た。十二歳の山川捨松、後に陸軍軍人大山巌と結婚し教育界に身を投じた。七歳の津田梅子、後に女子英学塾（現津田塾大学）を創設した。そして九歳の永井繁子はピアニストとして音楽学校に入学し、その間に瓜生外吉と知り合い、帰国後結婚することになる。それにしても海外渡航など今と比較にならぬほど大変な時代に、わずか十歳前後の少女達が大志を抱き、未知の異国に単身渡り、身を粉にして勉学に励んだわけだから大したものである。親の覚悟も相当なもので、山川捨松などは親はいったん子を捨てる気持で「捨松」と改名させて送り出したとのこと。

一八九二年（明治二十五）に瓜生はフランス公使館付武官となってパリに渡り、ちょうどこの年に公使館付書記官として赴任した拓川と出会い親交を深めることになる。加藤家と瓜生家は家族ぐるみの付き合いとなったらしく、ずっと下った昭和の前半に、外吉の御子息と筆者の父とは阪急百貨店で同僚となり、よく伊丹の実家に来られたのを幼な心に覚えている。戦後間もなく、瓜生さんと父と、近衛文麿（このえふみまろ）の弟で春日大社の宮司の水谷川氏と京都で小さな雑貨店を始めたが、商売に向いた人など居そうもなかったらしくほど無く店仕舞いとなったと母から聞いている。

ところで、日露戦争は日本海軍の奇襲から始まった。一九〇四年（明治三十七）二月六日、日本政府はペテルブルグと東京においてロシアに国交断絶を通達した。それでもロシアは日本が攻めてくるとは本気で考えていなかったので、大した警戒もしていなかった。その虚を衝くように、日本は佐世保に集結していた連合艦隊をただちに中国遼東半島の南端、旅順港に向けて出動させた。

翌日、約二千人の陸軍軍人を乗せた輸送船が瓜生外吉少将を司令官に頂く第二艦隊に守られて韓国の仁川をめざす。

実は出撃直前の瓜生外吉から拓川に宛てた一通の手紙が、筆者の手元に残されていた。小さな封筒の中に折りたたまれた手紙を取り出すと、何やら豪快な筆跡でさらさらと書かれているが、相変わらず歯が立たない。読めたのは「露シヤッポに一沫（ヒトアワ）吹カセヤル積り」と末尾の「三十七年一月九日」という日付だけだった。しかしもしやこの日付は日露戦争開戦直前であり、「露シヤッポ」がロシアのことではと気付き、またまた和田克司先生にファックスで解読を依頼したところ、すぐ折り返し電話をいただき、「これは面白い内容ですよ」と高ぶった声で解読していただいたのが次の文面である。

恭賀新年　時局益々切迫シタルモノノ如し
小生モ過日ヨリ清国警備ノ任務ヨリ呼戻サ
レ　第二艦隊司令官ニ補（フ）セラレ候トコロ
今日ノ形成ヨリ察スルニ破裂ハ此書到直前
ニ生スルナラン　千載一遇　我々ノ本分ヲ
尽ス秋（トキ）来タレルカノ感アリ　愉快ニ力戦し

露シャッポに一沫（ヒトアワ）吹カセヤル積り　左憚乍（ハバカリナガラ）
御令閨（ゴレイケイ）様へ宜敷鳳声（ホウセイ）願上ゲ候敬具
三十七年一月九日
在佐世保
外吉
恒忠雅兄

要約すれば次のようになる。

恭賀新年　時局益々切迫し、小生も清国警備の任務より呼戻され、第二艦隊司令官となった。今日の形勢から察するに戦闘はこの書が届く前に始まっているだろう。千載一遇の機会、我々の本分を尽す時が来た感あり。愉快に力戦し、ロシア野郎に一泡吹かせてやる積り　はばかりながら奥様によろしく　敬具

このような内容の文面であるが、規格外の小さな封筒の表書きには流れるようなペン字で「ベルギーブリュッセル日本公使館　加藤公使閣下」と記されているが、裏面はまったくの白紙で差出人の名はどこにも無い。そして表の宛名の横には筆字で、「瓜生少将絶筆」とある。筆跡から拓川の字にまちがいない。

これは言わば遺書であろう。瓜生艦隊が佐世保から出航したのは二月六日で、約一ヶ月前に投函されている。死を覚悟した瓜生外吉が、若かったパリ時代に苦楽をともにした加藤拓川に送った永別の書で、拓川もそう解釈して「絶筆」とわざわざ特記したのだろう。このやりとりの底には、二人にしか分から

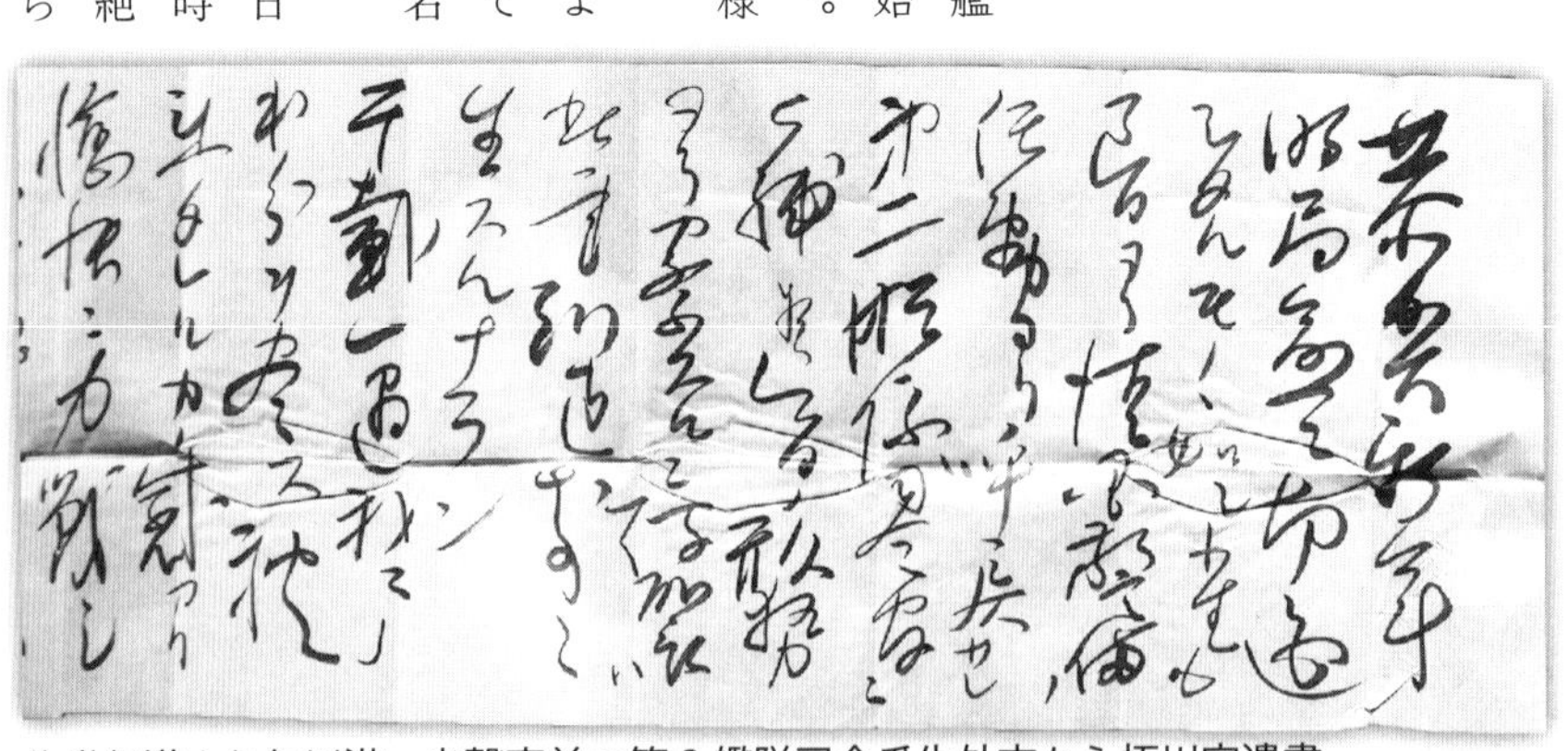

佐世保港より仁川港へ出撃直前の第２艦隊司令瓜生外吉から拓川宛遺書

ない深く熱い想いが流れているように思えてならない。

それにしてもこのような重要極まりない軍事機密を、よく日本からベルギー公使宛に封書で送ったものである。日露開戦直前のロシアは日本のおよそ十倍の圧倒的な軍事力を誇っていたので、前述したようにまさか日本が攻めては来まいと高をくくっていた。要するにロシアは完全に日本を甘くみていたのである。そこで日本はロシアに奇襲の先制パンチを食わせて、一挙に戦局を有利に運ぼうともくろんでいた。そんな情況下でこんな手紙を送ったのが信じられない。日本からベルギー公使館宛となれば、重要な外交機密が書かれているのではと感ぐられる危険もあり、万が一にもロシア側に知られたら大変なことになる。

当時、航空便もなく、シベリア鉄道も全線開通しておらず、インド洋廻りのスエズ運河経由の船便しか郵送手段はなかった。この時代は列強の複雑な利害関係が絡み合っていて、その結果として日英同盟が結ばれていた。当時のイギリスは「日の沈まぬ国・大英帝国」と言われ、インドやスエズ運河など主要な海域や港を抑えていたため、日本からの船便もイギリスの強大な力によってかなり安全を保証されていたのかもしれない。封筒の切手に消印も押されていて、誰か渡欧する人に託したとも考えられない。差出人の名前が描かれていないし、封筒も異常に小さく、あるいは名前を知られてはまずい女性からのものとカムフラージュしたのかもしれない。

さて、日本を発った瓜生艦隊は国交断絶の二日後の二月八日の明け方、仁川港沖に辿り着いた。当時仁川港は中立国の港なので英仏伊などの列強の軍艦が数多く停泊していて、その中にロシアの二等巡洋艦ワリャーグ号と砲艦の

上：「瓜生少将絶筆」は拓川の筆。

コレーツ号が停泊、その二隻の間に何と日本の三等巡洋艦「千代田」が挟まれて停泊していた。同じ囲いの中に二匹の大きな蛇と小さな蛙一匹が入っているようなものである。実は千代田は、国交断絶後も連合艦隊の動きをロシアに悟らせないためのオトリとして留め置かれたのであった。

千代田は夜陰に乗じて静かに仁川港を脱出し、瓜生艦隊に合流し艦長同士が顔を合わしたところ、瓜生は開口一番「ロシアの二隻は仁川港の外には出てはいまいな」と問うた。もし中立国の港内で砲撃すれば国際問題になり、ロシアより先に発砲してはならないとの命令を受けていた。そこで瓜生艦長は一計を案じた。艦隊を率いて仁川港に入り、何くわぬ顔で陸上部隊の揚陸作業を開始、終了した二月九日の早朝、瓜生はロシア軍艦ワリャーグ号の艦長ルードネフ大佐に、アメリカ留学で培った英文の通告書を送りつけた。その内容は「いまや両国は交戦状態にあり、当方は貴艦に対し、配下の兵力を率いて仁川港外へ退去されんことを要請する。これに応じない場合は仁川港内において戦闘行為におよばざるをえない」

この手紙は退去要請というより、「決闘状」を意味することをルードネフ艦長も察した。日本の艦隊とわずか二隻で対抗するのは極めて不利であったが、ルードネフ艦長は敵陣を突破できぬ時は仁川港に戻って自爆すると覚悟を決めて港外へ出て行った。

すさまじい戦闘の末、ロシア側は二隻とも大破し、仁川港内に戻り、自爆自沈させ終結した。ワリャーグ号は千五百三十発という大量の砲弾を発射させたが、一発も日本側にあたらなかったぐらい、ロシアの射撃能力は劣悪だったらしい。小規模な海戦ではあったが日本が西洋の国と交わした最初の海戦で、完勝をおさめたことは日本にとって大きな自信となった。

出撃前に拓川に送った書簡は「絶筆」とはならず、瓜生外吉はその後、佐世保や横須賀鎮守府長官、貴族院議員などを歴任し、海軍大将に昇格。留学経験のある秋山真之（あきやまさねゆき）と並んで海軍有数のアメリカ通として知られ、一九三七年（昭和十二）、小田原の地で静かに八十年の生涯を閉じた。

第五章　大阪時代

ジャーナリスト志望

二十年務めた外交官生活にピリオドを打ち、いわば傷心旅行と称して好きな中国や韓国の旅に出たわけだが、傷心とは言え、人間好きな拓川は様々な知人に会い、北京では当時清国特命全権公使の林権助と会っている。

林権助は会津藩士の家に生まれ、鳥羽伏見の戦いで祖父も父親も亡くし、幼くして家督を相続し、会津籠城を体験するという辛酸をなめ、同じく薩長にいじめられた松山藩出身の拓川と、親交が深まったのだろう。林が後に回想して「北京にひょっこり（拓川が）遊びに出かけてきたが、その時は大分弱っていて『何か支那に相当な地位はないかね』と言っていた」とのこと。四十代後半の働き盛りの身で、子供も小さいとあれば失業しているわけにはいかない。それにしてもあっさり官の道を捨ててしまったものである。その頃、大学時代の親友の陸羯南（くがかつなん）は結核を病んでいた。ある人が羯南を見舞いに行き、拓川の退職を話題にして、もう少し辛抱してたら外務大臣ぐらいの道は開かれていたのではと切り出すと、羯南は言下に「私は長いつきあいだが、あの男には大臣になるような野心はこれっぽっちもない。嫌になればいつでも辞めてしまう。淡白とはあの男のためにある言葉だ」と言い放った。いずれにしても拓川は欲が無いというか、官にしがみつくような気質ではなかったということか。

しかし、働かねばならない。親しい友人達に頼んだのだろう。ここでいつも彼を放っておかないのは羯南と同窓の原敬（はらたかし）である。原は一八九八年（明治三十一）、大阪毎日新聞社の三代目社長に就任、二年後に退社し、逓信大臣を歴任した後、大阪新報社社長に就任している。やがて新聞界より政界の方が忙しくなり、大阪新報社を辞め内務大臣になり総理大臣への道を駆け登っていくわけだが、その後釜に拓川を推し、一九〇九年（明治四十二）に大阪新報社社長に就任する。そして兵庫県の夙川という町に転居する。おそらく家族を東京に残し単身赴任だったのだろう。

実は拓川の死後、昭和の初めに筆者の父忠三郎が阪急百貨店に入社し、夙川で下宿したことがある。それが拓川の住居だったのか定かではない。父はその下宿で気楽な独身生活を謳歌したらしく、阪急時代に部下だった朝比奈隆もこの下宿に居候していたと聞く。彼は父の影響で阪急をともに退社し、京都大学文学部に再入学する。音楽美学を専攻してバイオリンと指揮を学び、後に世界的指揮者となった。朝比奈さんとの面白いエピソードや父のことを書き出すときりがないので止めておく。

ところで大阪新報紙上に拓川は次のような記事を載せている。

「誰しも青年時代にはいろいろの空想を抱くものだが、僕は第一に新聞記者となり次に代議士となり、結局は立憲政府の大臣になりたいという欲望があった」と回想している。新聞記者と代議士の夢は果たしたが、大臣のイスは放棄してしまった。

社長になる前年の一九〇八年（明治四十一）四月、大阪新報社の客員となった拓川は「読者に告ぐ」と題して熱を帯びた抱負を述べている。「私は官を辞し、いかなる在野の政党にも関係なき天地の一浪人に過ぎず、私が言わんと欲する所を言い、筆に欲せんとする所を筆にする。私の一事一物として私の筆舌を検束できる者はいない。私は二十年余り欧州に居たため、私の話題は外交問題に及ぶことは免れられない。これは大阪の読者には興味ないことかもしれないが、今や日露戦後の日本は欧米列強に対峙し、社会の問題は一つとして外国に関係ないものは無い」

外交官として帝国主義の列強と交渉し、それ故に苦労もした拓川にとっては最も主張したい論旨であったはずである。様々な外交問題、国際情勢、海外事情を紙上で展開していくことになる。

社長就任の弁では「近頃の新聞は理屈に長じて実地に疎き傾向があり、大言壮語を述べ世間を罵倒し閲に入っている傾向にある。我輩は空論を避けて着実を主とし、政治上の意見は一（いっ）に国家本位に着眼して片寄らず、厳に公正中立の態度を守り、いかなる政府の行為、いかなる政党の言論といえども、国家の利益に反すると認めるものは極力これを論破することに躊躇せず、同時にいやしくも国家の利益ありと認めるものは、もとよりこれを歓迎することにやぶさかではない」と高らかに宣言している。

代議士への道

大阪新報社の客員になったのと同時期に、今度は故郷の友人達に担がれて松山から衆議院議員に立候補し、「一枚の名刺も送らず一字の広告もせぬ候補者」として無条件の推選で当選した。即ち資金も使わず選挙運動もしなかった。これは中江兆民（なかえちょうみん）も同じであった。拓川は師たる兆民と思想行動、奇行に到るまで共通する所がある。

議員生活は四年の一期だけで、続いて終身の貴族院議員に選任された。貴族院は帝国議会の上院で皇族、華族か、多額納税者などの勅選議員に限られていて、戦後華族などの廃止に伴い参議院に移行した。

金持ちか特権階級の者しか資格がないのはおかしいと、後に拓川自身が主張している。

議員時代に拓川が国会に提出した、「外交文書公表に関する建議案」という文書が拓川集にある。要約すると「外交文書として官報に公表されているものの外に、駐在外交官と赴任国、外交官と母国の間に交わされた文書等もその件案が結了した後は公表すべきである。米英など諸外国では現に公表している」と主張している。拓川が以前に韓国問題で、本国と要領の得ない文書を交わした苦い経緯が念頭にあったからであろう。

また、拓川は外務省に今でいう記者クラブを作ることを考えていたようである。できるだけ政府の動向を国民に公表すべきだという開明的な姿勢がうかがえる。当時は国際間でも「秘密外交」が横行した時代で、それが紛争の種になったという背景もあった。

もう一つ、拓川の信条を示すエピソードがある。自ら次のように記している。

衆議院議員の当選状を握りて選挙区を辞し、多数の同志に見送られて高浜（松山近郊の港）に降り立った私は一場の挨拶を余儀なくさせられたのでこう述べた。「代議士は全国の代表者にして一県一市の代表者にあらざるゆえ、今後の私はどこの地に於いて誰より選ばれたことも忘れねばならず、またこれを忘れるつもりであるから、私の言論行動は選挙人諸君の意志及び利益と全く反するかもしれぬ」という趣意を述べた。この言に誰も反対する者が居らず、七十余名の見送人の万歳の声に送られて高浜港の埠頭を離れた時は感慨深い思いが胸中を横切った。

あくまでも国家のために動き、一地方、ましてや己のために動くようなことはしまいという気骨が感じられる。

北浜銀行事件

失職した拓川を各々の実力者の友人達が助け、新聞記者と代議士となり、その上パリ時代の友人で北浜銀行の頭取となった実業界の大物・岩下清周（いわしたきよちか）が拓川を自社の重役に招いて、三つの肩書を持つことになる。東京で政治活動を行うほかは大阪を拠点に活動し、大阪の実業家とも交わることになる。関西経済界の重鎮となる住友系の湯川寛吉、大林組の創始者大林芳五郎、大阪商船社長や内務、商工、文部大臣を歴任した中橋徳五郎、三井物産を経て海運業を営んだ長谷川銈五郎、そして別子銅山を基礎に住友銀行を創設、住友を三井・三菱と並ぶ三大財閥の一つに発展させた住友友純（ともいと）（吉左衛門）。彼は西園寺公望（さいおんじきんもち）の実弟で、大阪中之島図書館も創設した。

拓川は余り経営状態の芳しくない大阪新報社を切り廻し、北浜銀行の運営にも参画し、関西財界にもテリトリーを拡げていき、大阪市長にと運動する者も現れ「月給は要らぬから前もって百万円出すならなってやろう」と一蹴したという話もある。

五十代を新天地で比較的平穏に活躍した拓川だったが、一九一四年（大正三）、北浜銀行取付騒動が起こる。事の真相はよく分からないが、岩下清周という猛者のバンカーのやり方が過激すぎたのが一つの要因と言える。岩下は今で言うベンチャー企業に惜しみない融資をし、これぞと見込んだ人物には無担保でも多額の融資をしたとのこと。豊田自動織機の創業者・豊田佐吉、生駒山のトンネル工事を手掛けた大林芳五郎、そして阪急の小林一三（こばやしいちぞう）など、岩下が支援した企業家はその後大きく成長している。しかし融資を巡る暴露記事に端を発して取付騒動「北浜銀行事件」が起き、岩下は頭取を辞任、翌年に背任罪などで起訴され有罪の判決を受けてしまう。

大阪新報社は北浜銀行から融資を受けていて、その弱みにつけ込んで大阪新報社を乗っ取ろうという動きが出たため、盛岡の原敬の元へ拓川は相談に出掛け、政友会傘下の機関新聞となり、拓川は大阪新報社も北浜銀行も辞任する。その上で、岩下の裁判で証人として出廷した後、七年居た大阪を引き上げ、東京麻布に居を移すことになる。

岩下はその後潔ぎよく全財産を事件の後始末に投げ打ち、富士の裾野にこもり、「富士農園」と称して農業にいそしみ、晩年を静かに暮らすことになった。訪ねてきた友人にしみじみと語った。「私は自分が好きでない掛引き勘定の商売をやったのが失敗の元だった。こうして百姓をしていると、しっかりと大地に足をつけている気持ちがして不安や心配が一切なくなった。実業界に居た頃は毎晩のように宴会やつきあいに時間をつぶしていたことが惜しい。時というものの大切さを今になって感じるようになった」

晩年拓川が病床にあった際、その死の十日前に拓川の妻・寿(ひさ)に宛てた岩下の手紙がある。

唯々御同情申上げます。御主人も私も最早保存期限を通り越し長命の方ゆえ死は覚悟の上。何共苦痛少なく元気にて一日も永く生存して頂きたし。

御主人よりの御注告は親友最後の厚意と心え充分守り……

このような情況でもユーモアを混じえて励まし、パリ以来の友情がそこはかとなく文面から伝わってくる。

ところで、岩下清周の長男・壮一氏は著名なカトリックの神父で哲学者でもある。一九二八年(昭和三)三月一九日父清周の葬儀では司祭として挨拶した。壮一氏の言葉は胸を打つ。

父は直情径行で、自ら善と信ずることは忌憚なく行いましたため、そのわがままが世人をして父を誤認させる原因となりました。……万一、父が生前の所業から世間のご迷惑をかけたものがあり

岩下清周ポートレート
(1897年、40歳)

コラム　手紙からみた明治の偉人

⑧ 小林一三◉放蕩も文化の肥やし

KOBAYASHI Ichizo 1873-1957

阪急東宝グループ創業者、小林一三が加藤拓川の長男・十九郎に送った絵はがきがある。拓川一家が夙川（兵庫県西宮市）に住んでいたころのものだ。

「宝塚温泉へ御入浴の光栄を謝す」とあり、箕面有馬電気軌道（現阪急電鉄）の沿線施設利用の礼状。添えられた「涼風やむつまじく行く美少年」の句は宝塚少女歌劇団（現宝塚歌劇団）を創設した小林らしく、若さを賛美したものだ。

小林は慶応義塾（現慶応大学）卒後、三井銀行（現三井住友銀行）に入るが、実は作家志望で勤務中に小説を書き、女性にほれ込んで欠勤する「放蕩行員」だった。ともに同軌道を設立した岩下清周との出会いが転機だった。

その小林が開発した阪急沿線に、筆者もかつて住んでいた。関西で最も人気の住宅地の上品な街並みは、小林の文学志向が反映されている気がする。若き日の放蕩も文化の町づくりの「肥やし」だったのかも知れない。

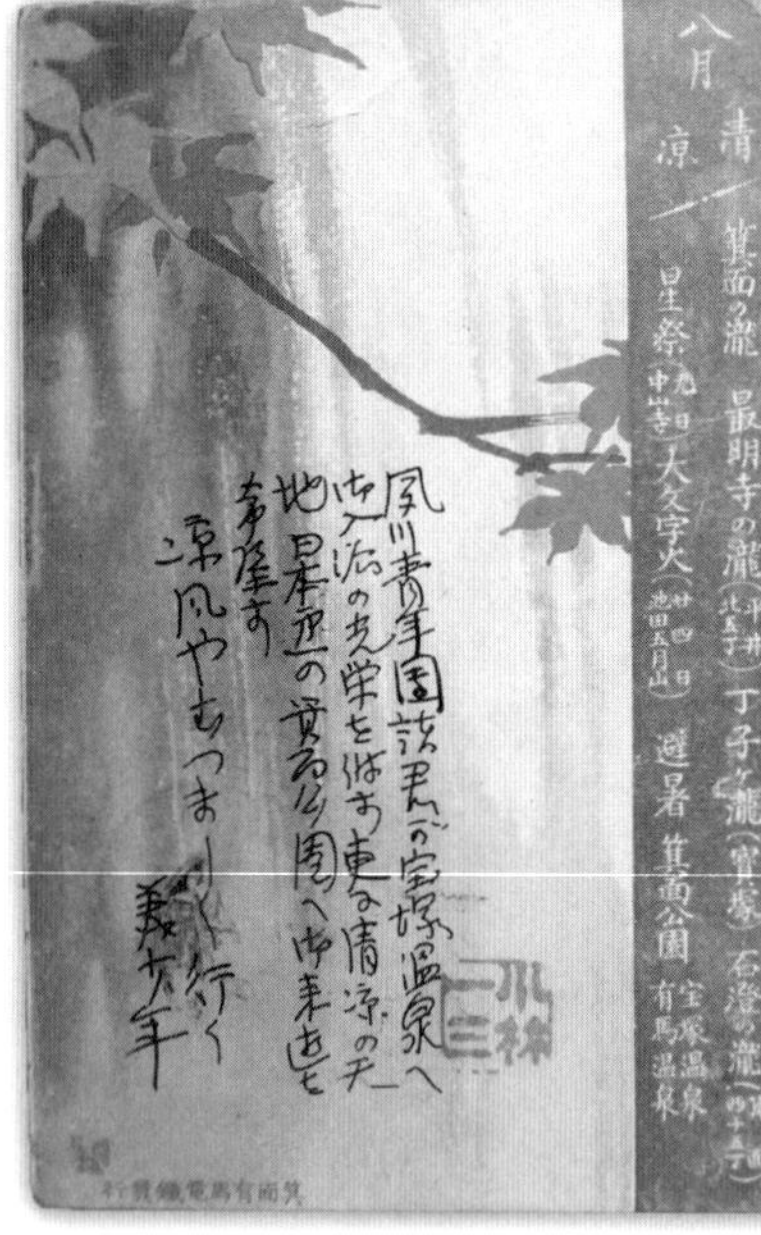

小林一三が加藤十九郎に送った絵はがきの通信面（右）と宛名面
消印はかすれているが、明治44年8月と読める。

ましたならば私の一身を投げうって進んでその罪を贖（あがな）いたいと思います。私は終生めとらず家をなさず、一僧侶として心身を神にささげ国家人民福利のために最善の力を尽したい。そして私のこの志にたいして必ず世間が父の過ちを忘れるに至る日のあることを期待しております。

父清周が北浜事件で有罪になった報を、壮一は留学中の欧州で知り、神の道に入ることを決意した。そして帰国後、やはり富士の裾野にあった癩病院の院長になり、前述の言葉通り人民福利のために生涯を捧げたのである。壮一の一番の親友は一高の同級の九鬼周造である。彼は『「いき」の構造』を著わした著名な哲学者で、彼の父親は美術行政界の大物・九鬼隆一。彼は部下の岡倉天心や知人のフェノロサと日本美術の調査保護に尽力、奈良の初代国立博物館館長になる。後述する「子規の庭」のある奈良の対山楼という明治時代の高級旅館に彼らはよく投宿しており、現存する宿帳にその名が記されている。

さて、青年の頃のジャーナリストの夢を実現した拓川であったが、大阪新報社などの経営悪化の債務が降りかかった時、またまた友人達は放っておかなかった。医者仲間の青山胤道（あおやまたねみち）、賀古鶴所（かこつるど）、森鴎外らが青山邸に拓川を招き、資金面の助けを申し出たが、「借金皆済となれば人生かえって面白くない。心配しないでくれ」と好意を断り、囲碁を数盤打って散会したらしい。拓川の親戚の賀古が東京大学医学部時代の友人だった青山や鴎外を集めたのだろう。青山はもともと面識のあった樋口一葉の結核を診察しており、拓川の岳父・樫村清徳（かしむらきよのり）も一葉の最期を診ている。死に瀕した鴎外と拓川、賀古との書簡を巡る興味深いやりとりは後ほど触れることにする。

孫文と袁世凱

大正元年（一九一二）、衆議院から勅選貴族院議員となった拓川は、その翌年、貴族院視察団の一員として中国に渡り、上海で革命家孫文と会っている。その後も孫文とは交際し書簡のやりとりもあったらしい。

孫文となぜ知り合ったかは定かではないが、孫文を支援した日本人は大勢居り、古島一雄、犬養毅、松方幸次郎など拓川とも親しいのでその中の誰かが紹介したのかもしれない。清朝を打倒し、新しい体制を樹立しようとした孫

孫文の書

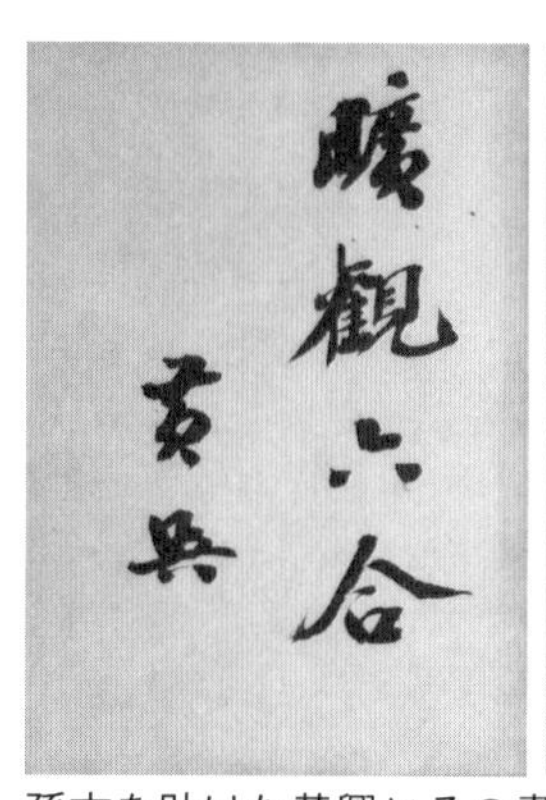

孫文を助けた黄興とその書

文は清王朝を倒すべく日清戦争を始めた日本と利害が一致し、日本にも好意を持って迎えられ、孫文は日本に何度も亡命して支援を受けている。秋山真之とも交遊があったらしい。

孫文と権力抗争を展開した清国の軍閥袁世凱とも、拓川の一団が会見しているから不思議である。秋山兄弟の兄の好古は、これまた袁世凱と親しかったというのも面白い。

実は筆者の手元に孫文の書が一枚ある。

輔車相依　孫文

「輔車」とは車の両輪、その二つが「相よる」

これは二つの車輪がうまく助け合わないと大事（革命）は成就しない。その片方の車輪とは「孫文」で、もう一方の車輪とは「黄興」という人物で、彼は孫文を助け、辛亥革命に邁進した。この黄興とも拓川は交際し、彼の直筆の書もある。

曠観六合　黄興

「六合」とは世界の六つの大陸のことで、世界を「広く観よ」という意味である。黄興の立派な書軸もあり「拓川先生」という為書も添えられている。

子規の逝った三年後の一九〇五年（明治三十八）に孫文と黄興一派は東京根岸に居住しており、ひょっとすると陸羯南が尽力し、その関係で二人の革命家と拓川が繋がったのかもしれない。とにかく当時は様々な人脈が複雑に絡み合っている。それも東京という大都市に高密度に集中していたのである。

第六章　パリ講和会議

パリ講和会議

大阪新報社を去り、衆議院から名誉職のような貴族院に籍を置き、なかば無聊をかこっていた拓川を、またもや二人の盟友は放っておかなかった。日本の政治の中枢を担っていた原敬（はらたかし）と西園寺公望（さいおんじきんもち）である。西園寺は二十世紀初頭から何度も組閣し、長州の軍人桂太郎と交互に首相を歴任した。その間、原敬に党務を一任、公家で文人肌の西園寺と政治家として豪腕でかつ緻密な原とは時にはぶつかることも多々あった。その間をそれとなく両者と親しかった拓川が取りもつこともあったかもしれない。七十に近づいた西園寺は山縣有朋（やまがたありとも）から再度組閣を依頼されたが固辞し、今後の人事は自分に任せてくれと言って原敬を強く推した。一九一八年（大正七）初めて藩閥や公家でなく平民宰相と銘打って原内閣が成立した。

そして、間もなく第一次世界大戦が終結し、講和へと向かうわけだが、この大戦は世界全体で戦死者一千万人、負傷者二千万人という従来とは桁違いの惨禍を世界的規模でもたらした。

この大戦の発端は、オーストリアの皇太子がサラエボでセルビア人のテロリストによって暗殺されたことでオーストリアがセルビア国に宣戦布告したのが始まりである。そしてオーストリアと同盟を結んでいたドイツがロシア、フランスに宣戦、はじめ外交で戦争を防止しようとしたイギリスもドイツがベルギーを侵犯してフランスに侵攻したことで参戦、そして帝国主義国の植民地のあるアフリカでも拡大し、連鎖的に火の手が世界中に拡がり、結果的に英仏露などを中心とする連合国側が三十ヶ国、一方の独を中心に四ヶ国の同盟国の二大勢力が激突し、関係した国の総人口は十五億人、何と世界人口の四分の三が巻き込まれた大戦争へと拡大した。

孤立主義のアメリカは、当初軍事物資の輸出で漠大な富を得た（極論すればアメリカは自国を一度も戦場にすることなく、戦争のたびに富を築きあげ、大国になったと言えようか）。しかし、自国の商船が攻撃されアメリカもついに参戦する。一方、ロシアは革命が起こり戦線を離脱、この米露の動向が戦局を左右させ、また経済封鎖によって食糧難に陥ったドイツも追いつめられ、大戦はようやく収束に向かうことになる。

大戦の経過をざっと辿ったが、結果的には一人の暗殺者の犯行が三千万人の死傷者に繋がった。帝国主義の横暴とそれらの同盟関係が根底にあり、世界中に散らばった火種が連鎖的に発火した構造と言えるが、それにしても戦争とは不可解なもので、国民の欲望の集合体である国家のエゴイズムが結局自らを傷つけ、破滅の墓穴を掘り、国民の生活と生命を奪ってしまうのである。それを何度も繰り返すだけで、人類は真の意味で歴史に学ぶことはないのだろうか。

西園寺公望

このような反戦の思いは大戦直後は世界に拡がり、二度と惨劇を繰り返さぬ永久平和の基礎の構築が叫ばれ、有利な立場に立ったアメリカのウィルソン大統領が主導して、一九一九年（大正八）一月にパリ講和会議が開かれた。連合国側は二十七ヶ国の代表が参加、最高会議は米英仏伊日の五大国で行われた。イギリスはロイド・ジョージ首相、フランスはクレマンソー首相、日本は原敬首相に代わって元老の西園寺公が全権で出席。この際、西園寺公は拓川を随行するのなら引き受けると原敬に進言し、拓川の親友の原としても異存はなかった。拓川としては勝手知ったるフランスであったし、外交官として列強を中心とする諸外国に精通し、外交界にも知人が多いので白羽の矢があたったのだが、外務省を去った彼には公的な肩書はなく、単なる随行員の一人であった。この会議の拓川の具体的な動向は不明だが、参加者の調整や世話に努めたものと思われる。パリに同行した実業家の湯川寛吉が、後に回想している。

加藤は講和会議の時、表面には余り目立たなかったが、内面で随分役に立った。例えば問題が難しくなり、外国と日本の委員の間に変に窮屈な空気が流れて座が白けると、加藤が独特の洒落や諧謔で一座は打ちとけることが珍しくなかった。講和会議に於ける加藤は人の知らない功績があった。

拓川の日記には、一九一八年（大正七）十二月八日「出発　洋行　天洋丸」とある。ホノルル、シカゴとアメリカ廻りで一ヶ月後にパリ着。遅れて西園寺全権到着。ほかに珍田捨巳、牧野伸顕が主要メンバーとして加わった。

珍田捨巳は外交畑の重鎮で、日本から贈られた桜をワシントンのポトマック川畔に植樹した時の駐米大使として有名である。キリスト教牧師の顔も持つ有能な人格者で、拓川とこの会議以来親しく交友し、碁仲間でもあり、拓川宛の書簡は十通ほどある。

牧野伸顕は大久保利通の次男で、文部、宮内大臣などを歴任、硬骨のリベラリストという点で拓川と共通する。本会議の実質的な立役者で、特筆すべきは「人種差別撤廃」を訴えたことである。当時は白人優位で、アメリカでは日系人が差別を受けていることへの抗議でもあった。残念ながら議長のウィルソン米大統領が「このような重要議案は全員一致の賛成がないと成立しない」と一蹴、却下されてしまった。拓川も兆民の薫陶を受け、「差別」を徹底的に嫌った自由主義思想の持ち主だったので、この問題では牧野をフォローしたはずである。牧野もリベラルゆえ軍部に狙われ、二・二六事件で襲撃されたが難を逃れ、以後引退した。吉田茂は娘婿にあたり、確か彼もこの講和会議に同行している。

そのほかに同行者には横井時雄が居る。彼の父親は幕末の開明的な思想家で、維新後の新政府の参与となったが、攘夷派に暗殺された横井小楠である。横井時雄から拓川宛に多数の書簡があり、これ以来かなり親しくなったと思われる。彼は徳富蘇峰とはいとこ同士で、熊本バンドを経て同志社で新島襄に教わり、同志社の校長になる。キリスト教の牧師でもあり、後に政界に進出している。

近衛文麿の幻の中国行き

若手では二十八歳で貴族院議員の近衛文麿（このえふみまろ）が、同じ公家で大先輩の西園寺公望の後押しで同行している。この頃は西園寺公は自分の後継者のように近衛に目をかけていたが、やがて近衛は時局に対する考え方の相違もあり、公から距離を置くことになる。拓川は公との関係から、三十も年下の近衛に親しみを覚えたのか、これ以後も接触があり、近衛から拓川に宛てた二通の書簡がある。

一通はパリ講和の翌年の九月の書簡で、拓川の二男の六十郎の死に対する丁寧な弔文で、近衛の律義な人柄が偲ばれる。拓川はまだ十九歳の六十郎を秘書がわりにパリへ同行させており、近衛は「昨年パリ御来遊し当時を追想致し哀悼の情に堪えず」と記している。ところで拓川が溺愛していた六十郎は病弱で、今のうちに外国を見せておきたいという親心で連れて行ったと思われる。

さて、もう一通の近衛の手紙はなかなか考えされられるものである。一九二一年（大正十）の春、次男の死から癒されるべく、大好きな中国行きを思い立ち、近衛文麿を誘ったらしく、その流麗な字で丁寧な文体の返書が残されている。

　南支那御誘い小生も是非御供致し度く存じ候（そうろう）ところ、何分時日切迫　少々〇〇兼ねる用向も有りて甚（はなは）だ残念ながら此度は思ひ止まり候

近衛は二・二六事件の翌年の一九三七年（昭和十二）、西園寺元老の推挙でやむなく首相になったが、直後に盧溝橋事件（日華事変）が勃発する。北京の近郊で駐屯する日本軍と中国軍が睨み合っている中で、三発の銃声が鳴り、それが導火線となって日中全面戦争へと燃え広がった。その銃声は誰の仕業か今もって謎で、偶発的な微小な出来事がその後の歴史を変えてしまう。その背後には軍部の野心がマグマのようにくすぶっていたのではあるが。先述した第一次世界大戦でも、オーストリア皇太子への一発の銃声がやがては世界の大半を飲み込む大惨事にまで発展してしま

う。歴史とは誠に恐ろしいものだ。

歴史に「もし」は禁物と言われるが。もし、拓川の誘いに応じて中国へ行き、孫文や当時の仲間の蔣介石や中国の要人と会っていたら、後年、日中和平会談に応じていたかもしれないなどとも憶測もしたくなるが、閣議で広田弘毅外相と陸海軍大臣の反対に近衛は同意してしまい、「蔣介石率いる国民政府を相手にせず」とせっかくの和平への好機を逃がしてしまったのは悔やまれる。歴史はそう単純なものでもないだろうが、「もし」を付けて歴史を展開してみるのも興味深いことである。

聡明で鋭い分析力があり私心もない近衛文麿だが、気の弱い優柔不断なところがあったようで、肝心な所で決断を誤ってしまう。その一つが第二次組閣で松岡洋右（まつおかようすけ）という人物を外相に選んだことである。実は近衛はパリ講和会議に随行して松岡と知り合ったのだが、それが運のつきだった。強心臓で口達者で術策家でもある松岡なら軍部を抑えるのに適任と近衛が判断したが、とんでもないことになる。

松岡洋右は父親が事業に失敗し、苦学してのし上がって行った人物で、交渉術に長け、胆力もあったが、とにかく鼻息荒く自己顕示欲が並外れていて、常に自分が花道を歩いていないと気がすまないたち・・であった。全権としてジュネーブで国際連盟脱退を敢行したのは有名だが、単身ロシアからドイツへ廻り、スターリンとヒットラーと意気投合、日独伊三国同盟を推進した。日米頂上会談でルーズベルト大統領と会って、何とか日米衝突を回避しようと悪戦苦闘していた近衛の努力をぶち壊したのも松岡外相である。思い余って、近衛は総辞職を慣行して、ようやく外相を外したが時すでに遅し、日米が衝突することになる。

拓川も松岡とパリでともにしたが、まったく肌に合わなかったのか、その後接触した形跡はない。では近衛をなぜ拓川は中国行きに誘ったのか。それは、この若き近衛の考え方に共鳴するところがあったと思われる。近衛はパリに行く直前に、「英米本位の平和主義を排す」という論文を発表している。その論旨は「英米政治家の説く民主主義は彼らの利益を考えたものに過ぎず、彼らの平和主義も、全世界に植民地を持ちその利益を独占する英米の現状維持を守るものに過ぎない。他の国が植民地を持つことを許さない大国のエゴである。少なくとも『経済帝国主義の排除』と『人種差別撤廃』を先決問題として主張すべきである」。また、後に「軍国主義を廃す」と主張し、側近が、こんなことを今の時勢で書くと命が狙われると忠告したら、「これで殺されるなら本望だ」とつっぱねる凛然とした気概もあった。首相になって軍部を抑えるのに苦労することになるが、こういうリベラルな見識を持つ若者に拓川は期待するものがあったと想像できる。

統帥権問題

ところで、近衛が早くから日本の政治構造の欠陥を見抜いていたのは驚かされる。それは統帥権問題である。軍隊指揮権である統帥と内閣が遊離していて、内閣の下に統帥があるのではなく、内閣とは別に天皇の直下にあり、この明治憲法の不備が日本を破滅に追いやったという厳然たる構図である。司馬さんはこの統帥権を「魔法の杖」と呼んで、この杖の一振りで日本中が魔法にかかったように暴走してしまったと執拗に指摘されている。軍隊を動かす権限が、内閣(首相)にない。このことを、日本に二つの政府が存在すると近衛は論じている。その危惧が結局彼自身に振りかかり、統帥権に振り廻され敗北し、その責任を取って自らの命を断つことになるのである。明治時代は元勲や国の上層部はしっかりしていて、この体制をコントロールできていた。彼らは幕末維新で自ら戦い、自分の手で新生日本を作り上げたので国の情況がよく見えていた。昭和に入ると、このような人達が暗殺されたりして、軍部にも政界にも真のリーダーが居なくなったのが悲劇に繋がった。それにしても、憲法というものは国の命運を左右するものので、おいそれと改憲したり解釈を誤るととんでもないことになるという教訓は、この昭和の歴史が如実に証明している。この統帥権が問題であることは早くから気付いていた人も多く、原敬も統帥を実行に移す参謀本部をつぶそうと画策したが、実現できずに暗殺された。どうやらこのトップに秋山好古(あきやまよしふる)をいったん据えて、その後に参謀本部を解体しようとしたらしい。統帥権問題は重要なので、いろいろ調べたが、別の機会にぜひ述べたい。

余談になるが、筆者の故郷の伊丹は古くから近衛家の領地であった。近衛家は藤原氏の流れをくむ最高格の五摂家の一つである。清酒の発祥地でもある伊丹の酒造業を庇護し、現在「老松」と「白雪」の二銘柄があり、近衛家と密接な「白雪」の小西酒造の社長の家は、今も伊丹市にある筆者の実家の真向かいに豪邸を構えている。昔は旧市街に酒蔵が軒を連ねていたが、今はわずかに面影を留めるのみとなっている。

国際連盟のメモ

第一次世界大戦で世界的に未曽有の惨禍を出したことで、パリ講和会議で国際的な平和維持機構として「国際連盟」の設立が重要課題となり、拓川も大いに賛同し、晩年には連盟の松山支部を引き受けることになる。おそらく講和会議の直後に書いたと思われる、拓川の興味深いメモが残されている。封筒には『国際連盟講和要点』とあり、次のような長い巻紙のメモが同封されていた。

国際連盟唯一ノ目的ハ戦争禁止

連盟規約の要項ハ

一、締盟国ハ戦争ニ訴へざるの義務を□す

二、領土保全と独立尊重

三、一切の国際條約ハ連盟事務局ニ登録す
登録せざるものは効力なし

四、国交断絶の争は之を国際常設裁判所ニ附す
判決後三ヵ月以内ハ開戦を許さず

五、約束を無視して開戦したる国は当然総ての連盟国ニ宣戦せるものと認む

（中略）

連盟加入国　五十一国

（米、独、露、墺不可入）

国際聯盟唯一ノ目的ハ

戦争禁止

一、聯盟規約の要領ハ

一、許盟国ハ戦争ニ訴ヘさるの義務を課す

二、領土保全と独立尊重

三、一切の国際条約ハ聯盟事務局ニ登録すべきにあらされは効力なし

四、国交断絶の争は之を国際常設裁判に付す 判決ハ三月以内ハ開戦を許さず

五、約束を無視して開戦したる国は事実に於て聯盟国ニ宣戦せるものと認む 経済上聯盟国ハ一切ノ通商、一切ノ交通、個人と個人との交通を禁す

三、[illegible]

聯盟加入国 五十一国

（米、独、露、墺不加入）

世界各国何れも之を[illegible]

戦争ニ懲りたり

世界未曾有ノ大戦ハ世界未曾有の平和思想を産み出せり

行動を産出せり

聯盟ノ反対者ハ

一、旧式の国権者（強がりや、[illegible]）

二、[illegible]

三、軍人

旧の生命を以て自己の利益を獲んとするもの

（一将功成万骨枯）

（作戦中[illegible]開戦論）

一、旧式の国権者（強がりや、[illegible]）

二、[illegible]

○西伯利亜問題ニ付

○侵略主義即盗賊主義ト誤解

○撤兵[illegible]

居留民保護

過激思想撲滅の[illegible]

十字軍

人口のはけ口

三歳ノ[illegible]

国際聯盟の[illegible]

▲シベリア解決[illegible]

世界未曾有ノ大戦ハ世界未曾有の平和思想と平和行動を産出せり

（中略）

西伯利亜（シベリア）問題ニ付

○侵略主義即（すなわち）盗族主義

○撤兵緊急

居留民保護　過激思想撲滅

（中略）

○軍備制限、軍備撤廃

サーベルヲ帯ビテ平和ヲ説クハ樽ヲ抱テ禁酒ヲ説クが如し

○軍人ヲ平和的ニ利用スベシ

このメモには、拓川の外交官としての体験から培われた信条が込められている。すでに拓川はパリ公使館に勤める頃の一八八六年（明治十九）春に、『愛国論緒言』と題し、「愛国心と利己心とはその心の出所も結果の利害も同様なるゆえに、もしも一人の私を咎めば一国の私も咎むべしとイギリスの学者スペンサーは言えり。実に愛国主義の発動はとかくに盗賊主義に化して外国の怨を招き、外国の怨は人類総体の怨となるゆえ、人間世界にこの心あらん限り天下太平は望みがたし」と述べており、「帝国主義が盗族主義である」という考えが二十代の彼に芽ばえていたのは驚きである。帝国主義

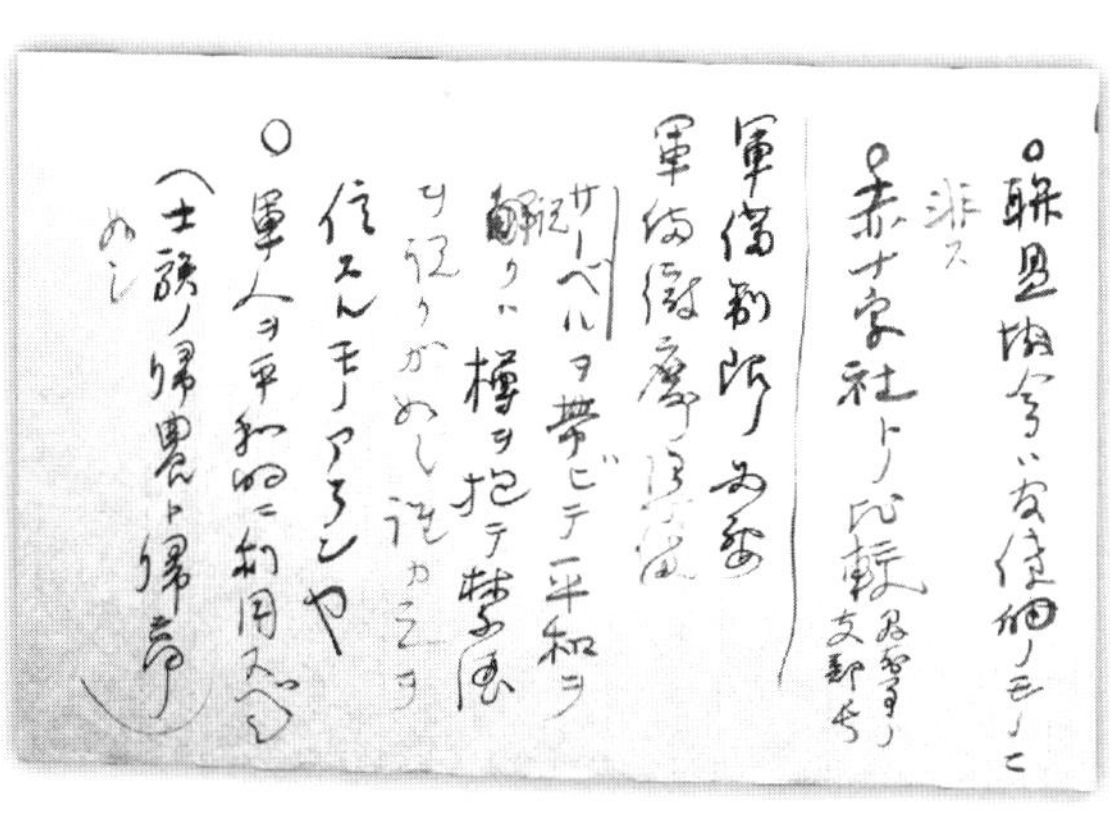

拓川自筆『国際連盟講話要点』

が世界にまかり通る時代に看破していた。

秋山好古の深い洞察

第一次世界大戦中の好古から拓川宛書簡に、これまた注目すべき文言がある。「貴様の北浜（銀行）並びに新聞（大阪新報社）を心配致し居り」と拓川の苦境を労っており、末尾に「独(ドイツ)□…□（字が不明）は訓練しているので連合軍でも急に勝つことは難しい。共倒れになってくれたら我が国の幸福かもしれぬと考えおれり」とある。「共倒れになったら日本の幸福」とは、勝つことが使命であるべき軍人らしからぬ言葉。日露戦争の辛勝で日本が浮かれ、やがて天狗になり暴走転落していくことを予測していたのではないか。好古は最前線で闘い、世界を見廻し、日本の戦力、国力を知り尽くしていた冷静なリアリストだけに、国の行く末がよく見えたのだろう。

そう言えば弟の海軍の秋山真之(あきやまさねゆき)も、自分の手柄など言いふらすこともなく、「勝って兜(かぶと)の緒(お)を締めよ」と部下と己を戒めた。実は筆者は横須賀の戦艦「三笠」で、二〇〇九年（平成二十一）の晩秋に「子規と真之展」が開かれた時、展示協力をし、オープニングに招かれたことがある。その時、真之のお孫さんで参議院議員の大石尚子(おおいしひさこ)さんにお会いした。実に感じのよい方で、すぐ親しくなり、その後、国会の議員室に招かれてお話をお聞きしたが、祖父（真之）は「これからは潜水艦と飛行機の時代が来る。そしてアメリカとは絶対に戦争してはならない」とよく言っていたとのこと。観戦武官として渡米したことがあっただけに、アメリカの力をよく知っていたのだろう。そしていつか欧米の思想に代わり、東洋の思想が世界を動かすと考えていた。孫文の革命を支援し、孫文や蔣介石も真之の家を訪ねたなどと大石さんは母親や伯父から聞いた話を披露して下さった。国会の首相の深々とした椅子に座らせていただき、「鳩山さん（当時の首相）より正岡さんの方が首相らしいわね」などと冗談を言われたのが懐かしい思い出だが、間もなく大石さんが亡くなられたのは残念であった。

第七章　明治人の死生観

森鴎外の謎の遺言

拓川宛書簡の中で群を抜いて多かったのが以前に少し触れた賀古鶴所という人物からのもので、百通近くもあった。筆者は正直、賀古鶴所がどういう人物なのかまったく知らなかったが、図書館へ行って古い人物辞典を調べてみると次のように記されてあった。

明治大正時代の医家。ドイツから耳鼻咽喉科を持ち帰り、日本におけるその創始功労者。一八五五年（安政二年）遠江浜松に生れる。東大医科を卒業し、明治二十一年、山縣有朋に随行し渡欧、ベルリン大学で耳鼻咽喉科を学ぶ。山縣は鶴所を深く信頼して国事上の相談もした。医学者としては特異な存在で吃の矯正をはじめて試み、開業試験廃止を主張。詩歌をよくし、酒を愛し、野趣あふるる風格は人の愛慕するところであった。昭和六年没、七十七歳。

現代の人名辞典は経歴や業績を羅列した無味乾燥なものが多いが、一昔前の辞典は編者の主観が入ってはいるものの、何となくその人物の人となりが伝わってきて面白い。繊細かつ豪放磊落な人柄であったことが鶴所の書簡の筆使いからもそこはかとなく伝わってくる。

さて、交わされた書簡の量から察するに、拓川と鶴所はよほど親しい関係にあったのはまちがいないが、当初それ以上のことは何も分からなかった。筆者はめったに会った事のない遠い親戚に聞いたりして調べていくうちに、二人は縁戚関係にあることが判明。ややこしい話だが、拓川の妻・寿の母親・樫村永の姉妹の夫が鶴所である。鶴所は拓川と寿を引き合わせた、実質的な仲人であることも後で分かった。

そして、それらの書簡を封筒から取り出して調べていくうちに、その中に鶴所の豪快な筆跡とは趣きの違う柔らかで繊細な、女性的とも思える筆跡の書簡が二通同封されていた。その末尾には「森林太郎」と記されていた。

森林太郎？ ひょっとしたらと辞典で確かめたら「本名森林太郎、号は鴎外」とあるではないか。

これを見つけた時、夜もだいぶ更けていたが、筆者は思わず寝ている妻を起こして「森鴎外の手紙が出てきたぞ」と興奮した声で告げたのを覚えている。それから間もなく、賀古鶴所が代筆した有名な鴎外の遺書が何とその中から出てきたのである。

余ハ少年ノ時ヨリ老死ニ
至ルマデ一切秘密無ク交
際シタル友ハ賀古鶴所
君ナリココニ死ニ臨ンデ
賀古君ノ一筆を煩ハス
死ハ一切ヲ打チ切ル重大
事件ナリ奈何ナル官【権】憲（権↓憲に訂正の跡あり）
威力ト雖此ニ反抗スル事
ヲ得スト信ス余ハ石見人
森林太郎トシテ死セン

余ハ少年ノ時ヨリ老死ニ
至ルマデ一切秘密無ク交
際シタル友ハ賀古鶴所
君ナリココニ死ニ臨ンデ
賀古君ノ一筆ヲ煩ハス
死ハ一切ヲ打チ切ル重大
事件ナリ奈何ナル官権憲
威力ト雖此ニ反抗スル事
ヲ得スト信ス余ハ石見人
森林太郎トシテ死セン
ト欲ス宮内省陸軍皆
縁故アレドモ生死ノ別ルヽ
瞬間アラユル外形的取
扱ヒヲ辭ス森林太郎
トシテ死セントス墓ハ森

ト欲ス宮内省陸軍皆
縁故アレドモ生死ノ別ル、
瞬間アラユル外形的取
扱ヒヲ辞ス森林太郎
トシテ死セントス墓ハ森
林太郎墓ノ外一字モ彫
ル可ラス書ハ中村不折（なかむらふせつ）ニ
依託シ宮内省陸軍ノ
栄典ハ絶対ニ取リヤメヲ
請フ手続ハソレゾレアルベシ
唯一ノ友人ニ云ヒ遺スモノニ
シテ何人ノ容喙（ようかい）ヲモ許
サス
大正十一年七月六日
拇印
森　林太郎言フ
賀古鶴所　書ク
翌七日午後昏睡、水ダニ
下ラス九日朝七時絶息ス、

賀古鶴所は鴎外と東京大学医科の同窓でこの遺書の冒頭にもあるよ

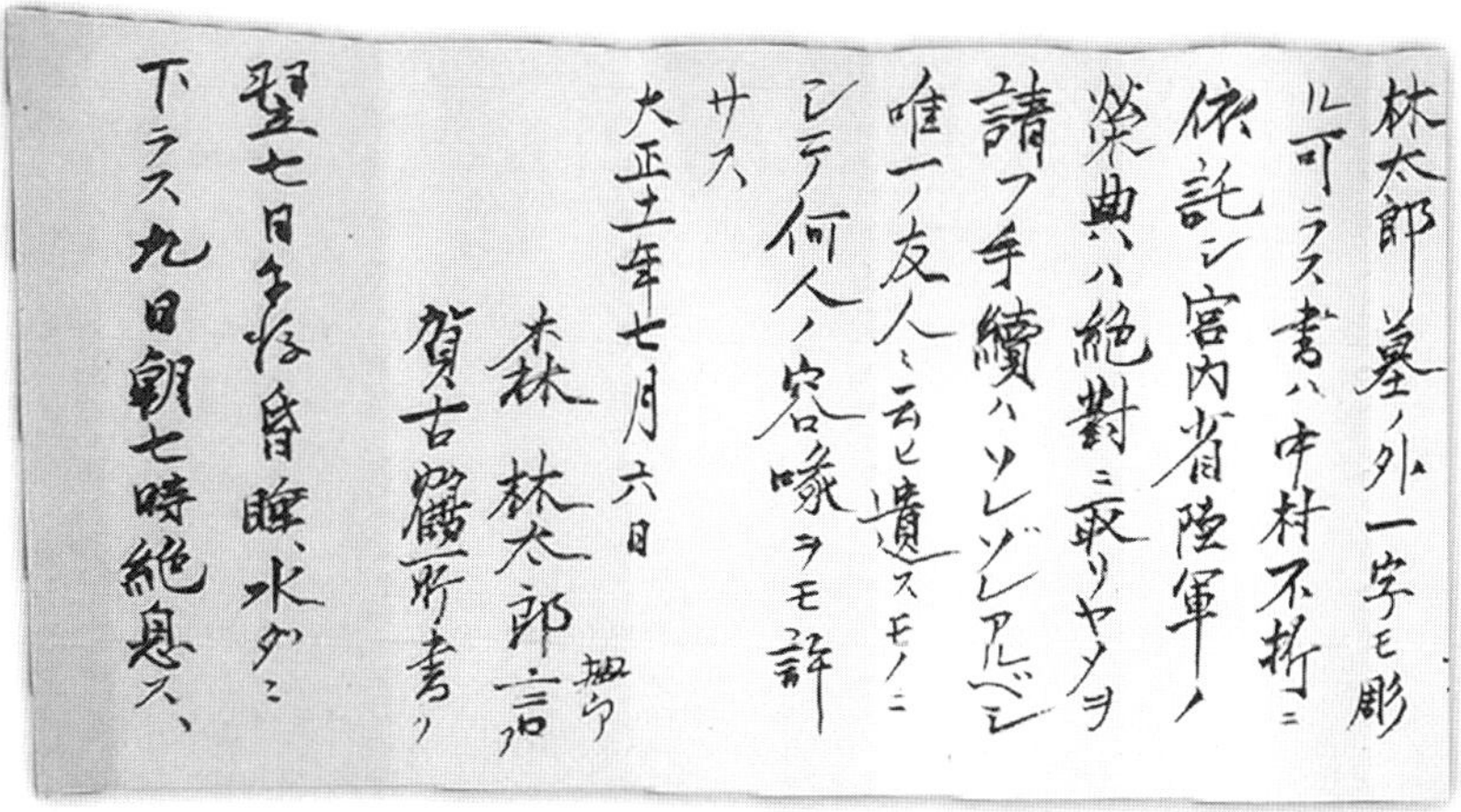
林太郎墓ノ外一字モ彫
ル可ラス書ハ中村不折ニ
依託シ宮内省陸軍ノ
榮典ハ絶對ニ取リヤメヲ
請フ手續ハソレゾレアルベシ
唯一ノ友人ニ云ヒ遺スモノニ
シテ何人ノ容喙ヲモ許
サス
大正十一年七月六日
森　林太郎言
拇印
賀古鶴所書ク
翌七日午後昏睡、水ダニ
下ラス九日朝七時絶息ス、

森鷗外（林太郎）の遺書、鷗外の親友賀古鶴所が代筆（複写）

コラム　手紙からみた明治の偉人

⑨ 賀古 鶴所◉名宰相の凶報に衝撃

KAKO Tsurudo 1855-1931

「愕然自失」。一九二一年十一月四日に起きた原敬暗殺事件。その翌日、平民宰相の凶報を嘆く手紙をこの表現で加藤拓川に送っているのは、日本に耳鼻咽喉科を伝えたことで有名な医師、賀古鶴所だ。

「今朝新聞で原氏の凶変を志る　愕然自失遂に業を休み候　痛悼々々誠に惜しみても惜しき人に有之候」。ショックで経営する医院を休んだ、とも記す賀古の手紙の筆は激しく、事件の衝撃を九十五年後の我々に生々しく伝える。

賀古は一八八八～八九年にドイツ留学している。その際、外務省でパリ勤務だった原敬や拓川と知り合ったとみられる。手紙には、早くして大物になり、尊重すべき能力があったなど原敬への称賛も記している。

賀古は歌人でもあり、同じ軍医出身だった森鴎外の親友でもあった。たった一人の暴漢が名宰相の命を奪い、歴史を暗転させる。現代も続く、破壊と憎しみの連鎖を生むテロリズムの恐ろしさを理解していたのだろう。

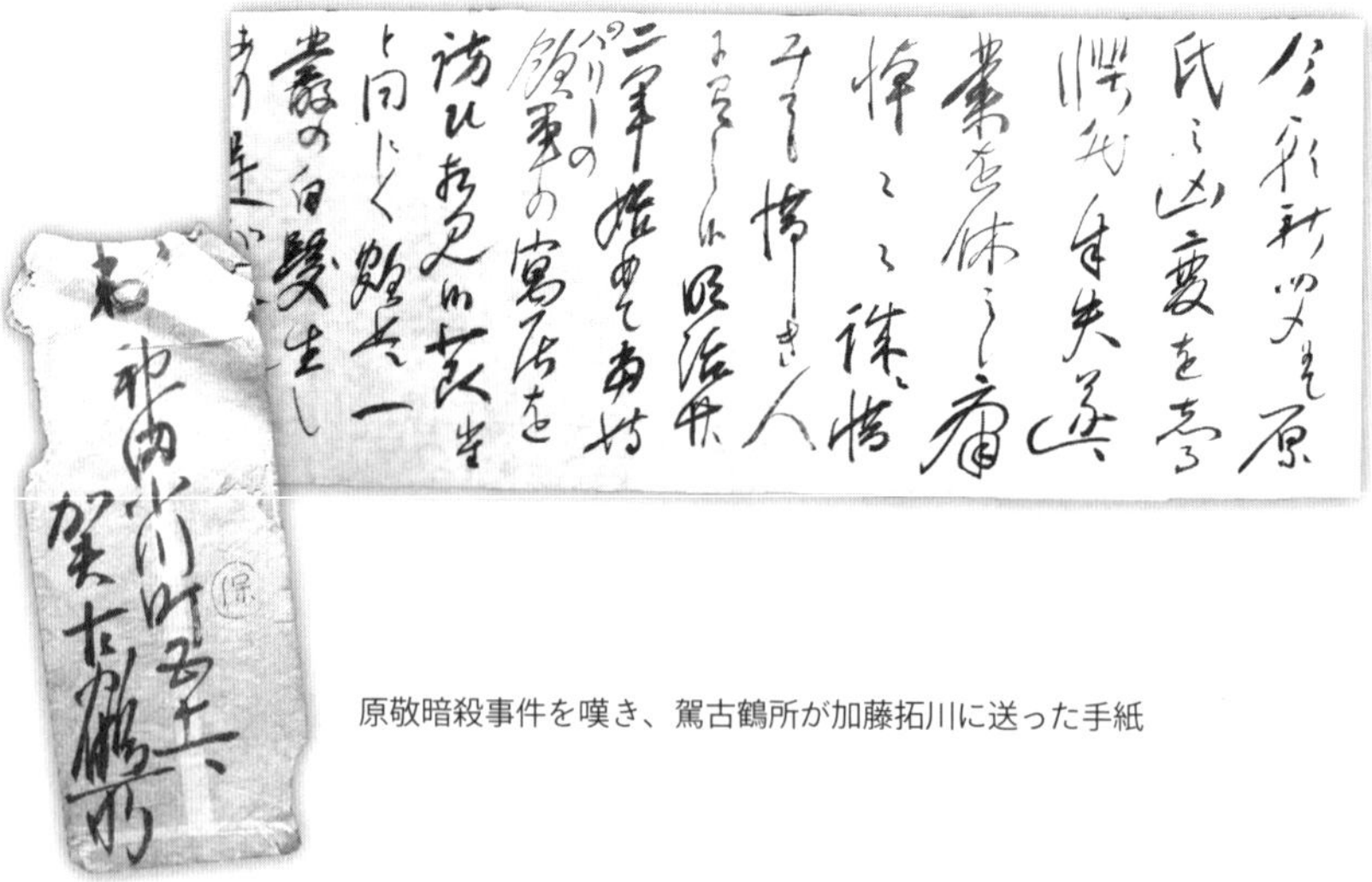

原敬暗殺事件を嘆き、賀古鶴所が加藤拓川に送った手紙

うに、鷗外の終生の親友であり、鷗外の死の三日前に枕頭で、遺書を口述筆記したことでも知られている。

この原本はたまたま家にあった『別冊太陽―近代詩人百人―』（一九七八年〈昭和五十三〉九月発行）に写真が載っているのを見つけ比べてみると、文面も筆跡もほとんど同じであったが、末尾が少し違っており、

「翌七日……」の代わりに

森　林太郎

男　於菟

友人総代　賀古鶴所

と記されていた。

この原本は東京の鷗外記念本郷図書館に所蔵されていることが分かり、早速問い合わせると、岩村孝子さんという館員の方がとても親切に対応して教えて下さり、一歩も二歩も前進、最終的には鷗外の出身地である津和野の森鷗外記念館を紹介していただいた。津和野に何度か通い、副館長の広石修氏の惜しみなき御尽力で調査が進み、鷗外研究家の山崎一頴・跡見学園女子大学教授によって、鷗外終焉にまつわる新しい事実が解明され、遺書の謎も少しずつ解きほぐされて行った。

もう一人、筆者の母方の叔父の中村重之の助力も大きかった。叔父は若い頃から鷗外が好きで作品も読破していたし、初期の段階で書簡を解読し、多くの助言をいただいた。

さて本題に戻って、もう一つ鍵を握る書状が前述の遺書に引き続き、賀古書簡の中に発見されたのである。

それは鷗外が死の四十日余り前の五月二十六日に自ら鶴所に送ったもので、やはり遺書と言える内容のものである。これも原本ではなく鶴所が写し取ったものだが、実はその原本は鷗外の死の直前に加藤拓川の元にあったのである。それは「医薬ヲ斥(しりぞ)クル書」と題した、鷗外の死生感を吐露した非常に興味深い、次のような長文の文面である。

昔支那ニ神トガアッタ　人ヲ見テ其人ガ何年何月何日に何事デ死ヌルト云フ事ガワカッタ　若シ人ガソレヲ聞ク

トソレガ心ノ全幅ヲ占領シテソレヨリ外ノ事ハ考ヘラレナイ　医者ノ診察モ之ニ似テヰル　例エハ胃癌トキマルイカナル聖賢デモ其時カラ胃癌ト云フ事ヲ念頭ヨリ遠ザケル事ハ出来マイ　シカシ胃癌ナドハカマワズニオカウトシテモアバレ出スカラ自然ニワカル　必ズシモ医者ヲマタナイ千萬人ノ老若男女ガ皆平気テ其日々ヲクラシテヰルノハ自己ノ内部ト未来トヲ知ラヌカラデアル　トコロガ内部ニ何物カガ生シテアバレダス　ノンキナ凡夫モ平気デハヰラレナクナル　ソコデ人ニ話ス医者ニカカル　真ノpathologischer Prozess（病変）ヨリハ心持ガ大挫折ヲ蒙ル　コヽニ病人ノ極印ガ打タレル　シカシ医者ニ其Prozess ガワカル事モアル　ワカラヌ事モアル

名医デ掌ニ指スゴトクニワカツタトスル　前途ノ経過モワカッタトスルト上ノ神トニ見テモラツタト同一ノ場合ガ生ズル　コレガ人生ノ望マシイ事デアラウカ　假ニ僕ガ明日電車カラオチテ頭ヲワッテ死ヌル事ヲ前知シタトスル　ソシタラ半出来ノ著述ヲドウシヨウトカ子供ノコトヲ誰ニドウ云ツテタノマフトカ非常ニ忙シイ考ガ動クデアラウ　ソシテ虚心ニ考ヘルトソレガナンニモ用立タヌデアラウ　前知セズニヰテ死ヌルト同一デアラウ僕ノ左胸ニ何物カガアル　卒業ノ寿ニ胸膜炎ヲヤッタアトデ寒ゴトニチクチクイタム　ソレガ時々Sputum ヲ出ス　気管支炎ニナル　近年ハマレニAsthma ヲシイ咳嗽（ガイソウ）ニナル事モアル　腎ニモ何物カガアルダラウ　今コレヲ医者ニミセル　胸モ腎モ健全ダト云ハヌ事ハ明白デアル　コレマデ何物カガアッタノガ一変シテハッキリ何々ガ何ノ程度ニアルトナル　仮ニ医者ハエライトスル　間違ハナイトスル　ソコデ僕ノ精神状態ガヨクナルカワルクナルカ　僕ハ無修養デハナイ　生死ノ問題モ多少ヘテヰル　又全然無神経デモナイ　死ヲ決シタコトモアル　シカシ内部ノキタナラシイモノト其作用ノススム速度トヲ知ッタラ之ヲ知ラヌト同ジヤウニ平気デハヰラレマイ即チ精神状態ノワルクナル事ハ明デアル　ソンナラ之ヲ知ツテ用心スル簾々デモアルカ女、酒、烟草、宴会皆絶対ニヤメテヰル　此上ハ役ヲ退ク事ヨリ外ナシ　シカシコレハ僕ノ目下ヤツテヰル最大著述（中外元号考）ニ連繋シテヰル　コレヲヤメテ一年長ク呼吸シテヰルトヤメズニ一年早ク此世ヲオイトマ申ストドッチガイイカ考物デアル　又僕ノ命ガ著述気分ヲステテ延ビルカドウカ疑問デアル　ココニドンナ名医ニモ見テモラハナイト云結

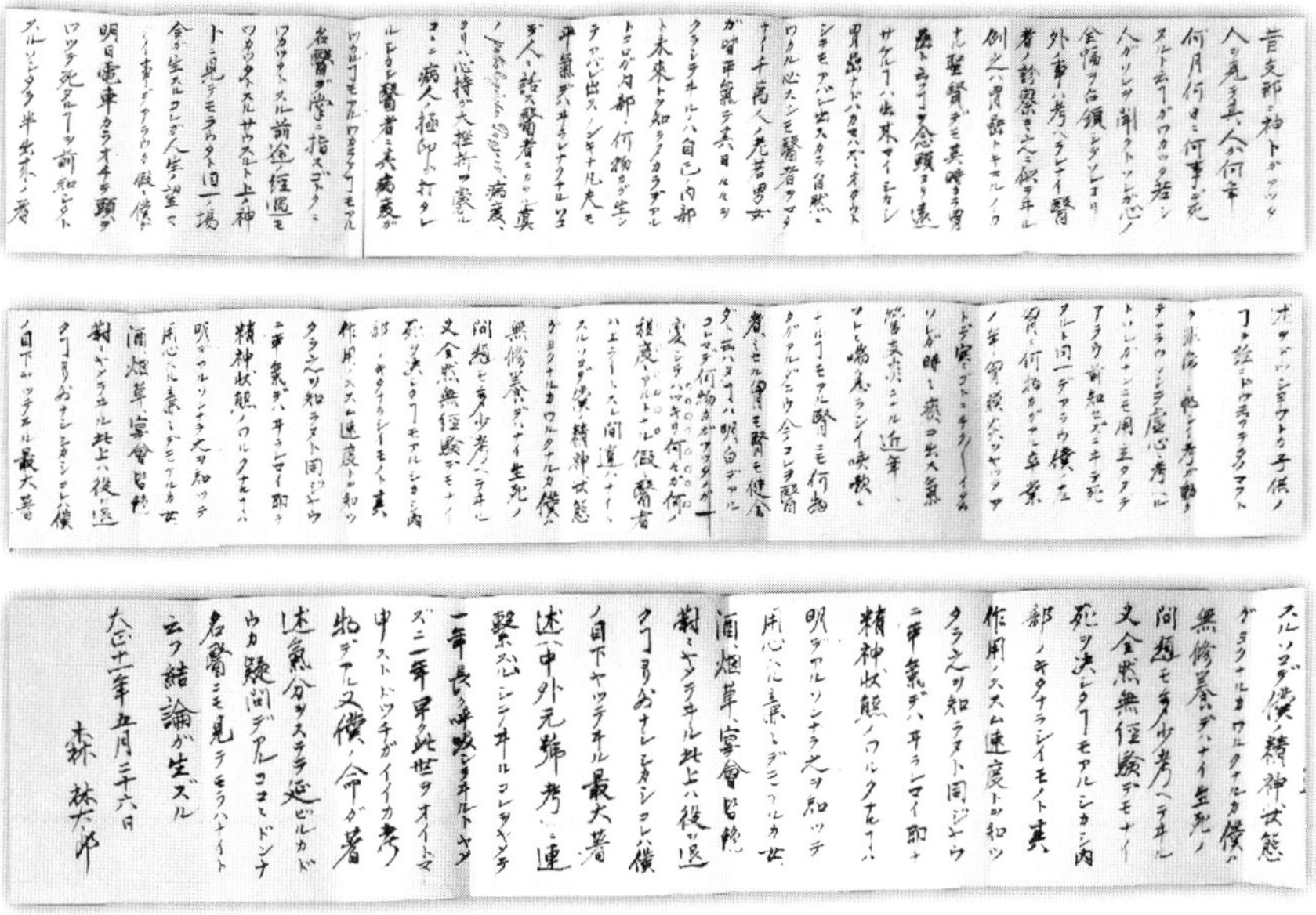

森鷗外（林太郎）からの書簡（複写）

論ガ生ズル

大正十一年五月二十六日

森　林太郎

随分とまわりくどい文面であるが、特に近年問題にされている病状の告知や延命策の事に百年も前に触れているという点で注目される内容である。

要は鴎外は病名を告知されたくもないし延命策もとって欲しくない、告知されたら精神的に患わされ、著述という大切な仕事にも支障を来すし、そのような状態で延命されても意味がないと訴えている。医者の身でありながら医者に診てもらうことをきっぱりと拒絶しているわけである。実際、鴎外は晩年、病状が悪化しても一切の医療を拒み続けた。

さて、一九二二年（大正十一）五月、この「医薬を避くる書」が鴎外の手によって書かれた頃、加藤拓川も病魔に犯されていた。食物が喉を通りにくくなり、この年の三月に拓川は賀古鶴所に診てもらい、食道癌と自覚していたにもかかわらず、郷里の友人達のたっての要請を断り切れずに、四月に松山市長に就任し、何度も上京したり、かなり忙しい日々を送っていた。衰弱は進行していたが、郷里への恩返しの使命感から、気力で乗り切っていた時期である。鶴所にとっては最も親しかった二人の友人がともに衰弱しつつある情況で、鴎外から受け取ったこの遺書を、同じような境遇の拓川にそのまま送ったわけである。

ところが、鴎外はいよいよ臨終を迎えつつあるにもかかわらず、遺書通りまったく医薬を受けつけなかった。

筆者が所持していた七月六日付の鶴所から拓川宛書簡には、次のように記されている。

> 拝啓　森病重けれど黙然医薬を避く、親戚の人々其故を解せず　頻ニ小生を責む　就而(ついて)は森が医薬を避くる書状御手元にあらば一寸と御送り下され度候、内々人々に示し責を免れ度と存候　彼れ衰へたれども未た危険の境には入らず、精神ハ如常ニ候　粥ハ二碗つゝ朝より食候　牛乳は三、四合を飲み夜も安眠候由ニ候　彼曰(いわく)加藤君酒をのむ故衰へないのだ、かまわないからシガーを吹したまへなぞといふ元気に候、但し訪問客を嫌ひ誰れにも逢わぬ趣に候、（以下略）

鴎外が医者を拒むので、医者でもある鶴所は鴎外の家族や親戚から責められ、その理由を述べた遺書を親戚に示すべく、拓川に至急返却の依頼の手紙を出した。ところがこの遺書はすぐには返却されなかった。筆者の推測する所ではこの時、遺書は拓川の手元にはなく、正岡子規の弟子であった東京の寒川鼠骨(さむかわそこつ)の元に又貸しされていたものと思われる。右に示した書簡は鴎外の死の三日前であるが、「加藤君は酒を飲むから衰えないのだ。かまわないからタバコでも喫いたまえ」などと随分のんきな会話をしており、鴎外はこの時点ではまだ深刻な病状ではなく、これ以後に急変したものと思われる。

この二日後の七月八日付の鶴所から拓川宛書簡でも、次のように「医薬を避くる書」の返却の催促をしている。

> （略）森の病況一進一退ニ候へとも漸々危篤の境ニ入らんといたしあり　気早き新聞紙ハ既ニ「死」を伝へ申候、実ハ死後之後をも当人より託セラレタル件あり　旁彼之医薬を避くる書状手元ニ有之候ハゞ此際御送付下され度重ねて申請ひ候　種々と彼が親類間ニ小うるさき事相生じ此ヲ解決するニ最必要を感し候　委細は他日拝唔之節

ニ譲リ申候匆々

結局「医薬を避くる書」が鶴所の元に返却されたのは、鴎外の死の三日後の七月十二日で、それに対する返信を次に示す。

森医薬を避くる文を巻きこみたる御状到来、君の今尚健康を保つはまったく酒といふ妙薬を用ひ能ふ故と思はる酒の肴ニするニ同然なる食品の製し方を一両日中ニ寿子（ひさこ）ニ申しやるべし　さて森ハ覚者として没したり、没後数日ならぬ隙間を観ずるニ　役所の人々は恰も親父を失ひたるが如く狼狽、至誠以て事を惜置しくれ為めニ細大円滑ニけふの葬儀を済すことを得たり　僕が手をついていんぎんニ挨拶するやつ程ソレダケたまらぬ変奴此ノ愚劣奴、森がゐたらバ横つらをブンナグッてやるべきやつ　昨夜文士つどひ来り最終のつうやは此の文学者にて席を占領いたし候　雅兄此地ニあらバと惜しくおもひ候（以下略）

前述した書簡で「彼（鴎外）曰く加藤君酒を飲む故衰へないのだ」とか、この書簡で「君の今尚健康を保つはまったく酒といふ妙薬を用ひ能ふ故と思はる」など酒飲みの自己弁護ととれなくもないが、鶴所も拓川も相当酒好きだったのは事実である。

さて「森は覚者として没したり」とは、鴎外が苦痛を伴った死を目前にしても、しっかりした精神を持ち、延命策による痴呆などの症状も出なかったことを示している。

八月二日の拓川に宛てた鶴所の書簡には

与謝野寛氏の明星並に三田（みた）文学の鴎外先生追悼号、けふ郵送せしめ候、明星にハ森ノ書牘を出し候、別紙森の遺書ハ乍遺憾充分にガンバル事態ハざりしが其筋へ不敬に渡らぬ程度に切り上げ申候（以下略）

以上の文面の後半「別紙森の遺言」とは、以前に紹介した「余ハ少年ノ時ヨリ老死ニ至ルマデ」で始まる例の遺書のことを指し、「遺憾ながら充分にがんばる事あたわざりし」とは何をがんばれなかったのか、その意味は謎めいている。ただ重要な点は「其筋へ不敬に渡らぬ程度に切り上げ申候」というところで、宮内省などその筋へ失礼にならないように鶴所が鴎外の遺書に手を加えたという新たな事実が今回初めて明かになったのである。この激しい文面にさらに劇しい内容が加味されていたのを、鶴所は鴎外への友情と気遣いから部分的に手直ししたものと思われる。鴎外ともなると、その遺書が後々公開されることは充分予想できたわけである。

この遺書は異様とも思える文面の劇しさと臨終直前の死を覚悟した文豪の魂の叫びという点から注目され、鴎外研究家が様々な角度から分析を試みている。

鴎外は男爵を望んでいたのにもらえなかった無念さがあったので、それを逆に拒否しておけば自尊心が傷つけられないので敢えて明記したという説があるが、これは山崎一穎氏が否定されている。筆者も鴎外ともあろう人がそんな狭量な気持ちから発した言葉とは思えない。「死は一切を打ち切る重大事件なり」と言い切っているところから、死に際して心の内なる声、一人の裸の人間としての真実の叫びがこの遺書には込められていると考えるべきであろう。

それに続いて「いかなる官権威力といえどもこれに反抗する事を得ずと信ず」とあるが、この「官権」という言葉が一つのキーである。官権とは辞書には「政府の権力」とあるが鴎外にとっては陸軍省であり、その頂点に山縣有朋が居り永年の実質的上司は石黒忠悳（いしぐろただのり）が居て、鴎外は軍医総監にまで登りつめたが、たえず上司からの圧力を受け自ら「官権」の中で半生を送ってきた長年のうっ積があった。最期ぐらいは、それらをすべて脱ぎ捨て、一個の人間、森林太郎として死んでいきたいという切実な思いが、先の言葉に凝縮されていると言われる。「宮内省陸軍皆縁故あれども生死の別るる瞬間あらゆる外形的取り扱いを辞す」という断固とした言葉にも、その強い思いが表れている。長く官権の世界に生きてきて、深い縁を感じざるを得ないが、死ぬ時ぐらいはすべてを洗い流したい。裏をかえせばその泥々とした俗界の中でそれだけ真剣に生きてきた証でもあろう。組織の中で生きてきた人達は多かれ少なかれ感じることではないだろうか。だから、「石見人森林太郎として死せんと欲す」という故郷津和野で一人の人間として死んでいきたいとの思いは正に故郷への回帰である。そう言えば拓川も晩年は市長にかつがれて松山に戻ったが、やはり最期を故郷で迎えている。故郷から出た魂は、結局は生地の土に帰るのが自然なのであろうか。

筆者は鴎外の資料の縁で、津和野を訪ね山裾の永明寺の鴎外の墓に参拝した。その日は雪が深々と振り積もり、山門から墓までわずかな距離だったがなかなか辿り着けないほどであった。森林太郎墓と刻まれた中村不折の字が雪に埋もりそうになりながらも風格をもって佇んでいた印象が鮮明に残っている。

これと同じ印象のシンプルな墓が盛岡の外れにある。その墓石にはただ「原敬墓」とだけ刻まれている。拓川の足跡を訪ねて原敬（はらたかし）の故郷盛岡を訪ねたことがあるが、彼の生家と隣接する記念館に立ち寄り、資料や遺品に見入っているうちに日が暮れてしまい、墓のあるお寺までは行けなかった。

次に記す原敬の遺言も墓と同様、鴎外と何か共通する決然としたものが感じられる。

一、死去の際位階勲等の陞叙（しょうじょ）は余の絶対に好まざる所なれば死去せば即刻発表すべし

一、墓石の表面には余の姓名の外戒名は勿論位階勲等も記すに及ばず

ちなみに墓の字は、西園寺公望（さいおんじきんもち）の筆による。こうして見てくると、原敬、西園寺公望、加藤拓川、賀古鶴所、森鴎外と数珠つなぎのように、不思議な縁（えにし）で結ばれていて、明治大正の官界や文学界の歴史を彩っている。

子規の死生観

子規の弟子で寒川鼠骨という俳人が居り、彼が拓川に宛てた数通の中に鴎外の死生観と子規のそれと比較して批判する文面の書簡を見つけた。俳味のある独特の字で次のように綴られていた。

森先生の主義も面白く候　折角の面白き主義も遂ニ一貫せず医治ニ就かれたるを遺憾ニ存（ぞん）じ候　人は死ぬ事確定すれバ不愉快且つ不安にて著述も心配になるとは森氏として八既ニ精神ニ異常を来し居りしものと存候　人間は何時死ぬかわからぬやうにて夫（それ）ハ刻々わかって居る事に候　何月何日御暇といふ事を知り金剛心ニて生くることそ大丈夫児と存候か如何此点に於て兆民中江氏も一年有半を期し悠々なる所（多少感傷的乍（なが）ら）大（おおい）ニ買ってやる可き所と存候　死は今晩だと年中覚悟して生きて居る可きものニ存候　斯（か）くてこそ死を踏まへて立ち死生より超越解脱すと申すべく森氏の如きは死より逃避し一時を偷安し自らを欺かんとする者に存候（略）

子規居士晩年禅の御悟（さとり）とハ如何なる時でも平気で死ぬることゝ思ったら平気で生きてゐる事なのであったと珍しく其趣を解し微笑を漏らし居られ候　頗（すこぶ）る面白き事に存候（略）

鴎外は医者を拒否しながらも医療を受けており、主義が一貫していないという鼠骨の批判はどうも的外れではなかろうか。ずっと鴎外の傍らにいた鶴所が「森は覚者として没したり」と拓川に伝えているのに、「森氏としては既ニ精神ニ異常を来し居りしものと存候」と、その場に居あわせもしなかった鼠骨が鴎外の厳粛な死に臨む姿を軽々しく批判する資格はないと思われる。

もっともこの想いのうらには、鼠骨がずっと看病し続けた晩年の子規の姿が強烈に焼きついていたはずである。

子規は晩年の随筆『病牀六尺』に

余は今まで禅宗のいわゆる悟りということを誤解して居た。悟りということはいかなる場合にも平気で死ぬることかと思っていたのは間違いで、悟りということはいかなる場合にも平気で生きていることであった。（一九〇二年〈明治三十五〉六月二日）

子規はまた日記『仰臥漫録』にこうも書いている。

こんなに呼吸の苦しいのが寒気のためとすればこの冬を越すことははなはだ覚束（おぼつか）ない　それは致し方もないことだから運命は運命としておいて医者が期限を明言してくれれば善い。もう三ヶ月の運命だとか半年はむつかしいだろうとか言うてもらいたいものじゃ　それがきまると病人は　我儘（わがまま）や贅沢（ぜいたく）が言われて大に楽になるであろうと思う　死ぬるまでにもう一度本膳で御馳走が食うてみたいなどというてみたところで今では誰も取りあわないから困ってしまう

もしこれでもう半年の命ということにでもなったら足のだるいときには十分按摩してもろうて食いたいときには本膳でも何でも望み通りに食わせてもろうて看病人の手もふやして一挙一動ことごとく傍（かたわら）より扶（たす）けてもろうて西洋菓子持て来いというとまだその言葉の反響が消えぬ内西洋菓子が山のように目の前に出る　かん詰持て来

いというと言下にかん詰の山が出来る　何でもかでも言うほどのものが畳の縁から湧いて出るというようにしてもらうことが出来るかも知れない（一九〇一年〈明治三十四〉九月二十九日）

鴎外の「医薬を避くる書」の死生観と対極に、子規が立っている様にも思える。子規は随分あっけらかんとしている。これは性格的な違いも大きいかもしれない。また、子規は二十二歳で喀血し、時鳥の句を五十句ほど作って自らを「子規」と号してからの十数年の後半生は、耐えず死と隣り合わせに生きてきたというキャリアの違いもまた大きいかもしれない。

子規は『病牀六尺』でこうも言っている。

病気になってからすでに七年にもなるが初めの中はさほど苦しいとも思わなかった。肉体的に苦痛を感ずることは病気の勢いによって時々起きるが、それは苦痛の薄らぐとともに忘れたようになってしもうて、何も跡をとどめない。精神的に煩悶して気違いにでもなりたく思うようになったのは、去年のことである。そうなるといよいよ本当の常病人になって、ただひた苦しみに苦しんで居ると、それから種々の問題が沸いてくる。死生の問題は大問題ではあるが、それはごく単純なことであるので、一旦あきらめてしまえばただちに解決されてしまう。それよりも直接に病人の苦楽に関係する問題は家庭の問題である。介抱の問題である。病気が苦しくなった時、または衰弱のために心細くなった時などは、看護のいかんが病人の苦楽に大関係を及ぼすのである。（一九〇二年〈明治三十五〉七月十六日）

子規の心の中では、「死は一旦あきらめて、ただちに解決」されてしまっていたのであろうか。そうでないと、これほどまでに死をあっけらかんと語れないだろうし、無邪気でおおらかなユーモアさえ感じられる文章は書けなかったのではないかと思わざるをえない。そして書くことによって自分の世界をどんどん拡げて行き、その世界に楽しみを見い出してしまう。

先ほどの子規の文章でも死から看護の問題に発展し、家族の看護が不満なのは無教育だから病人を慰める話題も乏しいし、枕元で何か書物を読ませようとしても振り仮名のないものは読めない。とここで子規は、はたと気付く。必要なのは女子の教育だと。死の問題から女子教育論にまで発展する。これは妹の律のことを暗に言っているのだが、あとで律はこのくだりを読んで発奮したのか、子規の死後、共立女子職業学校へ入り、裁縫の先生になって長年生計を立てたのである。

中江兆民の『一年有半』

さて寒川鼠骨の書簡には、中江兆民（なかえちょうみん）の『一年有半』のことが出てくる。『一年有半』とは自由民権運動の指導者中江兆民が喉頭癌にかかり、医師から余命一年半の通告を受け、身辺のことから人物や政治、文学など興の趣くままに綴った社会批評の書であるが、兆民は実際には一年半を待たずして没した。しかし子規はこの当時ベストセラーとなった『一年有半』をかなり辛辣に批判している。

兆民居士の『一年有半』という書物世に出候よし　新聞の評にて材料も大方分り申候　居士は咽喉（のど）に穴一つあき候由（よし）　吾らは腹背中臀（しり）ともいわず蜂の巣のごとく穴あき申候　一年有半の期限も大概は似より候こと存候　しかしながら居士はまだ美ということ少しも分らずそれだけ吾らに劣り可申候（もうすべくそうろう）　理が分ればあきらめつき可申　美が分れば楽み出来可申候　杏（あんず）を買うて来て細君とともに食うは楽み相違いなけれどもどこかに一点の理がひそみ居（おり）候　焼くがごとき昼の暑さ去りて夕顔の花の白きに夕風そよぐところ何の理屈か候べき（『仰臥漫録』一九〇一年〈明治三十四〉十月十四日）

その十日後に子規はまた次のように書いて憤りが収まらない。

『一年有半』は浅薄なことを書き並べたり　死に瀕したる人の著なればとて新聞にてほめちぎりしたためたちまち際物（きわもの）として流行し六版七版に及ぶ

近頃『二六新報』へ自殺せんとする由（よし）投書せし人あり　その人分りてたちまち世の評判となり自殺せずにすむのみか金三百円ほど品物若干を得（え）かつ烟草店（たばこ）まで出してやろうという人さえ出来たり『一年有半』と好一対（中

略）しかしいずれも生命を売物にしたるは卑しこれほどまでに子規を憤らすものは何であろう。兆民は咽喉に一ヶ穴があいているだけだが、自分は身体じゅう蜂の巣状に穴だらけで長年苦しんでいる。それなのに悟ったようなことを言って、死を売物にしてその浅薄な本がベストセラーになっている世相も我慢ならないということであろうか。

その翌年の七月二十六日に、今度は『病牀六尺』に読者からの質問形式に答えて再々兆民のことに触れている。

ある人からあきらめるということについて質問が来た。死生の問題などあきらめてしまえばそれでよいというたことと、またかつて兆民居士を評して、あきらめることを知って居るが、あきらめる以上のことを知らぬと言ったことと撞着して居るようだが、どういうものかという質問である。（中略）兆民居士が『一年有半』を著したところなどは死生の問題についてはあきらめがついて居ったように見えるが、あきらめがついた上でその天命をたのしんでというような楽しむという域には至らなかったかと思う。居士が病気になって後しきりに義太夫を聞いて、義太夫語りの評をして居るところなどはややわかりかけたようであるが、まだ十分にわからぬところがある。居士をして二、三年も病気の境涯にあらしめてたならば今少しは楽しみの境涯にはいることが出来たかも知らぬ。病気の境涯に処しては病気を楽しむというならなければ生きて居ても何の面白味もない。

子規が言うには、死生に問題を割りきって諦めてしまうだけではだめで、病気を含めての生を積極的に楽しむ境地にまで行かぬと生きている意味がない。それは身の周りのすべてのことに美を見出すことではないか。庭の一本の草花や窓から飛び込んでくる虫にも美を見出し、しかもそれを俳句や絵にして表現することができ、その上それを訪ねて来る友人達に見せたり、新聞に載せて広く世人に知ってもらえた子規は、悲惨な身でありながら非常に充実した生を送っていたと言える。

『一年有半』を読むと兆民は兆民で余命一年半と覚悟しながら、結構病気を楽しんでいたようにも思える。ただ子規と兆民では芸術家と思想家という気質の違いがあり、楽しむ興味の対象が違ったということではなかろうか。兆民

曰く

余一日堀内（医師）を訪ひ、あらかじめ諱むことなく明言してくれんことを請ひ、因てこれよりいよいよ臨終に至るまでなほ幾何日月あるべきを問ふ。即ちこの間に為すべき事とまた楽しむべき事とあるが故に、一日たりとも多く利用せんと欲するが故に、かく問ふて今後の心得を為さんと思へり。

病状の告知という点から、鴎外の主張とは対称的であり、この辺を鼠骨も指摘したかったのであろう。鴎外、子規、兆民と三者三様である。兆民はまたこうも言っている。

一年半、諸君は短促なりといはん、余は極めて悠久なりといふ。もし短といはんと欲せば、十年も短なり、五十年も短なり、百年も短なり。それ生時限りありて死後限りなし、限りあるを以て限りなきに比す短にはあらざるなり、初めよりなきなり、もし為すありてかつ楽しむにおいては、一年半これ優に利用するに足らずや、ああいはゆる一年半も無なり、五十年も無なり、即ち我儕はこれ虚無海上一虚舟。

人の一生は、物理的な寿命の長短だけで長命だ短命だと論じても意味がない。いかに長生きしたかではなく、いかに生きたかが問題である。死の宣告を受けた余命一年半であっても、十分に生ききればけっして短かくはないと兆民は言いたかったのであろう。

拓川の死生観

さて最後に、兆民塾で学んだ加藤拓川の人生観に触れてみたい。彼がこのような人生哲学を語った文章は余り多くないが、死の前年の夏に『原病（家人に寄す）』と題して手記を遺している。

人は余を病人なりといふ。余は病人に非ずといふ。これ百余日来、我が家の一問題にして今に至りて未だ決すべくもあらず。蓋し余と家人の人間観は各其原を異にすればなり。

余謂へらく人間は魂魄と肉体をもって此世に生る。肉体とは耳目鼻口手足等なり。魂魄とは精神なり、意気なり、判断力なり。人苟くも此三者に弱点あれば肉体いかに強健なれどとて余は之を目して病人なりといはんと欲す。然るに我家人は肉体を重視し余は之を軽視す。是其論拠の岐るゝ所なり。余固より我身体に多少の弱点あるを知らざるに非ずといえども我精神は十人並に働きつゝあることを信ずるなり。抑も精神の身体に宿るは旅客の舟に宿るが如し。今日余が便乗する相生丸が機関を損して海上に座礁するとせんか相生丸は之を病船と称すべきも余等乗客は病人と称すべからざるなり。（略）

精神患者は危険なる世の厄介物なり。肉体患者はたとへ一室に平臥するもなお世を益するとあり。

余が病人なるか病人に非ざるかを知らんと欲せば試に昨一日間の行動を見よ。前夜井上氏の宅より十時に帰りて助役と用務を弁し更に書類を点検して深更に及びたるは汝等の知る所なり。昨朝早起朝より夕に至るまで五分の間断もなく来客に接す。此間飲食全く咽を下らず、夕刻明治楼の主人となり更に管氏と会晤せり。今朝出発前も亦来客あり。是果たして病人の能くし得る所なるか。余日我身体は頗る疲労を覚ゆといえども我精神は毫も苦痛を感ぜず。内海の風景を眺めて瓢酒を傾けて楽しめり。

ジャン・ジャック・ルソー曰く　長命とは長く此世に活るの謂にあらず、多く此世に働くの謂なり。たとへ百年の寿を保つも一生無為にして終らば是夭死の人なり。たとへ若年にして死するも百年の事業を遂げたる人は是長命者なりとルソーの言真に我意を獲たり。

余や碌々六十年を此世に暮しいまだ三十年の事業をさえ為し得ざりしを恥ず。せめて精神の余命を世に供せんとするなり。汝等之を思え。徒に医薬を以て累することなかれ。——大正十一年八月二十四日　尾道に行く船中にて手記——

土佐藩浪人坂本竜馬に私淑し、岩倉使節団同行の留学生としてフランスに渡り、足かけ四年フランス自由思想をたっぷり吸収して帰国、東京で仏学塾を開いた中江兆民。天下を取る気概の血気盛んな三十代前半の兆民の元でフランス語を初め、政治・法律・歴史・哲学などを学んでその後パリに渡り、十三年フランスの自由な空気の洗礼を受けた加藤拓川。彼の思想形成には、やはり兆民の影響が無視できないと思う。ともに同じ食道癌となり、限りある命を

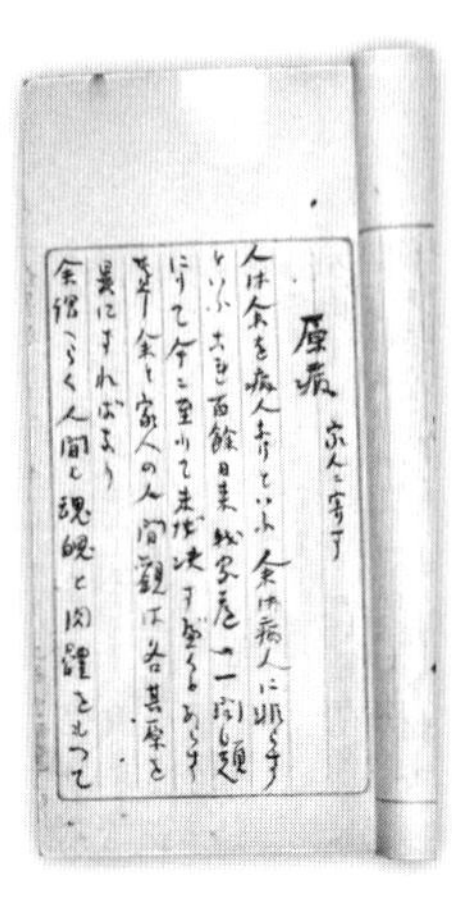

拓川の手記『原病（家人に寄す）』

悟った晩年の二人の死生観には期せずして共通した骨太の気概のようなものが感じられ、二人の師弟関係を彷彿とさせるものがある。

今回、鴎外の遺書をたまたま発見したことによって鴎外の死生観に接することができ、それを寒川鼠骨という人が批判したことで、彼の師である正岡子規の死生観に触れざるを得ず、その中には兆民の批判が出て来るので彼の著書『一年有半』をひもとくことになり、その弟子である拓川の人生哲学に行きついた。また、原敬にも少し触れたが、彼だけは暗殺によって突然、生を断ち切られるという非業の死を遂げたが、そのほかの人達は皆、不治の病にかかり、死に行く自己と十分に向き合ったのが共通している。子規は辞世三句を作り、拓川は辞世の漢詩をしたためた。死ぬ間際まで客観的に死に行く自分を見つめ、その心境を書き残せるという確固とした胆力を、当時の人はどのように培ったのであろうか。現代の人々で死の直前に辞世の句や歌を詠ずる人が居るだろうか。生も死も稀薄になりつつある現代に生きる者として、わずか百年ほど前の人々の生き様に想いを馳せるのも意義深いことと思われる。

さて鴎外の遺書が拓川から鶴所の元に返されたのは鴎外の死後であり、余り役に立たなかったことが、次の鶴所から拓川宛ての七月十四日付の書簡でうかがい知れる。

> 御書拝見仕候　森は九日午前七時ニ絶息いたし候　葬式万端博物館と図書寮ノ人々己が事のやうに誠意を尽してやってくれ　とゞこほり無く相済み申候　文書掛ハ与謝野寛、平野万里、永井荷風が担当　ソレニ親族にハ小金井良精あり　これが相談相手ニナリ候　どうやら家のあと始末迄やらずバならぬもやうなり　これハ実に大迷惑なり　森の書確かに拝受　親類のものに示し候　随分わからぬものもありて閉口いたし候、雅兄にハどうぞ養生を切ニ頼み申候青山（胤道（たねみち））森ニ逝かれ唯兄一人のミが心友ニ候

そして八月十三日付の鶴所の手紙には次のように歌に託し鴎外を偲んでいる。

> 昨夜雷雨中ニ帰宅　机上に九日御認の貴書あり　先づ披見仕候　「思出の記」にハ不覚の涙を流し候　此を示さんと思ひし森ハ既に逝けり

墓はらに独りのこりし心地せり
かたらむ友ははや失せ行きて

こうして巡りめぐった鴎外の遺書は再度賀古鶴所が書き写し、拓川の元に送り返されたのだが、七十年以上も伊丹の実家に眠ったままになっていたというわけである。

第八章　酷寒のシベリアへ

パリ講和会議の最終段階で、ドイツの租借地だった中国の青島の問題が一応の決着を見て、その翌月の一九一九年（大正八）五月に古巣のベルギー・ブリュッセルで開かれた万国議員商事委員会に出席した拓川は、パリに戻ると、日本からの重要な電報を受け取った。それは、シベリアのオムスク駐在の臨時特命全権大使に内定したので帰国せよ、との内田康哉外相からの電文だった。すぐに帰国しなかったのは船便の関係か、陶器で有名な、パリ近郊のセーブルへ西園寺公望公と出かけている。その時の土産の瀟洒な花瓶が手元に残っている。

六月四日の拓川日記には「四全権送別」とあり、西園寺、牧野、珍田各氏との送別の宴が開かれ、拓川と次男六十郎だけが先にパリを立ち、ロンドンから加茂丸に乗り込み、ジブラルタル海峡からスエズ運河を経て、香港経由で神戸に入港した。

七月三十一日「面首相外相　夜秋山来話」と至極簡潔に記す。早速、原首相、内田外相とシベリア行きの協議をし、夜ロシア通の秋山好古と盃を交わしながら語り合った。

八月九日「訪小田原老公」とあり、晩年山縣有朋が過ごした小田原の別邸「古希庵」を訪ね、天皇の最高諮問機関であった枢密院議長の山縣元帥に面談。この時に何を話したのか、拓川が原敬日記のように詳しく書いていたら、後世に役立っただろうに余りに簡潔すぎるのが残念だ。それにしても多忙を極めていた原敬が、一八七五年（明治八）の十九歳から暗殺される直前の六十五歳までの四十六年間もの動向を克明に記しているのは驚きであり、どれだけ後世の研究者に役立ったか分からない。自分の判断の誤りや都合の悪いことは公表したくないのが人情だが、原は死後三十年後にすべて公開せよとの遺言を残しており、それだけ自己の言動に自信があり、公明正大だった証拠である。

特命全権大使加藤恒忠
西比利亞へ出張被　仰付
大正八年八月十二日
内閣

正四位勳二等加藤恒忠
任特命全権大使
嘉仁
天皇御璽
大正八年八月十二日
内閣總理大臣正三位勳一等原敬

特命全権大使としてシベリア出張を命ず大正天皇・喜仁の書名と天皇御璽

ところで山縣は当初シベリア出兵には反対ではなかったが慎重だった。「刀を抜く時には、まずどうして鞘に納めるかを考えてからでないと柄に手をかけてはならない」。すなわち出兵しても、いつどのような情況で撤兵するかの方針が立っていないとだめだと語っていた。さすが幕末の戦乱をくぐった武人らしい冷静な思考である。

さて、この頃の拓川はシベリア行きの準備で多忙であった。八月十二日に正式にシベリア全権特命大使の親任を受け、「廻礼」「謁見」など、挨拶参りや大正天皇に謁見。政友茶話会、ベルギー会、参謀本部会に出席して夜行で大阪に向かい、小宴に出て船で松山に渡り、子規の法要に出席、帰京してパンテオン会に出ている。この会はパリ時代に結成された日本人芸術家の集りで、黒田清輝や中村不折も居た。

九月に入り、一日原首相と昼食。五日には「田中上原両将晩餐」原内閣の陸相・田中義一と上原勇作参謀総長と会見。拓川は軍事面での情況や方針を二人と協議したのだろう。その後、連日ロシア大使や内田外相、原首相らと晩餐と協議を重ね、二十日に東京を発し、敦賀から上船しウラジオストックに着岸。ここでも滞在していた日本人との晩餐が続いた後、鉄道でハルビンに向かい、いよいよロシアに入った。シベリア鉄道の分岐点に位置し、日本軍に占領されていたチタという都市に到着、領事と会見。十月八日にバイカル湖畔に上った中秋の名月を眺め、イルクーツクを経由。いよいよ本拠地、シベリア最大の都市オムスクに入り、困難なミッションにとりかかることになる。

シベリア出兵とは

「シベリア出兵」は何の動機と目的で行われ、どのような経違を辿ったか、詳しく知る人は少ないのではなかろうか。百年前に日本が七万人以上の軍隊をシベリアに送り込み、何ら得るところなく撤兵するまでに七年もかかったなど、祖父のことを調べるまで筆者も知らなかった。古い教科書を繙いても、わずか数行、右のような文言が記されているだけであった。

拓川の動向を知る上で、シベリア出兵の概要にざっと触れてみたい。

シベリア出兵は第一次世界大戦の延長線上に起こった出来事である。前述したように、ドイツ・オーストリアなど四ヶ国に対して、英仏露日米など三十ヶ国の同盟国が戦った、初の世界的規模の大戦争であった。西方でドイツと戦っていたロシアは東西にとてつもなく広大な地域で、シベリア鉄道で横断しても優に半月を要する。その中間に位置するウラル大山脈の東側半分のシベリアの大地が、今回の舞台である。その大戦のさなかに起こったシベリア出兵は各国の思惑が複雑に絡んでおり、一方、その舞台となったロシアの政情がロシア革命によって大転換し、混乱を極めていた時期で、この二大要因が今回の問題を複雑化していてなかなか把握しにくいのだが、ざっとその大要を次に述べてみたい。

そもそもの発端には、「ロシア国内で救援を求めるチェコスロバキア軍五万人余を救出する」という人道上の大義名分があった。ドイツに抑圧されていたチェコスロバキアの独立を目指して、チェコ軍はロシア軍に加わってドイツと戦っていたが、今までのロマノフ王朝の下での軍隊が、新しく勃興してきた革命軍と敵対関係となり、宙に浮いた立場になって苦戦し、連合軍としては仲間を救出せねばならなくなった。

そこで、シベリア鉄道経由によるチェコ軍救出作戦を計画した連合軍は、同盟国の日本にもシベリア出兵を要請してきた。

また、連合軍がロシアに援助していた軍需物資が、革命軍からドイツの手に渡るのを阻止せねばならなかった。

特にロシアの東端のウラジオストックには、軍需物資が山積みされていた。というのもロシアの政情の混乱で、シベリア鉄道で西方に運ぶことができず、止め置きされていたのだ。そこで連合国は日本海をはさんで近距離の日本に出兵要請してきたが、日本は応じなかった。反対したのは松井慶四郎駐仏大使、珍田捨巳駐英大使、佐藤愛磨駐米大使、本野一郎外相などで、みな拓川の知人である。ところが本野は後で最も積極的な出兵推進派となる。それは大戦の講和において事を有利に運ぶためには、連合国と同調する必要があると考えたからである。そのことを本野外相は外交調査会で発表。出席者は牧野伸顕、後藤新平、犬養毅、原敬などで、彼らもまた拓川と親しい。その中で原敬は、兵士一人でも出せば大戦のきっかけとなり、即時開戦となると真っ向から反論した。原は、とにかくアメリカとの協調を重視していたこともある。本野は自己の主張が受け入れられず、外相を辞任、数ヶ月後に失意のうちに亡くなってしまう。パリ時代に青春をともにした友人を失った拓川の心境はどうだったろう。原もパリ時代の仲間同士だっただけに複雑な心境だったにちがいない。しかし友人であっても主義主張を譲れないのは公人として当然の矜持であろう。

本野の後任の外相には後藤新平が就任。彼は満鉄（南満州鉄道株式会社）総裁時代にロシアの高官とのつきあいも広く、旧ロシア帝国への郷愁もあり、ロシア革命には共感せず、旧支配層への支援のための出兵を主張した。本野と同じく、大戦の講和会議における発言権を強くするための必要性も主張。拓川と後藤は中国への旅に同行した仲である。

このように出兵を巡って議論が交わされている中、居留民（海外に住む日本人）保護の名目で、一九一八年（大正七）四月に日本の軍艦がウラジオストック港に入り、軍隊を上陸させた。日本人が何者かに殺傷されたという事件が勃発した報復に政府に無断で強行したのである。寺内首相が激怒し、即時撤兵の指令を出した。このようなちょっとした暴走が事態を急変させるのは歴史の常である。

居留民保護という名目のほかに、日本にとっては重大な裏事情があった。日露戦争では辛勝したものの、日本に数倍する国力、軍事力を持ったロシアが、またいつ報復してくるか分からないという「恐露病」的な警戒心が日本に根強く残っており、シベリアを独立させて日本主導による親日派の緩衝政府を樹立させ、対ロシアの防波堤にしようというもくろみがあった。

また、革命政府に変わったことで、共産主義が日本に流入されることを政府は恐れた。それは、天皇制という日本の国体の柱が崩されることになるからである。ほかの資本主義体制の国や王国もロシアの革命政府を警戒した。

そして、シベリアの大地には石炭や金、森林など豊富な資源が眠っており、その利権を獲得したいという狙いが日本や他の国にはあった。

以上のような様々な思惑と連合国の事情、そしてロシア内部の混乱が絡み合って、めまぐるしく展開していくことになる。

日本の出兵はアメリカの同意なしには行われない方針だったが、アメリカの商船がロシアから攻撃を受ける事件が起こったりして、ついにウィルソン米大統領は一九一八年（大正七）七月にチェコ軍救出という名目で、日米共同でシベリアへ出兵する方針を決め、ランシング国務長官から拓川の義弟にあたる石井菊次郎駐米大使に「日米同数の七千の陸軍を派兵したい旨」を伝えた。この二人は、この前年に中国での特殊権益をアメリカに認めさせる「石井・ランシング協定」で有名である。

アメリカの共同出兵は、それまでの慎重論を吹きとばし、山縣も急遽出兵を主張しはじめ、その変容ぶりに原も呆れたらしい。出兵を主張する後藤新平外相に原や牧野、犬養も反対するが、結局日本はウラジオストックに限定して出兵することに決定した。アメリカの進出を警戒する参謀本部はいったん同調すると見せかけ、いずれシベリアに進出するつもりであり、後に日本の出兵数は最大で約七万三千人となった。そのような行為が各国に日本の侵略意図を疑われ、最初に約束した出兵数を大幅に増強させたことで、アメリカに不快感と警戒心を抱かせ、二十年後の日米会戦の芽を作ることになる。

ロシアの情勢

広大なシベリアの大地は、冬は零下三十度にもなり、野菜も肉も酒もとにかく水分のあるものは皆凍ってしまい、むき出しの肌はすぐ凍傷になる。拓川は無防備にも大きな口を開けて野外で話していたので、口の中が凍傷になり、歯も抜け落ちたらしい。井戸水も凍り、水や食糧確保が困難を極め、兵士にとっても過酷な情況であった。農産物も限られ、村人は貧困にあえいだ。

大地も凍り、海も凍り、船も自動車も使えず、主要な輸送機関は何と言っても東西を貫く大動脈のシベリア鉄道で、モスクワから東端のウラジオストックまでの九千キロ余を結ぶ。もう一つは大連からハルビンを経てシベリア鉄道のチタを結ぶ東進鉄道があり、拓川はこのルートでシベリアに入った。これらの鉄道を巡っての各国の利権争いが繰り拡げられることになる。ロシアの内戦では、軍事物資や兵士を運ぶシベリア鉄道の争奪戦が内戦の行方を大きく左右することになる

ここでロシア国内の経緯をごく簡単に振り返ってみる。

十三世紀にチンギス・ハーンがシベリアから黒海までの広大なロシアを支配してモンゴル帝国を築いたが、十七世紀初めにロマノフ王朝が開かれ、ロシアはモンゴルの支配から脱した。しかし産業は農業しかなく、皇帝と貴族が農奴を支配する専制政治が続き、二十世紀まで真の近代化が成されなかった。日露戦争のさ中にサンクトペテルブルクで労働者のストライキとデモが行われ、軍隊の発砲で多数の死者が出た事件「血の日曜日」が革命のきっかけとなった。第一次世界大戦が勃発するとドイツに奥深く侵攻され、ロシアは次第に疲弊していった。一九一七年二月（ロシア暦）国際婦人デーに女子労働者が食糧難でストライキを発端に、暴動が急拡大し、軍隊が鎮圧のため出動した。しかし、その軍隊が反乱し、ついにニコライ二世は捕えられ、三百年足らずロシアを支配したロマノフ王朝が倒れた。いわゆる「二月革命」である。

レーニンの登場

ここで、レーニンという希代の革命家が登場する。彼の父は十代の頃に病死、兄は絶対君主制に抗議して皇帝暗殺を企て、絞首刑に処せられる。幼い時の艱難がレーニンを鍛え、サンクトペテルブルク大学では全科目満点で卒業し弁護士になるが、革命組織のリーダーとなって逮捕され、東シベリアへ三年間流刑になる。その後スイスに亡命した。日露戦争の時代の明石元二郎の項で前述したように、一九〇五年にジュネーブのモンブランの麓の寒村に潜伏していたときに明石が会っている。

ドイツにとってはレーニンは対戦相手国の人間であったが、今の体制を壊そうとするレーニンを好都合の人物と見なし、ドイツの列車でレーニンをロシアに送り帰すことになった。二月革命の直後に、レーニンは十年ぶりに祖国に戻ることになり、彼の指揮するボルシェヴィキが「十月革命」で政権を奪取し、史上初の社会主義国家が樹立される。

貧困に苦しみ、戦争終結を希求していたロシアの人民に対しての公約を早速レーニンは実行し、ドイツと単独講和に踏み切った。ロシアの領土の大幅な割譲に応じても早期の戦争終結を優先した。その結果、ロシアは第一次世界大戦から離脱してロシアの東部戦線は消滅、大戦の構図が変化し、シベリアが連合国に注目されることになる。

もともとシベリア出兵は大戦中の出来事で、チェコ軍の救出という表向きの名目とは別に、ドイツを屈服させるための東部戦線の構築という目的があった。しかし、レーニンのソヴィエトが突如ドイツと単独講和したために、当面の目的が失われ、各国の迷走が始まった。シベリアにおける権益の獲得、共産主義の他国への波及の防止、緩衝地帯の構築など新たな目的を打ち立てねばならなかった。

一方、ロシア内部でも早急な革命政権が国内を統一するにはシベリアの領土は広大過ぎて、一筋縄ではいかない。ロマノフ王朝の残党や、コサックと言われる異端の騎馬隊など多数の独立政権が広大なシベリアに点在して、革命政権と敵対していた。それらを掌握して、曲がりなりにも統一しようと突如現れたのがアレクサンドル・コルチャークというロシア帝国の海軍軍人である。彼はオムスクという大都市で一九一八年十一月にクーデターを起こし、政府と軍の両方を握る独裁者となる。その快進撃に反革命軍はなびき、いわゆる「オムスク政府」を樹立した。日本としてはこの政権を支持する立場を表明し、拓川はこのコルチャーク首領と交渉することが最大の任務となる。

コルチャークは朴とつなロシア人とは異なり、スマートで精悍なエリート軍人のイメージであった。しかし内政に無関心で財政も混乱し、また戒厳令を敷いて令状抜きの逮捕や銃殺などの暴政で人民の支持を失い、一方、オムスクに迫ってくる革命軍に抗しきれず、急速に力を失っていきつつあった。ちょうどそのような混乱した時期に、コルチャークを支援すべく政府の代表としてオムスクに乗り込んだ拓川は、不安定な苦しい立場にあり、身の危険にも晒されていた。

こんな情況下ではまともな交渉場所も確保できず、帝政ロシアの皇族・ミカエル大公のお召(めし)列車の展望車を大使館がわりに使用した。ここで拓川は多数のロシアの要人と会見し、夜はウォッカで一息つきストーブで暖をとって車内に寝泊まりしていた。窓の外は零下三十度の雪原が広がっていて、後述するが、混乱するロシアの貧しい庶民の様々な人間模様をかいま見たことを手紙で家族に送っている。

シベリアの旅

ところで私事になるが、筆者は一九八三年（昭和五十八）の秋に、七年勤めた造園会社を辞めて、放浪の一人旅に出た。ロシアが抱く広大なユーラシア大陸を八千キロほど横断、南北ヨーロッパ十四ヶ国を四ヶ月ほどかけて巡った。年令的には随分遅い放浪であったが、欧州の庭園を巡りたいという目的と、他国の人々の生活をかいま見、それをモノクロ写真に記録したいという想いが強くあった。若い頃からなぜか欧州への憧れを抱き、そのころ出版された五木寛之の『青年は荒野をめざす』という小説に触発されたこともある。建築家の安藤忠雄など当時の若者は、この本に刺激を受けてシベリア経由で放浪した人が多い。

小雨の中、横浜港からソビエト客船ハバロフスク号に乗り込み、ソビエトのナホトカへ向かう。ウラジオストックは軍港で立入が禁止されており、隣接するナホトカ港が一般観光客の玄関口だった。

ナホトカからは鉄道の旅となり、シベリア鉄道経由で述べ十日余り走り続けてフィンランドのヘルシンキに辿り着く。コンパートメントには知的でもの静かな日本人の男子大学生と、パリへ留学するという日本人女性、そして東西に分断されたドイツで家族と生き別れになり、今は貨物船の無線技士として、日米を往復しているという、太った頼もしい中年のドイツ人女性が居た。この四人が同じコンパートメントでずっと寝食をともにし、とても親しくなり、その日本人の二人とは今でもつき合っている。

何と言っても印象に残ったのは、車窓から何日も変わらず続くシベリアの景色だった。ちょうど晩秋のシベリアの原野は一面カラマツ林の葉が色着いて、黄金色に輝く大海原と化し、その合間にシラカバの白い幹が林立し、息をのむような美しさにただただ見とれていた。何と広大なシベリア！ 小さな木造の荒屋(あばらや)が所々にひっそりと点在していた。店先には品物も乏しく、大きな籠にジャガイモが盛ってあるだけだったり、住民の貧しい素朴な暮らしがかいま見られた。

途中イルクーツクに降り立ち、バイカル湖畔で海のように広大な湖面を眺めて呆然と過ごした。

そしてシベリア第二の都市、オムスクに到着した。重量感のある鋼鉄のいかめしい列車からプラットホームに降り立ち、運動不足の身体をほぐすべく散歩をし、撮影禁止になっている列車をカメラで隠し撮りしたりした。

実は筆者はその時、このホームの列車の中で六十四年前に祖父がロシアの首領と外交交渉をしていたなどとは不覚にもまったく知らなかった。当時拓川のことには何の関心もなかったのである。筆者とは逆の方向に、シベリア鉄道でオムスクからイルクーツクへ撤退するコルチャークを追って苦労していた祖父のことをまったく知らず、呑気に旅をしていたとは、不肖の孫と言えよう。厳寒のオムスクの駅舎に、時を経て降り立っていたことも不思議な巡り合わせである。

余談になるが、その時オムスクがドストエフスキーの流刑の地だったことは知っていた。彼は社会主義に目覚め、やがて危険分子として逮捕され死刑の判決を受ける。そして正に銃殺される直前に使者が現れ、皇帝の恩赦により死刑中止を告げられる。その後、オムスクに流され、ムチに打たれながら過酷な強制労働の四年間を過ごしたが、これらの劇的な体験が後の『罪と罰』などの名作に結実するのだから、人間の運命は分からない。

それはともかく、この貧乏旅行は一人旅ゆえの強奪やスリ、詐欺など危険な目にも遭ったが、異文化に接し、カルチャーショック的な感動の連続で、筆者にとっては若き日の珠玉の体験となった。

迫り来る危機

さて、シベリア全権大使の拓川は、米内光政海軍中佐（後首相）などの出迎えを受け、目的地のオムスクに到着した二日後の十月十七日に、日本が支持するコルチャーク首領と会見し、その後ロシア側の首相外相、連合国側のイギリス大使や将軍等の要人と一日に何人もと会見し、今後の方針を模索した。三十一日には大正天皇の誕生日（天長節）の祝宴を開き、ロシアとイギリスの要人を招いて、各国の動向をさぐったものと思われる。

その頃革命軍（赤軍）はオムスクに迫りつつあり、コルチャークの形勢は危機的情況であった。この数ヶ月前のベルサイユ会議で、イギリスのロイド・ジョージ首相は「コルチャーク軍最近の形勢面白カラズ」と見切りを付けており、アメリカもまた撤兵を考えていた。大量に増兵した日本だけが取り残されることになる。

十一月に入ると、いよいよ緊迫し連日オムスク政府の首相や外相と会見、七日の夜に外相が列車に来訪し、初めてオムスク撤退を告げられ、拓川も陸軍特務機関とともにイルクーツクへ撤退の旨日本に打電、十日朝にオムスクから列車で東へ撤退する。

その五日後の十一月十五日には、ついに革命軍がオムスクに雪崩込み占領する。コルチャークもすでに直前にイルクーツクに向け逃走していた。正に間一髪の撤退劇であった。

家族への手紙

拓川はオムスクから列車の様子を細く書き送っており、その面白い部分を要約する。

この列車はロマノフ王朝の時の皇族の首席だったミカエル大公の御召列車で、その展望車は贅をこらしており、電燈やストーブが備わり、二十度の室温を保っている。広間に大きな長方形の机があり、隣は寝室になっていて、食堂車も連結され、その次に乗員用の個室の一等寝台車で、その後に護衛兵用の三等車と貨車が連結されている。ミカエル大公は過激派の手に殺され、妃は英国に亡命したとのこと。

二年前に欧州での会議とソロボンヌ大学の講演のため、シベリア経由で行った時の四人部屋の寝台車は窮屈であったが、今回は雲泥の差である（筆者の乗り合わせたコンパートメントも同じ構造と思われる）。一般旅客は貨車に男女がすし詰めで三段の釣りベッドの板に寝かされており、展望車に居る自分を恥ずかしく思う。この貧民に混じって貴族や富豪もおり、昨日まで豪邸に住み、肩で風を切って自動車に乗っていた人達が今日は一枚の衣服と破れた靴をはいて、バラックより一層みじめな貨車の中で虱の餌食になっている姿を見るのはつらく、気の毒に感じ、つくづく人間の運命の儚さを想う。

政府の大臣連は一家屋に同宿し、総理大臣も室の隅に小さなベッドを置き、荷物も着がえもなさそうだ。室内はさすが薪を炊いて暖かく、綿入れ一枚で十分だが、散歩に外へ出ると零下二十度の銀世界で老体には厳しい。八時に夜が明け、四時に日は沈むので三分の二は夜で、退屈で困る。

列車の外は常に兵隊が護衛し、軍用車での外出も兵がついて来るので、監獄生活もこんなものかと思う。車中は窓を開けられず、埃とタバコの煙が充満している。入浴できないのが一番辛く、十日に一度領事館に風呂に行くのが唯一の楽なり。

オムスク駅に停車中の列車
拓川が大使館代わりに使った列車か。

食事は肉ばかりで野菜は少ない。コックは和食の心得はなく、鰹節さえかけたことがなくへたくそなまずい洋食ばかりで閉口なり。酒は二石（一石は百八十リットル）持参し、まだ三分の二は有るが肴が無いから困る。

日本酒を二石も持参したとは、さすが上戸の拓川らしいが、来客の連合国やロシアの要人にも振る舞って、交渉の潤滑油にしたことだろう。

イルクーツクへ

オムスクを立った一週間後に「夜ニコラキスク着」と日記にあるが、この数ヶ月後にパルチザンによる日本人の大虐殺のあった極東のニコラエフスク（尼港）事件の都市までなぜ拓川が赴いたのか、かなり調べてみたが真相はつかめなかった。実は極東ではなく、オムスクに並ぶシベリア屈指の都市ノヴォ・ニコラエフスク（ノヴォシビルスク）だったことが分かった。

それはともかく、十月二十八日にバイカル湖の近く、アンガラ川の畔のイルクーツクに到着し、年明けまで滞在、内戦の混乱の中、激しい交渉が待ち受けていた。

追われるコルチャークは十一月十一日に首都をオムスクからイルクーツクへと移し、赤軍はオムスクを十四日に占領する。十二月十四日「本庄繁（しげる）大佐招飯」、二十四日「此夜変乱突発」と日記にある。これまで過激派パルチザンと日本軍との衝突は随所で起こり、広大なシベリアの各地に過激派はゲリラ的に分散していて、日本軍も苦戦、互いに町を焼打ちし、女子供まで殺害するなど混乱を極めていた。このようなゲリラ戦では非戦闘員もまきぞえにされ、憎悪が憎悪を連鎖的に呼んでいくのが常である。イルクーツクでは衰退するコルチャーク軍と反乱軍の戦闘となり、反乱軍が街を制圧し「変乱突発」となったわけである。

翌二十五日、大井成元（しげもと）大佐の要請を受け、イルクーツクへの派兵の要請を内田外相に打電した。外相はコルチャークの救援をアメリカに要請したが、撤兵を決めたアメリカは応じず、明けて一月一日に本庄大佐率いる支隊が独自の判断でイルクーツクに派兵される。四日にコルチャークはついに政権を投げ出し、街は革命軍（エス・エル軍）が制圧。

ここで特筆すべきは拓川の行動である。本庄支隊が戦闘に入るか否かで拓川と陸軍は対立した。もともとバイカル湖以西には派兵しないという原内閣の原則を破ったわけであり、原の特使である拓川としては戦闘はどうしても阻止せねばならなかった。本庄はエス・エル軍が占領した停車場に近い高台に侵攻したいと主張したが、拓川は頑として許可を与えなかった。参謀本部の大佐は拓川に反対したが、支隊長は拓川の了承なしには動けなかった。政府を代表する特命全権大使の権限と気迫で軍部を押し留めた拓川の矜持とその勇気は大いに評価されるべきだろう。コルチャークの命運が尽きようとしていた情況下で、日本としてこれ以上傷口を拡げることなく収束させたことは大きい。まだこの頃はかろうじて内閣が軍部を抑え込むことができたが、間もなくそのコントロールも効かない時代に突入する。

ところで本書の冒頭に登場し、拓川宛の多数の書簡の差出人を調べていただき、筆者が拓川に関心を持つきっかけを作っていただいた岩井忠熊先生（当時の立命館大学教授）は、父上がシベリア出兵に参加され、自らも海軍の特攻隊に進んだ戦争体験から、次のように語られている。

戦争に向かう潮流が生まれたら、もう誰も止めることはできない。そんな潮流を絶対作ってはならない。その潮流は誰が作るのであろうか。政治家なのか軍人なのか、国民かマスコミか、おそらくその集合体が得体の知れない外圧によって、黒いマグマのようなエネルギーを醸造させていくのだろう。

さて、もう一通「イルクーツク第三信十二月二十日出」と題して、妻と二人の娘宛ての文面を紹介する（（ ）は筆者注）。

当地の停車場は山と川（アンガラ川）の間にあり、イルクーツク市は川の向こうにあるから橋を渡って行く。アンガラ川はバイカル湖の下流でおそろしい急流だから今は凍らない（アンガラ川はバイカル湖から流れ出る唯一の河川）凍り始めると橋を取り去り、氷上を歩いて渡るのだそうだ。パパは御用の都合でいやいや当地で年を越すことにした。昨年はアメリカの汽車で年を迎えたが、また汽車の中とは閉口だが仕方ない。

隣に貨車が留っていて乗っている家族の様子が分かるのだが、気の毒なのは女の手水だ。貨車には便所がないから男は線路にたれ流しで、女は停車場の共同便所へ行くのだが、線路のすぐ向こうにあっても十輌の列車が塞いでいるので列車の下をくぐり抜けていく。ある日、列車が急に動きだして轢死したそうだ。

ある夜、目が覚めて眠れぬので窓から月を見ていたら、子供の泣く声がする。のぞいてみるとたえ（拓川の次女）ぐらいの娘が泣きながら用を足していて傍らにあや（長女）ぐらいの姉がこれもシクシク泣きながら立番をしていた。零下三十度では毛皮に包まれていても寒いのに、お尻を寒風に吹きまくられていては泣くのも無理からぬ。裸の死骸を貨車から降ろすのを見たこともある。耳は帽子でかくすが鼻が出ていて、ちょっと外へ出ると鼻が落ちそうで閉口する。帰って鏡で鼻があるのを見て始めて安心する。歯も凍傷で痛んでたまらない。

一昨晩は久しぶりにご馳走を食べられた。三・四百人の日本人が居住するチタからアワビやウナギなどを持参してくれ、オムスクで一緒だった朝鮮人が調理してくれ、したたか飲んで生き返った心地がしたよ。さようなら。

過酷なシベリアの様子と家族への思いが、切々と伝わってくるので長文だが紹介した。

さて、内戦の話に戻すと、一月五日コルチャーク政権は消滅、ロシア東部の政治と軍事の全権をセミョーノフ陸軍中将が

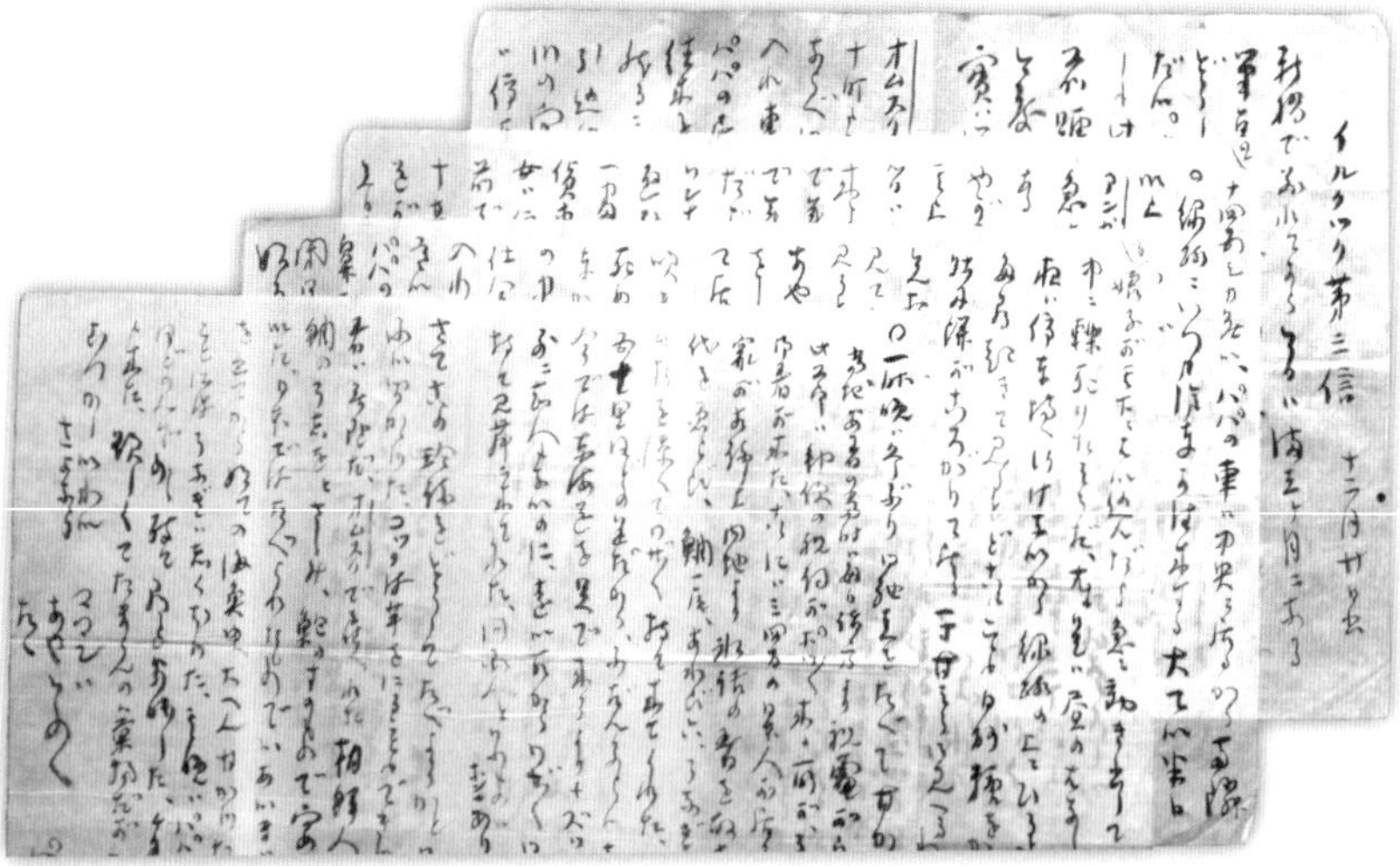

拓川から妻と二人の娘宛ての手紙「イルクーツク第三信十二月二十日出」

譲り受ける。彼はコサックの出身の軍人で日本も引き続き支持したが、粗暴で専制的なので、やがて原敬からも見放されることになった。セミョーノフは失脚し、日米などを転々としたが大連で赤軍に捕まり一九四六年モスクワで絞首刑にされた。

一月六日、拓川は混乱するイルクーツクの危険な中を脱出し、チタに一月十日に到着、日記に「外相長文発電二通」とあり、五日にコルチャーク政権が消滅したことを本国に最初に電報で伝えた。翌十一日にセミョーノフと会談。十二日にチェコ軍の指揮官のジャナン将軍へ電報を打って、その夕刻にチタからハルビン行きの列車に乗りこむ。

一方、一月十五日にイルクーツクに着いたコルチャークは、ジャナンの命令でチェコ軍から赤軍に引き渡され、二月七日アンガラ川のほとりで銃殺され川に流された。今もその場所に十字架が立っている。一時はロシアの頂点に君臨した人物も、政変であっけなくアンガラ川の藻屑と化したわけである。帰国後の二月十八日に、「コルチャーク提督追悼式」に出席した拓川は複雑な心境だったろう。

張作霖と会見

十七日にハルビンに着いた拓川は、ドミートリー・ホルヴァートと会見。彼は一時は反革命政権の首領となって日本も彼を支援したが、貴族出身で穏健な性格だったためその正反対のコルチャークに追いやられてしまう。ホルヴァートは、伊藤博文が暗殺された際に居合わせたロシア軍人でもある。

そして、拓川は満州鉄道で奉天に入り、日記には「十七日張作霖会見晩餐」とある。馬賊出身の張作霖は一八七五年生まれの四十五歳で、当時奉天を拠点に満州の覇者として君臨していた。この会見の目的は何だったのか。具体的な資料がないので推測するしかないが、筆者の手元には張作霖から拓川に贈られたポートレートがある。サーベルを下げ、軍服の正装した立姿で、まだ若々しい。森の風景画をバックに写真館で撮った立派な大判の写真で、「加藤大使閣下恵存」と揮毫されている。

張作霖は貧しい農家に生まれ、幼くして父親を失い、家を飛び出して馬賊に身を投じ、勢力を拡大。日露戦争時

拓川に贈られた張作霖のポートレートと署名

はロシア側のスパイとして日本に捕縛されたが、児玉源太郎に見所を買われ、処刑を免れて日本側のスパイとして活躍し、後に満州で隠然たる勢力を持つようになった。日本の庇護を受け親日派となった張に満州を任せ、ロシアの共産主義の南下を防ぐために田中義一陸相は張を利用しようとした。ところが満州国の建国を水面下で進めていた関東軍はこの計画をよしとせず、一九二八年（昭和三）張の乗った列車を爆破させ暗殺した。

拓川が会ったのは張作霖が「満州の王」として絶大な力を持ちはじめた頃で、一方ロシアでは革命軍が破竹の勢いで旧勢力を追いつめ満州に退却させつつあり、その動乱を目のあたりにしてきた拓川としては、地政学的に重要な満州を巡って、張作霖と協議する必要があったかと思われるが、詳細は今後の調査に委ねたい。

撤兵を政府に進言

奉天から列車で韓国に入り、京城（現ソウル）を経て釜山から船で下関に入港、一月三十一日に東京に到着。その足ですぐ「議会にて首相外相と会見」、そして二月三日に閣議でシベリア現地の実情を報告した。

その時の情況は原敬日記に「閣議を官邸に開く、西伯利(シベリア)に出張せし大使加藤恒忠より彼地の情況並に引揚の顛末を聞き取りたり……田中陸相始めて閣僚一同に西伯利撤兵の内意を告げたり……この事は絶対秘密を必要とする旨加藤友三郎海相並に余より閣僚にくれぐれも注意したり」と記す。今しがた潜り抜けてきたシベリア動乱の実情、日本

コラム　手紙からみた明治の偉人

⑩ 牧野伸顕◉差別撤廃、世界へ訴え

MAKINO Nobuaki, 1861-1949

第一次世界大戦後のパリ講和会議（一九一九年）で次席全権大使を務めた牧野信顕。会議代表団に顧問として参加した加藤拓川に翌年一月、牧野が出した手紙が残っている。

拓川は会議に続いて、シベリア撤兵問題の臨時全権大使として現地に出張している。手紙は「無恙御帰朝之旨大慶奉存候」と出張をねぎらい、パリ会議で見聞したヨーロッパ情勢から「撤兵之外致方無」と意見を述べる。

ところでパリ会議で牧野は「国際連盟憲章に人種差別撤廃を盛り込むべきだ」という画期的な提案をしている。中江兆民に自由民権を学んだ拓川が、牧野の右腕として尽力したことは想像に難くない。反差別と反軍思想で二人は心が通っていた。

先般、オバマ米大統領が広島に訪問した。一九九七年前の牧野の提案を葬り去ったのが、議長だったウィルソン米大統領であることを考えると感慨深い。アフリカ系大統領が日本の被爆者を抱きしめる姿に、天国の拓川も感激しているに違いない。

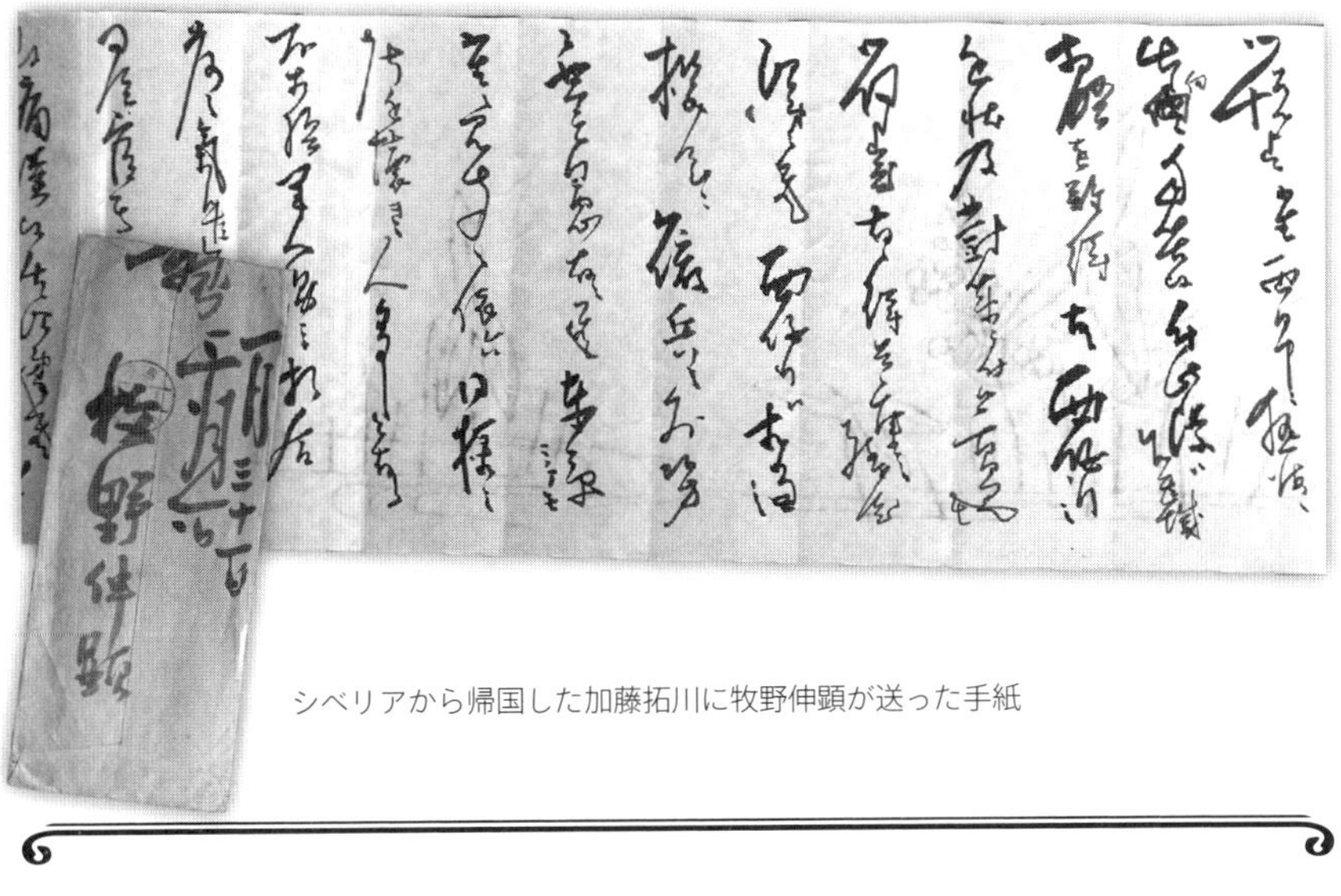

シベリアから帰国した加藤拓川に牧野伸顕が送った手紙

軍のシベリア出兵の無意味さ、危うさを現場に立った拓川のリアルで真に迫る報告が、日本政府に最終的な撤兵を決断させたものと想像される。

今回のシベリア出張は拓川にとって生涯で最も過酷な任務であり、かつ最も重要な業績ではなかったかと思う。その後も連日、「西園寺及び山縣元老の別荘訪問」「嶋村速雄・加藤友三郎両提督と晩餐」「米露両大使会見」「葉山別邸に両陛下拝謁」など忙しい。それだけシベリア問題は注目されていたということだろう。

牧野伸顕の書簡

牧野伸顕から、ちょうど拓川が帰朝した日の日付の書簡がある。帰国を待ち侘びて出されたものであろう。なぜなら、牧野はシベリア出兵に強く反対した人物で、拓川の現場の見聞をいち早く知りたかったにちがいない。それに前年のパリ講和会議で全権として拓川とともに諸外国に対峙しただけに、反軍思想や差別撤廃などリベラル同士で共鳴し合うものがあった。三月十九日に二人は夜会で語らっている。

達筆な筆致で、まずはシベリアの労をねぎらった後、

西仔行ハ相当之機会ニ撤兵之外致方無之白忠存候。東京ニテモ小生之見聞ニ依レハ同様の考を懐き人多しと存候。不相換軍人側之折合□□（解読不能文字）気遣と存候。

読めぬ文字もあるが、要は「シベリアから撤兵するほかなし。政界も同様の考えの人が多く、あとは軍人とうまく折り合うこと」と主張している。牧野は先述のとおり明治新政府の骨格を築いた偉大な大久保利通の次男で、非常に深い見識を持ち、硬骨の政治家だったが、進歩と保守の両面を持つ懐の深さがあり、首相にでもなれる器であった。碁や文芸の造詣も深く、二歳上の拓川とはよく碁を打ったりしたらしい。

川上俊彦の書簡

近代史の重要な場面に何度も居合わせた大物外交官、川上俊彦（かわかみとしつね）が満鉄理事だった時に、シベリアからの帰国途上の拓川と満州で会っている。拓川が帰国直後の二月九日付で満鉄本社から出した川上の書簡は外交上の重要な内容を

含んでいると思われるので、長くなるが全文を原文のまま記載する。

拝啓　尊台益々御健勝奉慶賀　折柄通過弊社（満鉄）線御通過之節は何等御構も不申上　却て失礼而巳相働き申訳無之候　平に御宥恕被下度　然るに御途中釜山（プサン）より態々御謝電御恵投被下　恐縮至極　厚く御礼申上候　西伯利（シベリア）に於ける増兵若くは撤兵は政府の高等政策如何に依り　不日決定可致も　東支鉄道南部線之義は過日御内話申上置候通　昨今の如き千載一遇の好機に乗じ之を解決するの必要に有之候に付　此際　帝国政府は支那当局と協議を遂げ　同鉄道中　東西に通ずる幹線は暫く之を支那の勢圏に属せしめ　南部支線丈は是非　我専管とし之に□里鉄道と連絡する事を得ば　我に取り労資比較的に少くして経済上獲る処莫大なるもの可有之と愚信致し候　此点に付　特に御考慮を加へらるる様　不堪懇請之至り候　先は御礼旁申述候　敬具

二月三日　俊彦　加藤大使閣下　侍史

（封筒表）東京外務省気付　加藤大使閣下　書留　必親展　大連9・2・4（大正九年二月四日）消印

（封筒裏）大連市満鉄本社　川上俊彦

「増兵もしくは撤兵は政府の政策により、近日決定」とし、その後に続く文面で、中国の鉄道を巡って、中国と交渉して日本に有利な策を述べている。

川上は東京外国語学校ロシア語学科を卒業、ウラジオストックの貿易事務官を長く勤め、日露戦争旅順陥落後の水師営会見で乃木とステッセル両司令官の通訳を勤めた。その後ハルビン総領事となり、一九〇九年（明治四十二）ハルビン駅で伊藤博文が暗殺された際、随員として流れ弾で肩を撃たれ負傷した。

その後ポーランド公使として三年勤め帰国し、一九二三年（大正十二）ソヴィエトと国交を開始するための予備交渉、いわゆる「川上―ヨッフェ会談」に任ぜられたが、不成立に終わる。思えば川上は、乃木、ステッセル、伊藤、ヨッフェなどの要人と歴史的場面に立ち会ったロシア通の希有な外交官であった。

難航する撤兵

原内閣が調印してから結局一九二二年（大正十一）十月に撤兵が完了するまで二年三ヶ月余もかかった。原敬は当初シベリア出兵に猛反対していたが、首相になってからなかなか撤兵を進められなかった。というのは出兵を押し進めた寺内内閣を引き継いだとは言え、多大な戦費と犠牲者を出した以上、何らかの代償を示さないと、何の益もなく撤兵しては国民に納得してもらえないという考えにとりつかれていたからである。そして居留民の生命と財産の保護のためもあって、「大規模な撤兵のための小規模な増兵」という一見矛盾するような方針を打ち出す。

そうした中、シベリア東端のニコラエスクという街で一九二〇年（大正九）三月に大事件が起きた。いわゆる「尼港事件」である。この街はアムール川（黒龍江）の河口に位置し、北サハリン（カラフト）の対岸で、石油石炭、金の集積地で、かつ河川交通の要所でもあった。戦艦の動力源が石炭から石油に移行しつつあり、石油に目をつけた日本海軍が尼港に上陸し、抵抗を受けずに占領し、街には日本人が多数居住していた。そこへ革命軍が襲撃し、多数の日本軍人や民間人、副領事一家まで殺害してしまった。暴力革命の旗を掲げ、無差別に虐殺したので、日本の世論も許さず、原敬もこの事件にはこだわった。しかし、これはどちらにも非があり以前に日本軍も暴走しており、原も抑えるのに苦労した。前述したように、当時、統帥権が憲法上内閣から独立していて、特に戦闘で軍が動き出したら、参謀本部が絶大な力を持ち、首相たりともコントロールするのが難しくなる。その上、帝国主義が国際常識だった時代で、日本もロシアや中国に進出せざるを得ない流れもあり、様々な要素がからまって撤兵がはかどらなかった。

そんな労苦の中、原は東京駅で中岡艮一という駅員に刺殺される。犯人は、尼港事件に対する弱腰外交などを犯行の動機にあげていた。

原亡き後、高橋是清そして加藤友三郎の代で、一九二二年（大正十一）秋にようやくシベリアからの撤兵が完了した。出兵から足かけ七年を費やし、約九億円の戦費を使い、死者は軍人だけで三、三三三人、民間人を入れるとさらに増える。日本として何も得るものがなく、国際世論の批判を買い、特にアメリカの不信を買ったことが余りにも大きな犠牲となった。

シベリア出兵の最大の教訓は、一度派兵してしまうと撤兵がいかに困難になるか、そして犠牲者が増大するほど、その死を無視できなくなり、泥沼にはまっていく。この教訓は太平洋戦争でも生かされず、桁違いの惨禍を招いてしまった。それでも明治大正まではしっかりした指導者が居て、政府が軍部をコントロールできたが、昭和に入り逆転して、リーダーシップを発揮できぬ内閣は軍部を抑えられなくなって、その上マスコミの扇動と民衆の熱狂、報道官制などが相乗効果となって、日本は奈落の底へ落ちて行った。その根底には「統帥権の不備」があった。

前にも触れたが、統帥権とは軍隊を動かす権限、軍隊指揮権のことであり、この権限が内閣の下になく、内閣から独立して、天皇の下にあったことに組織構造上、問題があり、その憲法の解釈を権力の都合によってねじ曲げていくことによって、太平洋戦争のように暴走と悲劇を生むことになる。

拓川が亡くなる前年の秋に、シベリア撤兵の完了を見届けることができたのは、せめてもの救いであった。この問題に関連して、最も影響を受け、学生時代からの親友だった原敬が暗殺され、また拓川もシベリア行きで心身を消耗し、死期を早める要因になったことを考えると、二人にとってもシベリア問題は余りに大きな犠牲であったと言えるだろう。

ウラジオストック総領事からの手紙

犠牲と言えば、もう一人松村貞雄という人物を取り上げねばならない。彼はベルギー時代の拓川公使の部下で夫婦共々親しく交友し、多数の絵葉書も残されている。ブラジルに在勤の後、シベリア出兵の際に軍司令官付外交官として樺太(カラフト)に駐在、撤兵時にはウラジオストック総領事として激務にあたった。撤兵終了の直前の一九二二年(大正十一)六月に松山市長就任直後の拓川に送った書簡がある。以下に読み下すと

家人からの手紙によれば、意外にも松山市長に御就任との報、何か御考えあってのことと拝察。当地にて白川義則中将(松山出身軍人)とお祝したかったが、過日帰還され残念。

当地方も御承知の通りの形勢にて、当初三ヶ月ばかりの在勤と申す約束も到底実行でき難く落胆しております。今回の政変にて多少局面が転回するかと承知しているところ、参軍相治り困っております。滞在中は当方面の政変は到底徹底的には来り難く、さりとて現時の形勢にては撤兵も実行の点に多少困難の事情があります。今新内閣にて如何取扱うかと真に案じております。松島政務部長も次回の便船にて島田と共に帰任する予定です。白色政権の縄張内に来たので大いに苦痛事であると万事案じる次第です。御伺い方々怱怱拝白　六月十二日　松村貞雄　加藤大人閣下

ウラジオストックは日本海に面したロシア最南端の不凍港で、中国と韓国にも隣接し、軍事的にも重要な都市で、日本軍は一九一八年（大正七）に三万七千人を最初に上陸させた。当初、ウラジオストックより西には進軍しないという規約を破って、さらにバイカル湖まで進軍、バイカル湖より西へは行かないという方針も無視してイルクーツクまで進軍する。そして日本が支援した反革命軍（白軍）が次第に革命軍の反撃に遭い、撤退する日本軍を追ってウラジオストックまで追い詰められた。最後の「白軍の縄張り」のこの街の日本総領事として、松村は大変苦労したと想像される。

文面に「新政権」とある原敬の後継の高橋是清も撤兵に難航し、一九二二年（大正十一）六月に加藤友三郎海軍大臣に首相の座を譲ったことをさす。

ようやく加藤政権で撤兵を完了するわけだが、松村はこれら一連の激務と心労で翌年二月、拓川の逝く一ヶ月前に五十五歳で急死する。原敬に続き、最も親しかった優秀な部下を失った拓川はさぞや落胆したことであろう。

第九章　最愛の次男の死

この一族はとにかく結核に縁が深い。拓川の義父・米沢藩出身の樫村清徳（かしむらきよのり）は前述したように結核の専門医として、東京駿河台に山龍堂病院を開業し、樋口一葉や新島襄（にいじまじょう）の最後を診察している。そして、やはり拓川の甥の子規も結核を長く患って一九〇二年（明治三十五）九月十九日に世を去るが、その二ヶ月余り前に樫村も五十四歳で他界。彼がもう少し長生きしていたら当然子規の脈を取ったことだろう。

さて、拓川と寿（ひさ）の間には三男二女が居たが、その内の三人が結核でたて続けに亡くなっている。中でも六十郎という次男の死は両親を悲嘆のどん底に突き落とした。六十郎は眉目秀麗、頭脳明晰で両親から特別の期待と寵愛を受けていた。旧制一高に首席で合格し、ボート部で激しい練習している時に雨に打たれて結核に罹かり、拓川がシベリアの激務から解放された一九二〇年（大正九）の八月末にわずか二十年の生涯を閉じる。

母親の寿は、その時手伝いに来ていた布教師の説得もあり、次男の死の枕元で天理教に入信し、そのまま三人の子供を置いて家から出てしまう。

夫の拓川は当然、子供も皆猛反対し、夫妻の仲人の賀古鶴所（かこつるど）も身内の寿に苦言を呈したらしい。拓川は離縁状まで寿に送り、何とその書状が今、手元にある。後に天理教に後半生を捧げ、過去を断ち切る決意をすべく、拓川や家族にまつわるすべてのものを筆者の父（すなわち寿の三男・忠三郎）に託して神の道に踏み出した。普通だったら離縁状など破り捨ててもよいのに、拓川がそれをきちんと取っておいたのも不思議だ。とにかく首相から無名の人、家族に到るまで手紙類や遺品などすべて捨てずに保存していたのは、人との縁を大事にする加藤家の伝統と言える。その伝統があったために、厖大な資料が残り、それを元に筆者は仕事ができ、この本まで書くことができた。何か因縁め

拓川・寿の次男、六十郎
（20歳で結核に倒れる）

いたものを感じずにはいられない。

寿は最愛の次男を亡くした翌年の秋に、三人の子供に宛てて侘び状を書き、家に戻っている。「悔い改めて、今より生まれかわって家政をとるので、今迄の事は水に流して……」との書状もある。

ところがその二年後の三月に夫を亡くし、その年の九月に長女あやを亡くし、一九二九年（昭和四）には長男十九郎まで亡くしている。夫以外はことごとく結核であった。わずか十年の間に家族を四人も失っており、寿の心中は想像を絶する苦悶に突き破られたことだろう。結局信仰の道に戻らざるを得なかった。

寿は後年、拓川集に次の様に回想している。

私は六十郎を他の子供よりも溺愛していました。その死を境に六十郎と信仰を取りかえたのです。夫の友人が私に信仰を捨てるように説得したが、わずか三年の間に子供二人と夫を亡くしたらあなたはどうしますか、どうして生きていけますかと申したら、その方は黙ってしまいました。その境遇に立たない人にはその境遇の人の心持は分かろう筈がありません。

寿は大金持の家の飛び抜けたお嬢さん育ちで四女二男の長女であり、我がままで気も強く、二十代前半で公使夫人としてベルギーに渡った頃は、公使館員からかなり煙たがられたとのこと。天理教に入ってからも何事も命令口調だったが、徐々に自分の傲慢さに気付かされたと自ら回想している。

先述のとおり、この本の登場人物の中で、唯一祖母の寿だけは筆者が高校生の時に亡くなっており、生前の姿を知っている。

KATO Hisa, 1877-1964

⑪ 加藤　寿◉信仰に生きた後半生

加藤拓川の妻で、筆者の祖母、寿を紹介したい。大正時代に海軍軍人、秋山真之の妻・季子(すえこ)から寿に届いた手紙がある。卵から作る民間療法の薬の製法を書いたもので、寿の最愛の次男で結核を患う六十郎のために教えてくれたもの。妻同士の親交も分かる。

寿は、大病院を経営し、明治天皇の侍医も務めた樫村清徳の長女。高等女学校に馬車で通うなど何不自由なく育てられた。結婚後はベルギー公使夫人として、社交界で華やかな暮らしを送った。その寿を一変させたのが、一九二〇年の六十郎の死だった。

天理教に入信し、さらに拓川や長女を亡くしてから全財産を寄進し、昔の交際も絶った。寿は「(家族を相次いで亡くしても)信仰あるがために生きていかれるのです」(『拓川集』)と語っている。

筆者も、天理教の法被姿の寿に会った昔の記憶がある。前半生と後半生、全く異なる世界を生き切った見事な女性と今は感じる。

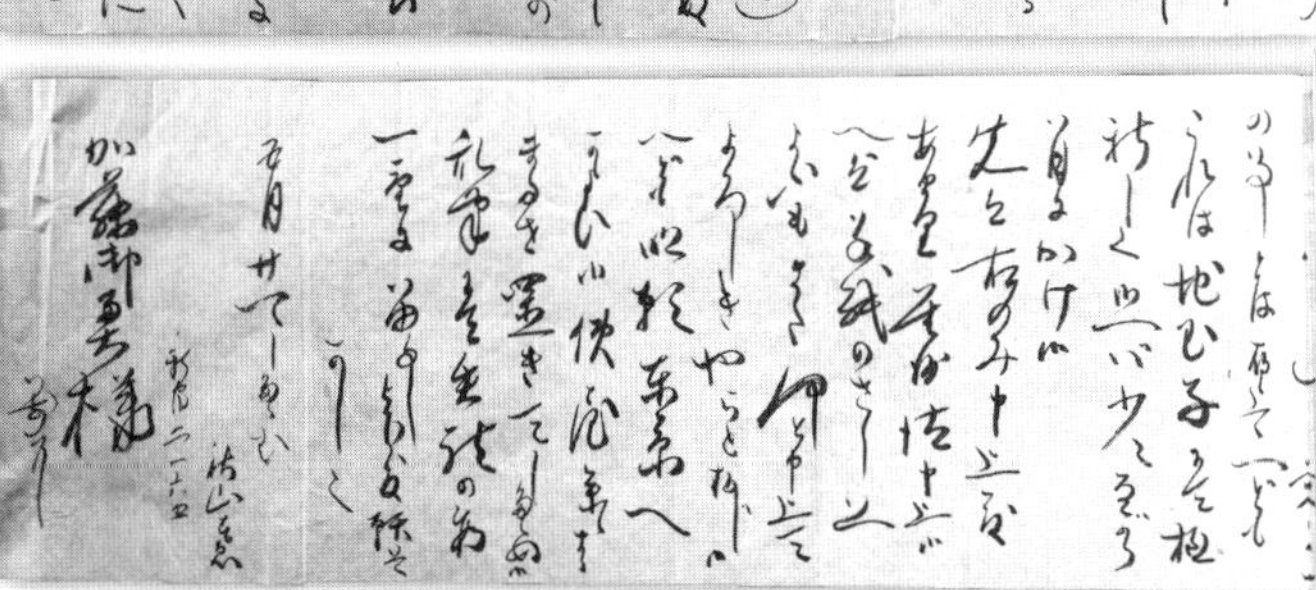

秋山真之の妻・季子が民間療法の薬の作り方を加藤寿に伝えた手紙

ベルギー時代、礼服の加藤寿

寿は拓川の外交官としての高額の恩給を元に、松山の南媛分教会を建てたと聞いている。ベルギー時代に習得したフランス語を活かし、奈良の天理外語学校で教鞭をとり、女子寮の監督をしていた頃に、よく伊丹の筆者の実家に立ち寄った。天理教の黒い法被（はっぴ）に下駄ばき、肩から掛けていた風呂敷包みを降ろすなり、ひざまずいて四方に拍手し拝礼する姿は子供心に奇異に感じられた。

寿は孫の筆者に向かって、「私がこの家を通りかかった時に、ちょうどピアノの音が流れてきたらよいのにね」と、これもまた不思議なことを言った。昔のお嬢さん時代のことを思い出していたのかもしれない。

とにかく寿という人は、前半生は日本が国際舞台に登場する隆盛期に、ベルギーで外交官夫人として、ローブデコルテの礼服をまとい、羽根の付いた大きな帽子をかぶり、ヨーロッパ社交界に出て、多くの要人と盃を交わすような華麗な生活を送り、四十二歳で次男を失ってからは、黒ずくめの法被姿で、信仰の道をひたすら歩き続けた。そして前半生の思いの詰まった品はすべて三男・忠三郎に預け、その後八十八歳で亡くなるまで一切過去のことを話すことはなかったらしい。竹を割ったような性格もあいまって、きっぱりと二つの世界を全うした、見事な生き方だったと言えるかもしれない。

余談だが、寿には末っ子にたえという娘が居た。彼女は当初寿の勧めで天理大学に入れられたが、反発して逃げ出し、東京のカトリック系の聖心女子学院に入学して洗礼を受け、シスターになる。その後、藤沢の聖心愛子会の修道院の院長となり、前会長の聖園（みその）テレジアの養子となって聖園ユスティチア（ラテン語でジャスティス・正義という意味）と名乗り、母親とは別の信仰の道に生涯を捧げた。

筆者は学生時代に何度か藤沢に遊びに行き、宿舎に泊めてもらった。黒い法衣を着た叔母は美しい澄んだ声をしていて、威厳があった。父は母親に翻弄された妹のたえを不憫に思い、仕送りしたり教会に寄附したりしていたようである。

拓川の傷心と苦悩

話を元に戻そう。外交官としての様々な労苦はあったにしても、それなりに仕事や交友に充実した日々を送ってきた拓川であったが、最愛の次男を亡くしたことは悲嘆の極みであった。これを境にめっきり弱ってきて白髪も増え、またシベリアでの激務や凍傷などの疲労によって、急に十年ほど老いたように見えたと家族は語っている。その傷心を癒すべく、六十郎の納骨を済ますとすぐに中国に旅立っている。父親に幼少から漢学や中国文化を学んだ影響で、大好きな中国に都合八回も行っていて、それも晩年に集中している。交遊も広く、孫文などの革命家や文人などと会っている。中国近代で最高の芸術家で、詩・書・画・篆刻に秀で、「四絶」と称賛された「呉昌碩（ごしょうせき）」から書軸や印も頂いている。硯（すずり）は数多く持ち帰り、いつも手にとって眺めていたらしい。

今回の中国行きは、大連、長春、ハルビン、奉天などを再訪、北京滞在中には持病のリュウマチが再発し入院している。この間に政府から「特命全権大使任務終了」の辞令を受け、外務省から「年俸七千五百圓」を受領、今では五千万円ぐらいになるのだろうか。これらの任命書は数十通あり、すべて保存されていた。明治・大正・昭和の歴代天皇が直筆でサインしているものもある。

幻のワシントン会議

外交的には、パリ講和会議でウィルソン米大統領が提唱した軍備縮小は、敗戦国に一方的に適用されただけで不備が多く、世界平和確立からほど遠く、また軍備拡張は列国の財政の大きな負担となっていた。そのため、次のハーディング米大統領の提唱により、米・英・日・仏・伊の五大国ほか数ヶ国で、海軍軍縮会議と太平洋・極東問題の権利と安全保障を協議する「ワシントン会議」が、一九二一年（大正十）秋に開かれることになった。原内閣が拓川にアメリカ行きを要請してきた。

まず徳川宗家第十六代当主の徳川家達が拓川に全権として渡米を依頼してきたが、拓川は断った。次に最も尊敬していた西園寺公望の依頼にも「徳川公が言われてもあなたが言われても、断じて行かない。酒が飲めない禁酒国へ行くのは嫌です」と断ると、公は「それなら君だけ飲んでよいことにして行けばよいじゃないか」、拓川は「隠れてこそこそ飲むより、日本で手足を伸ばして飲む方がよい」と言って聞かず、とうとう断ってしまった。原内閣の時だったので、当然原が拓川を強く推していたのである。

拓川は帝国主義も軍国主義も反対で、「軍縮」がテーマなら、当然一肌脱ぎたかったはずなのに、禁酒を理由に断るとはみなおかしいと思ったはずである。これには本当の理由があったことが、最近発見した資料で判明した。それは拓川から妻の寿に宛てた先述した離縁状の中にあった。五メートルの長さにも及ぶ巻紙の文面を要約すると

> 我等も昨年暮頃より随分天理教のためには苦悶したが、これは六十郎の不幸で起こったことと思いやり、やがて目が覚める時もあろうと待っていたが、最近増々その度が強まり（中略）
>
> アメリカ行も西園寺公や珍田伯まで勧め来られたが病気と言って断った。真実は十九郎はあの通り、あや、たへはまだ独立できず、一家をママン（寿）に任すことが出来ず、断った。そんな理由は言われず、禁酒国へ行くのは御免こうむるなどと御茶を濁した時の心中は誰にも分からない。
>
> 一身の為には此度の渡米は光栄のみならず、幾分か老後のお勧めもしてみたいと思ったが、子供を打ち棄てる訳には行かず、親戚か他人に預けるわけにもいかないので、本件は辞退した。

家庭のトラブルを、公的な要請の拒否の理由にできない拓川の胸の内は察するに余りある。しかし、この書状を書いた二日後に寿は家に戻っている。そして、もう一つ劇的なことは、その二日後に、何と原敬が東京駅で暗殺されるのである。賄征伐に始まり、二十代のパリ時代から六十代まで、事ある毎に拓川の進路を決定するのに多大な影響力のあった盟友・原敬の暗殺で、拓川は国際舞台から降りることになり、外務省嘱託の肩書も返納する。

拓川がもし渡米していたら、などと考えても仕方ないことだが、ワシントン会議は十一月十二日から開かれた。それは原敬の暗殺で蔵相だった高橋是清（たかはしこれきよ）が急遽、総理大臣の後継指名を受けた前日であった。軍縮会議の結果により、列強五ヶ国で今後十年間、戦艦などの主力艦を建造しないことが決定され、日本は中国山東省における利権を返還することになる。最も日本にとって不利になったことは、「日英同盟」の破棄であった。イギリスの保護のもとに、日本がアジアに進出することを阻止したいというアメリカの思惑が働いていた。これでミリタリーバランスが大きく変わり、太平洋戦争へと徐々に傾斜していくのである。正に日英同盟の破棄は日本にとって大きな歴史の転換点となり、外交力で未熟な日本は強か（したた）なアメリカにしてやられたわけである。

盟友・原敬

拓川が岐路に立った時、何度も現実的な針路を提示し導いた、掛け替えのない友人・原敬。本書に何度も登場してきたが、暗殺されてしまった。ここで彼の人物像と生涯に少し触れてみたい。

拓川と原敬は希有な関係である。両者の気質も生き方もかなり違っている。ある面、対称的とさえ言える。二人の出会いで、深い絆の原点となったのは、以前に触れた司法省法学校学生時代の「賄征伐」という騒動で退学させられた一件である。敵対した大学側の校長と賄夫が薩摩出身であったことが大きかったが、それは二人の出身地に由来する。

原敬は、盛岡藩（現岩手県）の家老という上級武士の家柄の出身で、一八五六年（安政三）年に生まれ、拓川の三歳上である。十二歳の明治維新の年に戊辰戦争に遭遇し、盛岡藩は他の東北諸藩とともに官軍に抗したが敗れて、「朝敵」の汚名を着せられた。そのことが彼の生涯を支配する矜持となった。彼は「一山」と号した。これは薩長人が東北人を軽侮して、「白河以北、一山百文」と言った言葉に由来する。すなわち東北人は「一山百文」で安く使える。実際、政府は東北人を安く雇い入れ、出世の道も狭かった。拓川も同じ徳川側で、大いに共鳴するところがあった。彼らは出身藩閥の後立ても無く、自分の力だけで歩いていかねばならなかった。

盛岡藩は新政府に、多額の賠償金を支払い困窮、その上、原が八歳の時に父親は病死。藩校で学んだ後、上京して学費の不要な神学校に入り、キリスト教の洗礼を受ける。この教会のエブラール牧師が病に伏せた時、原は半年にわたって看病したとのことである。その後、司法省法学校（後の東京大学法学部）に二番で入学するも中途退学し、二十三歳で郵便報知新聞の記者となる。ここまでは苦労の連続であったが、大阪大東日報の主筆になった時から急激に運が開けて行く。その新聞社の後立てで、宿敵長州の大物・井上馨外務卿の知遇を得たことが出世への大きなきっかけとなった。そして伊藤博文、山縣有朋と、次々に長州の大物に認められていく。この辺が拓川と違って柔軟であり、過去にそれほどこだわらず、人物を見て懐に飛び込んでいき、自分の大義の実現のために努力を惜しまなかった。また国の中枢も柔軟で、役に立つ人材なら身分や過去にこだわらずに登用して行くという能力主義も、明治のよき一面であった。

結局井上の引きで原敬は外務省に入省、外国領事への内示を受け、明治天皇に拝謁、天津領事となって二十八歳で中国に渡る。天津条約の全権として伊藤博文がやって来て、彼に認められたこともその後の助けとなった。

天津からパリ公使館に移り、拓川を公使館に引き抜いたことは前に述べたが、帰国後、農商務省に入り、陸奥宗光大臣の秘書官に抜擢される。この時代に原は、拓川を農商務省に引き抜くべく陸奥大臣に引き逢わせている。しかし拓川は、親友の陸羯南の注告に従って外交官の道を選んでいる。

陸奥は紀州藩士で「カミソリ大臣」と異名を取った切れ者で、とにかく一を聞いて十を知るという頭脳の持ち主であった。幕末に坂本竜馬の海援隊に入り、「刀を二本差さなくても食っていけるのは俺と陸奥だけだ」と竜馬をして言わしめた。後に伊藤博文内閣の外務大臣として当時の日本の悲願であった不平等条約の改正に辣腕をふるい、条約を結んでいた十五ヶ国すべてと対等な条約を交わすことに成功したことは絶大な功績である。原はこの陸奥に心酔し、陸奥が大臣を辞める時に一緒に辞表を出し、しばし悠々自適の浪人生活をしたが、間もなく陸奥が第二次伊藤内閣の外相に返り咲いた際、原も呼び戻され通商局長となる。

ここで、原敬の私生活や拓川も関係した面白いエピソードに少し触れてみよう。

彼は当時としては長身で、端正な顔立ち、しかも上品で高い見識もあり、有能だがそれをひけらかさない奥ゆかしさと誠実さを兼ね備えた男の中の男。女性にもてないわけがない。この時代、特に若い頃はみなお茶屋に通い、芸者遊びをして一人前という風潮があり、原敬も例外ではなかった。彼のどの肖像写真を見ても、フォーマルでおしゃれな服装をしており、司馬遼太郎が歴史上の人物の中でベストドレッサー賞をあげるとしたら原敬だと言っていたらしい。

二十七歳の時、彼は井上馨の縁で、明治の奇人で大物政治家の中井弘の娘・貞子と結婚する。この妻は気が強くヒステリーでかつ浪費癖があり、原は苦労させられる。パリ時代には妻を同行しているので、拓川もよく知っているはずである。パリの写真館で撮った夫婦二人の写真も拓川の古いアルバムにある。貞子が奔放すぎて手に負えなくなり、離縁となるも、原はその後の面倒もきちんと見たとのこと。

フランス公使館時代の原敬夫妻

さて、通商局長時代の三十代の原は最も油の乗っていた時期で、待合政治の拠点とも言われる新橋にも通い、よく遊びよく呑んだ。拓川もまた常連だったらしく、大柄な美人の浅（あさ）という芸者をひいきにしたらしい。ある日、拓川が別の芸者と遊んでいる時に、浅と廊下ではち合わせし、あなたは仁儀というものを知らないと詰め寄られた。その後拓川は浅に「仁儀」というあだなを付け、からかったらしい。

新橋で原の歓迎会を催し、拓川は「仁儀」も呼んだところ、原が気に入ってしまい、いつの間にかどこかに「仁儀」を隠してしまった。その浅が原の再婚相手となったわけである。

この浅もまた気の強い女性で、原の自宅に招かれた客の前でも夫婦げんかになることがあり、いつも謝っていたのは原の方だったとのこと。どうも彼は気の強い女性が好きだったらしく、力の政治家と言われた原敬も奥さんの前では型なしで、後の天下の宰相も人間味があって親近感を覚えてしまう。

原は陸奥外相とともに辞任した後、大阪毎日新聞社三代目社長に就任。年俸は当時の大臣級の六千円だった。彼は紙面の漢字を減らし、ルビを打ったり、家庭欄や庶民の生活にスポットを当て、改革を断行して発行部数を飛躍的に伸ばした。

二年余り大阪毎日新聞社に在籍後、天津時代の縁で、伊藤博文内閣の逓信大臣に就任。大阪北浜銀行頭取、大阪新報社社長、西園寺内閣の内務大臣などを経て、しばし在野の人となる。五十二歳。蓄財を邸の建造に使おうかと妻の浅に相談すると、その答えが振るっていた。

「立派な屋敷など構えると、何か悪いことをした金で建てたのではと詰まらぬ噂を立てられます。それより外国旅行で見聞を広めてきてはどうですか」。原はその注言を聞き入れて、大金（現在の一億円ぐらい）をはたいて七ヶ月の世界一周旅行に出かける。浅は「かみなり様」などと影で呼ばれた気性のきついところもあったが、肝心なところで夫を支えた賢夫人でもあった。

この旅行で得た決定的な収穫は、アメリカの国力を肌で感じたことであった。原敬日記には「将来、米国は世界に対しいかなる国となるかは、常に注目すべき要件たり」、「将来、恐るべきは米国たらん」と綴っている。後年、「対米協調」が原の外交の基本路線となったことを考えると、原の国際感覚と見識を高めるのにこの旅行がどれほど価値があったか。元を正せば妻・浅の功績と言わねばなるまい。

その後、原は山本権兵衛内閣の内務大臣を務め、政友会総裁となった。米争動やシベリア出兵の失敗などで寺内正毅内閣が崩れ、次の首相に、大御所山縣は西園寺を推したが、西園寺はうまくかわし、代わりに推した原敬を山縣も認めざるを得ず、ついに原敬は一九一八年（大正七）六十二歳で第十九代内閣総理大臣に就任した。原は恐らく長州の山縣有朋を好まなかったが、事あるごとに山縣邸を訪ね相談している。この辺にも清濁合せ飲むと言おうか、あくまでも感情に捕らわれず、大きな目標達成のためには冷静に対処する強かさ、粘り強さを持ち合わせていた。筆者は歴代の首相では、内務卿の大久保利通を別格とすれば、伊藤博文、原敬、戦後では吉田茂が偉大な三傑であると思う。原敬は策士ではあるが、私利私欲がなく、しかも誠実で情に深く友誼に厚い人柄であった。

多忙の身でありながら、大変な勉強家でもあった。一九一九年（大正八）に原敬が盛岡に帰省した時に、番記者がレンガ造りの書庫に案内された。一階には五、六千冊の本が並んでいたので、ぶしつけにも記者が「先生はみんな読まれたのですか」と問うと、「本を手にとってみれば分かるよ」との返事。早速本を抜き出して見ると、どの本にも原の字で書き込みや傍線が引かれていて、記者達は二の句が告げず驚嘆した。二階に上がると、ここにもフランス語の原書や蔵書などが一万冊も並んでいた。あれだけ多忙の身で、始終人とも会い、毎日克明な日記も書き続け、その上この読書量とは正に超人的である。

原敬の暗殺

首相になって強いリーダーシップのもと様々な政策を推し進めるうちに、反対勢力が出てくるのは止むを得ない。特に力の政治家と言われ、剛腕で貫いて行く政治家は抵抗も大きい。原の周辺には不穏な空気が漂よい、脅迫状なども家に舞い込みはじめた。この頃は今のような首相官邸などという立派なものはなく、質素な自宅にも訪問客が押し寄せ、夜中の一時から予約をした客も居たぐらいだ。時々胸に短刀を忍ばせた危ない客も招き入れ、丁寧に対応したらしい。周囲も心配し、護衛を付けるように忠告した人もあったが、原には覚悟があった。いったん家から出たら無事に帰って来れないかもしれない。どんなことがあっても取り乱さないようにと浅夫人に言い聞かせていた。「死ぬのも生きるのも同じだ。準備してもやられる時はやられる。素裸でもやられない時はやられない。だから護衛は要らない」と常々言っていた。「正に人事を尽くして天命を待つ」の心境である。暗殺された日も、夫人が外套を着るように勧めたが、それを断ってスーツで出かけたらしい。ぶ厚い外套なら、あるいは助かったかもしれなかった。

一九二一年（大正十）十一月四日、東京駅頭で原敬が暗殺される二～三日前に、右翼団体の玄洋社の幹部・五百木良三は公家で貴族院議員の近衛文麿を訪問して、雑談中に「原首相は二〜三日中に殺される」と語ったらしい。この年の四月に拓川が中国行きに近衛を誘っていることは前述した。拓川が原敬に最も近い存在であったことは近衛も知っていただろう。暗殺の予告を聞いた近衛は、何の行動も起こしていなかった。単なるデマと受け流したのか、他の理由があったのか。ちなみに玄洋社は、頭山満が旗上げした日本最初の国粋主義の右翼団体で、本書にも登場した日露戦争の大スパイ・明石元二郎、拓川や原敬と大学の同期の福本誠（日南）なども所属していた。

　実は暗殺を予告した五百木良三という人物は松山出身で、子規と親しく、子規の俳句の弟子でもあった。俳句を終生の趣味としたが、後年は右翼の黒幕として、一九一九年（大正八）には外務省爆破事件への関与も疑われている。五百木から拓川宛の書簡も手元にある。頭山満との会合で並んで写っている写真には五百木のほか、犬養毅、古島一雄などが同席しているが、皆拓川とも親交がある。そして五百木の臨終の際に近衛文麿は首相として駆けつけている。何とも拓川の広大な人脈の絡みあいは複雑すぎて、それを読み解くのは筆者の手にも負えないぐらいである。

　暗殺の現場に話を戻そう。一九二一年（大正十）十一月四日の夕刻、仕事を終え、珍しく早く芝公園の自宅に戻って浅夫人と夕食を取り、迎えの車で東京駅に向かった。政友会近畿大会に出席のため、七時三十分発京都行急行に乗り込む予定であった。駅長室で見送りの人達と歓談し、出発五分前に特別改札口へ向かおうとしたその瞬間、柱の影から十代の青年が飛び出し、短刀で首相の右胸部に体当たりして刺した。原はその場で後に倒れた。とっさにお供が抱きかかえ、犯人はその場で取り押さえられた。助役室の机の上に寝かせて、ブドウ酒を側近が口に含ませて流し込んだら、ごくりと飲み絶命。ちょうど出発時刻の七時三十分だった。確か伊藤博文がハルビン駅で凶弾に倒れた時も二回ブドウ酒を飲んでいる。

　東京駅に駆けつけた夫人の浅はとり乱すこともなく必死の介抱をしたが、その時はすでに息を引き取っていた。官邸に運ぶ提案を、浅は「亡くなれば官邸に用のない人ですから」と断り、自宅に運んだ。浅は自分が死んだら即刻開封すべしと伝えていた手文庫の原の遺書を、高橋光威書記官長と原の弟・誠とで開いた。

遺書には次のように記されていた（要約）。

一、死去の際位階勲等は余の絶対に好まざる所なれば即刻発表すべし

一、死亡通知は親戚のみで一般には新聞広告にすべし

一、東京にては式を営まず、遺骸は盛岡に送りて大慈寺に埋葬すべし

一、墓石には余の姓名の他戒名は勿論位階勲等も記すに及ばす

一、葬式の際儀仗兵など願うべからず

一、生花香奠等一切の御贈与は勝手ながら御断致し候

死去八日目に郷里盛岡にて本葬。葬列には三キロにわたり九千人が参加、沿道では十数万の人々が見送った。盛岡の当時の人口よりはるかに多い人数だった。浅の関係か、芸者衆も百五十人が行列に加わったらしい。それだけ郷里でも慕われ、惜しまれた死であった。

謎の多い犯行

実行犯は十九歳の中岡艮一（なかおかこんいち）、大塚駅の見習い国鉄職員であった。直前に三回原敬を狙ったがいずれも失敗している。犯行の手口は、短刀で原の急所をめがけて一撃で絶命させていることから、軍隊の経験もない一介の国鉄職員にしては鮮やか過ぎる、中岡に訓練を施したバックが居るのではないか。また犯行声明文が残されているが、中岡の筆跡とは違っている。

裁判と服役の経緯が不可解で、検事側の求刑は死刑であったが、裁判長の判決は無期懲役となり服役する。ところが一九二四年（大正十三）に当時の皇太子御成婚により、無期から二十年に減刑、一九二八年（昭和三）の昭和天皇即位の大礼により十一年三ヶ月に減刑され、一九三四年（昭和九）に満期となり出所した。そして不思議なことは、一国の総理大臣が暗殺された大事件なのに、裁判記録が保管されていない。

その後、中岡は満洲に渡って陸軍司令部に勤務し、イスラム教徒となり、一九八〇年（昭和五十五）に七十七歳で

亡くなっている。一国の宰相を殺害した人物が、無期から恩赦を重ねて十三年で出所した後、国家機関に勤務できたというのも不可解過ぎる。何か影の大きな力が働いていたのであろうか。伊藤博文にしても原敬にしても、暗殺の裏には不可解な闇が潜んでいる。

ここで拓川の一九二一年（大正十）の日記をみてみよう。

十一月四日　此夕原首相死

六日　原邸通話（通夜のことか）

七日　後十時上野発　盛岡行

八日　朝十時盛岡着　此夜雪

九日　寒甚　夕発帰京

拓川は夜行で厳寒の盛岡の葬儀に駆けつけ、また夜行で帰京している。拓川の心境はいかばかりであったか、このそっけない日記からはうかがい知れない。学生時代から四十年にわたり、様々な面で最も大きな影響を与えられた、三歳年上の原敬との友情は、盛岡の雪とともに終焉を迎え、同時に彼の死によって拓川は外交畑を去ることになる。

筆者は以前、拓川を書くにあたって盛岡郊外の原敬記念館を訪ねたことがある。館は筆者一人で静まりかえっており、暗殺当時の血に染まったピンクのシャツが展示されていた。多くの原敬宛書簡も並べられていたが、拓川宛書簡と驚くほど共通の人物が多かった。館の入口近くに原敬の生家がひっそりと建っていて、質素な茅ぶきであったが、どこか気品を漂わせていた。盛岡の町はずれのお寺に原は葬られたが、その墓石には「原敬墓」とだけ刻まれており、余計な文字は一切ない。

第十章　故郷への回帰

一九一九年（大正八）からの三年間は、拓川の身には怒濤の如く苦難が押し寄せ、公私にわたって最も激動の時代であった。第一次世界大戦終結のパリ講和から始まって、ロシア革命に翻弄されたシベリアでの過酷な任務、その酷寒での過労による肉体の消耗、追い打ちをかける最愛の次男の死。それに伴う妻・寿（ひさ）の家出と天理教への入信。そして最も拓川の針路に影響を及ぼした盟友・原敬（はらたかし）の暗殺と続いた。通常の人間なら壊れかねない苦難の連続だが、踏んばれたのは生来の精神の強さもあったが、多くの友人達の親身な支えが何にも増して大きかったと思われる。

一九二二年（大正十一）に入り、郷里の人々の熱心な勧めで松山への回帰が始まる。一月には日本の国際連盟協会の愛媛支部が発足し、初代会長に就任。連盟の主旨に強く賛同していた外交通の拓川としては、願ってもない役目で、張り切って活動しようとした。しかし、この頃、拓川の身体には病魔が忍びよっていた。食事の際に喉に異変を感じ、後に食道癌と判明した。酒の飲み過ぎも一つの要因と言われている。その後の余命一年を、いささかもひるむことなく、果敢な精神で活動した。

松山市長として

拓川には郷里出身の友人が多かったが、中でも秋山好古（あきやまよしふる）、新田長次郎、井上要（いのうえかなめ）、岩崎一高などと特に親しく、彼らから松山市長就任を要請された。最初は断ったが、彼らの熱意に応えざるを得ず、四月に承諾。日記には「五月二五日　紫丸便乗（横浜）二六日早朝高浜着　就任」とある。いよいよ元大使が地方の市長となって病身を押して奔走することになる。

第五代市長として最も力を入れたのは学校教育であった。井上要という人物が後に『拓川集』で回想している。「加藤君の松山に対する最も大きな功績でかつ後世に残るものは、北予中学校を援助して今日に至らしめた事と、松山高等商業学校を創設して今日の高等教育を完成した事である。彼は外国に居る時から、自分は郷里のために何事も貢献することができないが、青年教育のためには尽したい」と言っていた。

この井上要という人は、松山の発展のために尽くした、名前の通り人脈の「要（かなめ）」的な存在で、自分は表に出ず事業の調整役として抜群の力を発揮した。弁護士から県会議員や衆議院議員も勤めたが、伊予鉄道の社長として松山の交通の発展に寄与し、県立図書館も作った。

北予中学

北予中学校は一九〇〇年（明治三十三）に私塾として始まったが、財政難が続き、後に第二代松山市長を務めた白川福儀氏が校長の時に経営難に陥った。白川と親しかった拓川は大阪に居たが、旧藩主・久松家や新田長次郎と掛合って資金調達に走り、何とか存続した。この時も井上要が調整役を果たした。一九一六年（大正五）に白川校長が急死。その後釜にと松山出身で当時衆議院議員の加藤彰廉（かとうあきかど）氏を説得したのも拓川であった。この北予中学校には拓川亡き後、一九二四年（大正十三）に秋山好古が校長に就任した。好古は一日も休まず、朝は決まった時間に馬で通勤し、町の人はその姿を見て時計を合わせたとのこと。北予中学校は現在県立松山北高等学校となり、井上要と秋山好古の銅像が生徒を見守っている。

松山高等商業学校と新田長次郎

松山に大学を誘致するために、商業学校の一つも作っておく必要があるとの気運が一九二一年（大正十）に盛り上がった。当初設立資金として十五万円が見積もられ、市長に就いた拓川は、財政難の市からは二万円だけ出すことにし、愛媛県が残りの半分を出すので実業家の新田長次郎にもう半分を工面してもらうべく大阪へ出向いた。この時の拓川の口説き方が振るっている。

新田家の座敷に通された拓川は出されたお茶を一口飲むと、「どうも君の出す茶はまずい」と一言。おもむろに部屋を見渡し、床の間の掛け軸を指し、「この掛け軸はどうも趣味がよくない」と散々けなすが、長次郎は笑っている。そこで拓川はすかさず切り出す。「時に君、こういう良い話がある。君も金を出したら良かろう。出さないと君の値打ちが下がるというものだ」。こう来ると長次郎も「それはいい話だ」と気持ちよく応じ、全額出すことになった。何とも見事な掛け合いだ。これも長く培った遠慮のない友情と信頼関係があればこそである。その最初の出会いはパリであった。

新田長次郎は、皮革製品などで成功をおさめた立志伝中の人物である。松山の農家に生まれたが、四歳のとき父親を亡くし、三年間寺子屋に通ったのが唯一の学歴であった。福沢諭吉の『学問のすゝめ』を読んで青雲の志を抱き、二十歳で大阪に出て、藤田組製革所で見習職工として入り、懸命に技術を収得し、次第に頭角を現した。藤田組の創業者藤田伝三郎は長州出身で、高杉晋作の奇兵隊に入隊し、その後大阪に出て手広く事業を拡大し、財閥を築き男爵を授与された、これまた立志伝中の人物である。

まったくの余談だが、男爵の子孫の経営する、神戸須磨の山の手に「藤田ガーデン」という当時しゃれたガーデンレストランがあり、筆者は昔、よく友人と遊びに行っていた。その店で何気なくピアノを弾いたらオーナーに気に入られ、しばらく弾き語りのアルバイトに通ったことがあった。しばらくして、オニテナガエビという東南アジアの河口に生息するエビの養殖の事業をハワイで始めたいが、手伝わないかと誘われ、浜松の遠州灘の海岸近くで唯一成功している小さな会社に一ヶ月ほど研修に行ったことがある。結局、夢物語のような話はつぶれてしまったのだが、面白い経験であった。

さて、新田長次郎は皮を柔かくするなめしに必要なタンニンを求めて北海道に進出し、カシワの木の樹皮からタンニンを採取しはじめ、畑や牧場も拓いていった。ここで長次郎の偉い所は、カシワを伐採した跡に苗木を植え、森を再生しようとしたことだ。当時は原生林を切り拓いて行くことが発展だという明治政府の方針で、植林を許可しなかった。長次郎はこの当時から環境破壊を危惧していたのである。彼は南方熊楠と並ぶエコロジストの草分け的存在で、先見の明があったと言える。

他にもある。当時伐採木で建築用材にならない部分はすべて捨てられていたが、これらを集めてベニア加工を思いつき需要が増した。

一方、日露戦争時には敵のロシア軍が張りめぐらせ、電流を流している鉄条網を切断するため、ゴムで持ち手を覆い、しかも切断音のしないペンチを開発し、これがあたって莫大な財を成した。

このような苦労人で見識のある人は考えることが違う。自分に学歴のないこともあっただろうが、教育の必要性を痛感し、惜しみなく私財を投げ打って大阪や松山にいくつも学校を作った。

彼の驚くべき勇気ある行動は海外視察である。一八九三年（明治二十六）、三十六歳で単身アメリカから欧州に渡り、半年余り片っ端から工場や会社を廻り、関係者に会った。それもまったく英語が喋れずコネも無く、公使館に飛び込んでは会社を紹介して案内してもらったりした。ロンドンでは旧熊本藩の細川護立（ほそかわもりたつ）に随行してきた池辺吉太郎（号・三山）と意気投合し、長いつきあいとなる。池辺は後に朝日新聞の主筆として健筆をふるい、明治の三大ジャーナリストの一人に数えられ、漱石を朝日にひっぱったことでも知られる。実は池辺は拓川とも親交があった。今度は三井物産のロンドン支店を訪ね、支店長代理の長谷川銈五郎と会ったが、長谷川がパリ公使館勤務の友人・拓川を長次郎に紹介したことで二人はパリで出会うことになる。こうして人との縁の数珠つなぎで、長次郎の交友と運がどんどん開けていくのである。

いよいよパリに乗り込み、公使館を訪ね、代理公使の拓川と出会うが、開口一番、長次郎が伊予弁まじりに話すので、拓川は「もしかして松山のお人か」と聞くと、「わいは温泉郡の味生（みぶ）村の出ですがな、もし」、「わいは湊町じゃがな」と一挙に伊予弁で打ちとけ、これが生涯の交友のきっかけとなったのだから、人生は分からない。この出会いがずっと後に松山高商（松山高等商業学校）を生み出すことになる。

話は戻って、長次郎の快い出資の土産話を持って拓川は松山に帰ったが、愛媛県が財政難を理由に、もう半分の

コラム　手紙からみた明治の偉人

⑫ 新田 長次郎◉友情が生んだ名門大

Nitta Chojiro, 1857-1936

松山市長時代の加藤拓川の業績の一つに、松山高等商業学校（現松山大）創設がある。拓川の願いを受け、資金協力したのは親友で同郷の実業家、新田長次郎だ。

二人の親交は一八九三年、海外視察中の新田を、パリの公使館勤務だった拓川が世話したのが始まり。それから約三十年後、病身を押して大阪に訪ねてきた拓川に、新田は巨額の設立資金提供を約束する。

その拓川が死んで半年後の一九二三年九月、新田が拓川の妻・寿に送った手紙が筆者の手元にある。拓川に続いて長女あやも肺結核で亡くなっており、手紙は「打続(うちつづ)く御不幸　誠に御愁傷の御事(おんこと)」と寿に弔意を述べている。

優しい筆遣いの手紙は失意の寿への思いやりがうかがえ、農民出身で、あまり教育を受けられなかったはずの新田の素養の高さも感じられる。新田と拓川、初代校長の加藤彰廉(あきかど)は「学園の三恩人」として松山大構内に銅像が立てられている。

加藤家の相次ぐ不幸に弔意を示し、新田長次郎から拓川の妻・寿に送られた手紙出資を断ってきた。困った拓川は再び長次郎の元に相談に行くと、残りも出しましょうという潔い返答で、これには拓川も驚いた。これで十五万円が捻出できたと喜んだのも束の間、今度は文部省が学校の乱立を防ぐという名目で、別途に三十万出さないと許可しないと言ってきたのには、さすがの拓川も愕然とし、せっかく骨を折ってくれたが今回の話は諦めてくれと長次郎に切り出すと、「もうこうなったら乗りかかった舟じゃ、全額引き受けよう」と言ってきたのには拓川も感無量で返す言葉もなかった。結局、最終的には総額五十万近くにもなった。当時五十万と言えば今の数十億円になるのだろうか。資産家とはいえ、見事な太っ腹だが、それだけではなかった。一つ条件があると長次郎が切り出した。こうなったら何でも聞かねばならぬと拓川は覚悟したところ、長次郎は切り出した。

「金は出すが経営には一切口出ししない。校名や学校行事にも「新田」の名前を出さない。そして自分の会社には松山高商の学生を採用しない」。これを聞いた拓川は「二番目の条件はどういうことか」と問うと、長次郎は「学生は入学すれば新田の会社に入れて就職口が確保できたと安心し、安易に流れてしまう。自社の社員養成所となれば、自分の利益のために出資したことになり、社会事業と言えない」との返答。何とも清廉で高潔な志である。当時はどの分野でも、このような透明な精神の人達が数多く存在したように思えてならない。

松山高商は現在松山大学となって、旧北予中学校に隣接し、後に建った国立愛媛大学の西隣でもある。校内には創立の三恩人として、長次郎と拓川と初代校長の加藤彰廉の銅像がある。そのバックには、陰で支えた人が居り、井上要は当然のこと、秋山好古もその一人である。好古と長次郎は最も気の許せる友人同士で、若い時に二人は大阪で出会って以来、意気投合し、好古は北海道の十勝の新田牧場に訪ねては馬で遊び、晩年にも和歌山の長次郎の広大な別荘「温山荘」を訪ねたりしている。拓川が資金調達に苦労している時も、実は好古が長次郎への説得に尽力していたことが、手元の書簡から推測される。

公園の整備

病身を押してのわずか一年足らずの市長在任期間で、できることは限られるなか、この二つの学校存続と設立に関与したことが意義深かった。またその他に都市公園の整備事業があげられる。長くヨーロッパに居て、発祥の地であり優れた都市公園に接してきているので、松山にも市民の憩える公園を作りたいと考えたのだろう。

松山城は現在、街の中に標高百三十二メートルの城山の頂上に木造作りの瀟洒な天守が鎮座し、正に松山のシンボルになっているが、江戸時代は久松松平家が治めていた。明治に入って連隊本部が置かれ、陸軍省の管轄になっていたのを拓川は市民に開放しようと陸軍省にかけあい、その払い下げの費用は元藩主の久松家に工面してもらった。もともと久松家の領地だったのを、わざわざ金を出して買い戻した。拓川が元藩主の子孫・久松定謨（ひさまつさだこと）とパリ以来の長いつきあいだったことも功を奏した。同じく彼をパリで世話し、陸軍の重鎮でもある秋山好古も、この払い下げには陰の力になったことであろう。城山の西側の広い平地には戦後、競輪場や運動施設など作られたが、みな郊外に移転し、今は気持のよい広大な芝生広場になり、正に松山市民の憩うセントラルパークとなっている。

松山市の南には、石手川という一級河川が横切っている。実は「拓川」という雅号は、「石手川」から採った。「石」と「手」を一字にして「拓」としたわけである。なかなかうまい着想だ。拓川はこの石手川の河川敷を市民公園とする案も提示したが、これは戦後に実現している。自然な川の姿を留めていて、ここもなかなか快適な散歩道となっている。

摂政宮の奉迎

東京在住の久松定謨の別邸を松山に建設することとなり、当時の著名な建築家・木子七郎が設計することとなった。彼は実業家・新田長次郎の娘婿にあたる。ところが竣工を控えた一九二二年（大正十一）十一月に摂政宮（せっしょうのみや）の松山行幸が決まった。摂政宮とは皇太子時代の昭和天皇のことで、病臥の大正天皇に代わって政治を行った。ところが、摂政宮をお泊めするよい施設がないと言うことで、久松別邸を殿下の御宿泊にふさわしいものにすればと提言したのが拓川であった。行幸に合わせてフランス風の豪壮にして瀟洒な、当時珍しい鉄筋コンクリート造りの「萬翠荘（ばんすいそう）」が竣工した。

摂政の宮、裕仁親王（後の昭和天皇）を松山城に御先導する松山市長の拓川

十五日、摂政宮は、三万トンを超える戦艦「伊勢」で高松港に上陸、陸軍の大演習を統監し、駆逐艦に乗り換え、松山高浜港に到着。秋山好古が案内役を務め、再び高松方面に戻り演習統監という多忙な日程を経て、二十二日、今治経由で松山三津浜港に上陸、オープンカーで市中パレード、沿道には十万人を越える人垣で迎えた。

その奉迎の際、行列の順位を県が決めていたのだが、知事が先頭で、県吏員や郡長のまだ後ろの最後尾に松山市長の車が配置されていた。これに怒った拓川は、運転手に命じていきなり知事の前の先頭に車を割り込ませた。「市長として市民群集の前にかゝる侮辱を忍ぶ能(あた)はず」（阿部里雪(あべりせつ)談）との拓川の主張である。松山市として市民一体で摂政宮を歓迎するのだから、その代表として先頭に出るべきであるという考えを行動に移したまでとのこと。県の下に市が置かれているわけではなく、市民が主体の独立自治の機関で、あくまで市は県と対等の位置にある。東京の賀古病院に入院していたが、この奉迎のために病身を押して、市民の代表として参加したという自負もあっただろう。この考えの根底には、若い頃中江兆民(なかえちょうみん)に学び、フランスの市民主権の自由平等思想の空気に触れてきたこと、もっとさかのぼれば、我がもの顔に権力を行使した薩長に対する反発も根強くあって、拓川の筋金入りの反骨精神が培われたと思われる。

松山城のある城山の松林の中を、拓川が二十一歳の摂政宮を御先導している大判の写真が手元にある。大股でステッキをついて颯爽と歩いているように見えるが、顔は痩せこけていて、気力だけで何とか保っている感がある。摂政宮はかなり拓川の身体を気遣っておられたようで、後で「加藤は大丈夫か」と側近に尋ねられていたと、筆者の母から聞いたことがある。

外交文書の公開

「主権在民」という拓川の思想から、次のような話がある。それは拓川がパリから帰国して、外務省の人事課秘書課長に就任した一八九七年（明治三十）のことだが、兼任した秘書課長として、新聞記者に外務省の一室を提供し、可能な限りの外交文書を公開しはじめた。これまでの外務省の秘密主義に風穴をあけ、新聞を通して国民に公開するという拓川の開明的な考えを実行に移した。今でいう外務省の記者クラブの先駆けと言えようか。

中国への旅

何よりも中国好きの拓川は、摂政宮の奉迎の仕事を終え、悪化した病巣を抱えながらも門司港より台北へと向かった。台湾には三泊四日の滞在で帰国。その足で市会や会議、石手川の公園視察と多忙な日程をこなし、この年はようやく暮れる。

いよいよ一九二三年（大正十二）という最後の年を迎えた。市政は助役の重松氏に指示、彼が実質的に市長の代わりに業務をこなした。

拓川はまた中国に出かける。これで訪中は九回目となるが、さすがこれで見納めと覚悟した様子は日記と長女あや宛の手紙で見て取れる。

一月二十一日、神戸港から日本郵船の香取丸で上海に向かう。途中、門司港に寄り、長男の十九郎と六十四歳の誕生日を湯豆腐と日本酒で祝う。手紙には「旅中ぶどう酒の外は禁酒の積もりだったが、いったん医師に見放された病体、今日六十四歳の誕生を迎えられたので、十九郎等のために賀すべしと思い祝杯を挙げたるなり」とある。

船上では傑物・大谷光瑞と出会い、夜遅くまで語らう。彼は浄土真宗西本願寺の宗主で、大谷探検隊として著名である。イギリス留学からの帰途を皮切りに、大規模な探検隊を三回組織し、中央アジアや中国インド等の仏教遺跡を巡り、厖大な資料を収集した。しかし教団の莫大な資金を使い過ぎ、数百万円の負債を作った責任を取って法主と貫主の座を降りたという兵(つわもの)であった。その後、中国やトルコで農園を経営し、多くの仏教関連の本を書き、晩年は近衛内閣の参議など、政治にも関与した。光瑞は貞明皇后の姉を妻とし、歌人で大正三美人の一人と言われた九条武子は光瑞の妹である。ちなみに三美人のあと二人は、歌人の柳原白蓮(やなぎはらびゃくれん)と江木欣々(えぎきんきん)で、江木は拓川の妻・寿の縁戚にあたる。

光瑞は拓川より十七も歳下だが、中国通ということで話が合ったのかもしれない。翌日にも講演を聞き、その後の宴に誘われたが、拓川は固辞し、船室に戻る。めったに人の誘いを断れない性分の拓川だが、よほど体調が悪かったのかもしれない。案の条、その後で喉が塞がり、スープを吐き出してしまった。この頃は喉が急に塞がったり、開通したりと、食事はおろか、水さえ飲めない症状で、一月三十日には香港で危篤と報じられたらしい。その日の拓川から寿への手紙に、「一時は香港の土になるかと思った」とある。しかし、「医師に見放されても、どこかに一点の生気を感じ楽観せり、気力は毫も衰えず」ともある。何とも強い精神力である。後に、友人は「拓川という人は、精神と肉体が別々に機能していると思われるぐらい、意志の強い人だった」と回想している。

気力の市会演説

一ヶ月余り、中国を周遊し、神戸港から松山の高浜港に帰港。すぐ目と鼻の先の新居「浪の家」に旅装を解き、そのまま床に着く。その二日後の日記には「二月廿七日　市会ニ列ス」「廿八日　絶食一週間」とあり、いよいよ末期の症状だったが、最後の力を振り絞って起き上がり、市会に出席する。その時の様子を阿部里雪という松山の俳人が回想した文が「拓川集」に載っている。長くなるがぜひ引用したい。

加藤市長が亡くなられる一ヶ月前、予算市会は開会された。……しかしその時の市会ほど我々の胸に強い深い感銘を与えたものはなかった。たった一日、市会に臨んだだけだったが、その時の加藤市長の熱烈な言説と態度はどうしても忘れられない。加藤市長は在郷軍人と青年会に対する補助削減の理由を説明すべく病を推して市会に現われた。市長はこの二つのものに対する補助削減に市会が全員反対することを予期していた。また、この問題には強い主義主張と信念を持ち、それを貫徹すべく、或いは市会議員の思想的啓発のために市会に臨んだのではあるまいか。……病市長は衰弱しきった病体を市会に現したものだ。そのめっきりやつれた弱々しい市長を見守った時、議場は実にシーンと静まり返った。この瀕死の人が、自分の主義主張のためにこうしてこの市会に現われたのだと思うと、誰一人それを気の毒に、又痛々しく感じないものはない。そしてこの病市長の恐ろしいほどの気力に対して誰だってアッと驚き、かつ敬意を表さぬものはなかった。議場はにわかに静まり返り、非常な緊張味を帯びてきた。やがて問題の議題が上がった。

市会の有力な一議員はこの補助削減に明らかな反対態度を示して、……建議案を改めて提出、多数の賛成があって容易に成立し、議題となった。市会議員にとって在郷軍人団の機嫌を損うことは選挙の場合最も恐ろしい打撃であるからだ。

加藤市長は立ち上がって壇上に立った。「青年会の発展は心から望んでいる」と青年会の補助には容易に賛成した。しかし在郷軍人の補助復活に対しては断固として反対した。「在郷軍人会は有益か無益か、例え利益があっても市が補助する必要があるかどうか、私は疑なきを得ない。……目的と事業を見ても我々はあまり感心できない。雑誌を出すとか、軍人精神を作るとか、入営除隊の時に旗を立てて送迎するとか、ケチなことばかりやっている。そんなことは内輪の話だ。それに市が何故補助せねばならぬのか、そんな事より他に幾らでも補助せねばならぬものがある。教育費などがその一例だ。……入隊や除隊があると在郷軍人が旗を押立てお祭騒ぎで送迎するのもよいが、私の伜にはそんなことはしてもらいたくないし、むしろ滑稽だ。補助がそんなお祭騒ぎの旗になるようならば、小学校生徒の提灯行列や旗行列にでもする方がましだ……もし在郷軍人会が軍人のみの会でない国民皆兵の主旨から、軍人であるものもないものも一団となって組織したものなら補助を与えるにやぶさかではない。平和の際にこの種の団体が存在する事自身が既にまちがいであるのに、これに市が補助を与えるなどもっての外である。ある議員は青年教育に軍人会が力を添えていると言われたがけしからぬと思う。青年教育は大切だが、これに今日の如き軍人精神を注入されては大変だ。どちらを見ても相変わらず軍国主義、帝国主義、略奪主義で満ちているのは困る」

……鋭利なメスで腫物を切開するようにズバリズバリと加藤市長はやってのけた。我々は溜飲をグットト下げ快哉を密かに叫んだ。

しかし採決の結果は満場一致で建議案が可決されたが、それは議員各自の利害関係のためで、即ち次の選挙結果を恐れるためである。内心では市長の説の正しさを認めていると我々は思った。どの新聞も政党の機関誌であると否とを問わず一斉に市長の軍国主義反対論を激賞的に書き立て、市会の決議を嘲笑した。こんなことは未だかつてなかった珍現象である。そうして加藤さんのこの軍国主義痛罵論はかなり地方的に大きな反響を捲き起こした。

私はこの時ほど加藤さんに心から敬意を表したことはない。あの瀕死の病人が、堂々としかも確固たる意見を述べられたものだと驚いたのだ。市会に見えた時はよろ〳〵としてやっとイスにつかれた位であった。それが立って意見を述べだすと、打って変わって健康な人の如く、しゃんとして議場を圧してしまった。……自説が容れられないことを予知していながら論戦し、相手を見事に粉砕したけれど……何と言っても加藤さんの肉体的衰弱は痛々しく、この演説のために一層病状が悪化しないかと密かに憂いた。しかし加藤さんに対する私の最も強い印象は、あの時の衰え果てた肉体と、その鋭い痛烈な言説と、主義主張のためには死まで賭して闘うという素張らしい意気に対する感激とであった。

第十一章　終焉

犬養毅の激励

拓川の日記には「二月二八日絶食一週間」とあり、いよいよ波乱の生涯は幕を閉じようとしている。しかし、死が近づくにつれ、ますます身辺が忙しくなるのは交友の広さの証しだろうか。友人からの激励の手紙がたくさん残されている。その中でも犬養毅からの書簡は特筆すべきものがある。

犬養と拓川を結びつけたのは、古島一雄という説がある。「日本新聞」の記者だった古島は同僚の子規や社主の陸羯南と親しく、一方、古島は犬養と旧知の間柄で生涯にわたって犬養を陰で支えた存在だったので、自然と拓川と犬養が親しくなったのだろう。もう一人の人物として、中国の革命家・孫文は拓川と親交があり、日本に亡命した孫文に住居を世話したり、支援したのが犬養であることから、孫文が拓川と犬養を結びつけたのか。あるいは、犬養が孫文を拓川に紹介したのかもしれない。

拓川と犬養は同じ衆議院で顔を合わせることもあっただろうが、政治上のつきあいではなく、漢詩や書などの中国趣味、特に文房四宝の趣味で親しくなったと聞いている。

犬養毅は拓川より四歳年長で、一八五五年（安政二）に岡山県の大庄屋の名家に生まれた。儒学者の父から幼くして漢学を学び、明治維新の直後に十四歳で父を亡くし、家計は逼迫した。この経緯は拓川の境遇と似ている。そのため寺子屋を開いて近所の子供を教えたり、倉敷の明倫館の教授になったりして家計を助けたが、二十歳で東京に出て慶應義塾に入学し、福沢諭吉の指導を受け、生涯の師と仰ぐ。相変わらず貧乏だったので、学資を稼ぐために郵便報知新聞に寄稿したりした。やがてそれが認められ、西南戦争の従軍記者として戦地に赴き、送った記事が世上で大い

⑬古島一雄◉友誼(ゆうぎ)と情深き古武士

KOJIMA Kazuo, 1865-1952

吉田茂首相の「指南役」と呼ばれた政治家の古島一雄。加藤拓川の親友・陸羯南が創刊した新聞「日本」の記者を若い頃務めた縁から、拓川とも直接の親交があった。一九二二年付けの手紙が手元に残る。

拓川が古島の肉親への弔文を送ったことに対する礼状で、「御病中にも不拘(かかわらず)　御状を賜(たまわ)り感激」と心遣いへ感謝を述べる。「火をかけて焼きも何もせで、地を掘りて埋めも何もせず抱きてあらめ」と葬送の悲しみを歌った印象深い友人作の弔歌も添えられている。ちなみに拓川はこの手紙を受け取って半年後に亡くなる。

記者時代は正岡子規とも親しかった古島。政治家に転じて戦前は犬養毅の補佐役に徹した。終戦後の一九四六年には、日本自由党総裁への就任要請を固辞し、吉田茂に譲るなど無欲恬淡(てんたん)な生き方で知られる。何とも豪快な筆跡でつづったこの手紙は、肉親への深い情や拓川への友誼が感じられ、「清貧と剛直の古武士」と呼ばれた古島らしい。

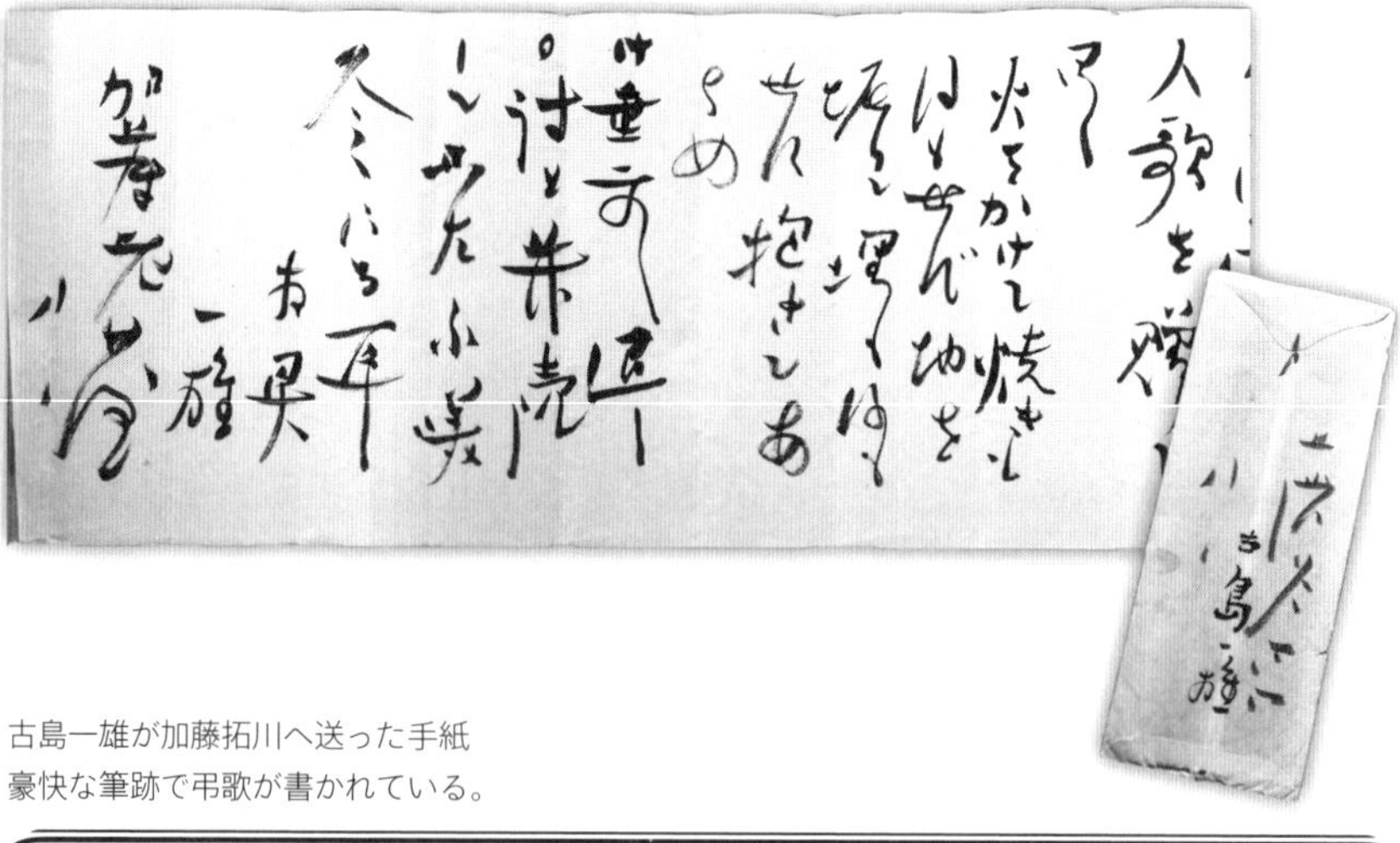

古島一雄が加藤拓川へ送った手紙
豪快な筆跡で弔歌が書かれている。

に好評を博した。この取材中に谷干城少将と親しくなり、犬養は軍人を志望するようになったが、谷からは学業を続けよと諭され、福沢からは「命知らずの大馬鹿者」と一喝されている。犬養は慶應義塾では常に首席であったが、卒業の年にたまたま一点差で二番になったので、ひどく自尊心が傷つけられたとして退学している。大変な負けず嫌いの性格が生涯を貫き、首相まで登りつめさせたとも言えよう。その後も種々の新聞社を転々とし、十二年の記者生活を終え、三十五歳で衆議院議員に岡山より立候補して当選し、以後七十七歳まで十八回連続当選する。その間、文部、逓信、通信大臣などを歴任している。大臣の辞任にあたり、逓信省に勤めていた男女二千人もが芝公園の施設に犬養を招き、盛大な送別会を開いて労をねぎらった。まったく異例のことで、彼の高潔で誠実な人柄が省員に慕われていた証しだろう。

ただ、犬養は人に対して好き嫌いの大変激しい人であった。議会の廊下で会っても、嫌いな人間には顔をそむけて一瞥もしなかった。また薩長雄藩による藩閥政治を嫌っていたので、山縣有朋を敵視し通し、政治家の中で自分の元を訪れないのは犬養と頭山満の二人だけだと山縣をして言わしめた。薩長を嫌ったという判官びいきの点でも、犬養と拓川は引き合うものがあったのだろう。

また毒舌という点でも、二人は共通していた。犬養の辛辣な皮肉や毒舌は有名であった。しかし、仲間や友人に対しては非常に友誼に厚く、目上目下の分けへだてなく誰に対しても親切で義侠的であった。孫の犬養道子に晩年書き遺した言葉に、「私は十四で父を亡くし困苦の中で修学し、世に出ても政事に携っても長く逆境にあった。世の辛酸をなめ尽したので、貧しい人に対しても自分がその身にあればと思いやるので、未だかつて女中などを叱罵したこともない。我が子孫もこの心を以って人に接することを望む。この心が即ち恕なり」とある。逆境にあって苦労した分だけ、人を思いやることができるということだろうか。「恕」とは人への思いやりで、犬養はこの「恕」を人生の根幹に置いていた。期せずして拓川も、「とどのつまりは世の人々は忠恕を心得れば良い」というのが持論であった。「忠恕」とは自分に正直で、他人に対して思いやりがあること。拓川はそれを生涯貫いたように思う。

しかし、ただ真面目なだけでなく、諧謔、皮肉、毒舌に長け、悪戯好きであった。拓川の死後に、座談会が開かれ、犬養毅、古島一雄、石井菊次郎、吉田茂などが拓川を回想しているが、以下は犬養毅の談。

加藤はとにかく変わっていたよ。当時高級な紅絲石の硯が近衛家から出たと言って珍重され、それが流行ると中国の山東省から取り寄せる者もあった。加藤はそれを中国から持ち帰り「この紅絲石は中国でどんどん敷石に使っている」とふれ歩いたらしい。

加藤は何でもないことを小説的に作るのが非常にうまかった。加藤が言うには、彼の書生時代に往来でスリに会って財布を盗まれたらしい。そのスリの後をつけて行ったら、ぜんざい屋に入ったので、自分も入り、スリはぜんざいを食い出したので、自分も注文した。店の主人が金をとりに来たので「あいつが俺の金を持っているから、あいつからもらってくれ」と大声で言ったら、スリは真青な顔をして財布を投げ出して逃げて行ったとのこと。どうもこの話はでき過ぎているね。

衆議院でいけ好かない成金の議員の演説草稿を、加藤は二、三枚引き抜いてそ知らぬ顔をしていた。その議員は演説に立って堂々としゃべり出したが、途中抜き取られたところへ来てぐっと詰まってしまい、それからというものは支離滅裂だったということだ。これは悪戯の中でも罪が深い方だね。

このようなエピソードは枚挙にいとまがない。義弟の石井菊次郎も、「加藤は人を笑わすためには大概の努力は惜しまなかった」と振り返っている。

犬養は能書家として書の世界でも有名である。若い頃からすでに書を好み、たくまざる天性のうまさがあったと言われている。彼自身が書について次のように語っている。

書の巧拙は技術に属し、品格の高卑は天分に属す。運筆がいかに巧みでも、技巧がいかに妙でも、品性の卑しい人には品格の崇高な文字はできぬ。これに反していかに品性が高尚でも、技術を学ばねば品性を写し出すことはできぬ確かに一見達筆であるが味わいの乏しい字、それほど達筆でなくても、その人の人間性がにじみ出ている、味のある字というのがあるものである。犬養の字は達筆でしかも品格があり、当然後者と言えよう。

彼は政界という厳しい世界に身を置き、多忙を極めていたが、忙中閑で一息ついた時によく筆を持ち、また人に頼まれれば快く揮毫したと言われる。また手紙もよく書いた。その数、年間二千通余りに及ぶとのこと。

小村寿太郎は筆不精だけでなく人からもらった手紙も封を切らなかったことは先述したが、対称的に犬養は筆まめで、一面識もない人にまで、手紙をもらうと必ず返事を書いたらしい。筆遣いも文面も見事なもので、しかも必ず返事をくれるというので、彼の手紙欲しさに手紙を出す者も多かったという。後年、筆から万年筆に変えたので、末尾に「御返事は万年筆でなく毛筆で願いたし」などと虫のよい注文をつける者まで現れる始末。

ところで犬養は漫談に耽ることは好きであったが、用件については人から長談義されるのを好まず、どんな用件でも五分間あれば結論が出るとして長い会議も嫌った。演説も短かく、書簡の文面も簡潔であった。

病が進行した拓川は「吾れ神仏の信仰無し、死後の引導よりはむしろ生前の引導こそ望ましけれ」と犬養に揮毫を求めたが、その返書が手元にあり、実に簡潔な文面である。

康煕製の紙一枚ありし二付王介甫の詩を認候遺命の引導ハ孔子の言を認め候　佛壇の額ハ黄紙にて試候

毅

拓川老臺　九月廿八日

「孔子の言を認め」た軸は伊丹の実家にあったが、昔はよく雨漏りのする家で、濡れてシミとシワで黄変しているが、字には異様な気魄が籠っている。その文面は

憂之欲其生悪之欲其死既
欲其生又欲其死是惑也
拓川老兄正書　壬戌九月　犬養毅

論語の一節で、「憂いは之其の生を欲し　悪は之其の死を欲す　既に其の生を欲して　又其の死を欲するは是惑いなり」

彼独特の勢いよく撥ねた「生」や「死」の字体は、十年後の五・一五事件を暗示しているようだ。

さて、拓川の亡くなる十一日前の犬養からの書簡は心に響くものがある。

敬啓　貴族院書記官長より御近況を承り其懸念に堪へず候得共　老兄の病状は一種の変態にて前にも一旦塞りたるものが突然開通したるが故に此度と雖も再び其変化を繰り返すべきものと信じ居候　物窮則変々則通ものきわまれば　すなわち変ず　変ずればすなわち通ず）　必ずしも絶望するを得ず　元来生死の問題には徹底的に観念を有せらるる

老兄は精神作用より決して死せざるべきを信ずる也　徹頭徹尾生きざる可からず　生くべき元気を以て病に勝たんことを祈り候　早々不尽　三月十六日　犬養毅

拓川賢臺榻下

死を目前にした拓川に贈った犬養毅の書

この頃の拓川は生きているのが不思議なぐらい痩せ衰え、犬養はその容態を知っていたが、それでも「絶望することはない。前にも喉がいったん塞ったのに通ったじゃないか。精神力では貴兄は死なないと信ず。徹頭徹尾生きるべし」と励ましている。絶望的な情況なのに、最後まで希望を失うなと力づけている。何という友情の厚さであろうか。犬養自身も暗殺される瞬間でも、話せば説得できる筈だと希望を失わなかったポジティブな姿勢が、この文面にも脈々と流れている。

さて、一九二九年（昭和四）、ニューヨークのウォール街での株式の大暴落が発端となって、深刻な恐慌が世界中に拡がり、失業者が激増した。日本も不景気がいっこうに解消されない中、満鉄（南満州鉄道株式会社）の爆破事件、いわゆる満州事変が勃発し、軍部の中国進出を勢いづけることとなった。そうして何度かクーデターが計画され、ファシズムの暗雲が次第に日本の空を覆いはじめた一九三一年（昭和六）暮れに、元老西園寺公望の奏薦により、犬養は七十六歳の高齢で総理大臣に就任した。その直後に上海事変が起き、日中間の全面戦争への突入が危惧されたが、犬養首相は難しい交渉を進め何とか停戦協定にまで持ちこんで、ほっと一息ついた五月十五日の日曜日、晴れわたった春の夕暮れの首相官邸で、彼はゆったりとくつろいでいた。

そこへ九名の陸軍軍人が黒塗りのタクシーで乗りつけ、ピストルで警備官を射撃しながら官邸内へ乱入してきた。そのただならぬ物音を一早く察知した巡査が駆けつけ、「暴漢が襲ってきたので早く逃げて下さい」と首相に進言したが、彼は「いや、逃げない。彼らに会おう。会って話せば分かる」とその場を動こうとしなかった。間もなく食堂に座っている犬養に対面した将校の一人がいきなりピストルを発射したが、乱入する時に玉を使い果たしていて、不発に終わった。その時犬養は「まあ待て、撃つのはいつでもできる。あっちへ行って話そう」と彼らを隣の和室の客間へと促した。そこで机の前に座り、ゆっくりタバコに火を付け、周りに軍服姿でつっ立っている将校達を見廻し、「靴ぐらい脱いだらどうだ」と言うと、「問答無用、撃て」と叫び、他の二人が射撃、犬養は机の上に前のめりに倒れた。犯人らが逃走した後、駆け込んできた女中に、頭部から血を流していた犬養は「いまの若い者をもう一度呼んで来い。話して聞かせてやる」と言い残し、その六時間後に絶命した。享年七十七歳。

それにしても拓川の親しかった人達、原敬、犬養毅、團琢磨、高橋是清など、ことごとく暗殺されている。何らかの形で軍部の膨張を抑え込もうとしたリベラルな思想の人達が多かった。命を賭けても自己の信念を貫こうとして、非業の死を遂げたと言えるのかもしれない。西園寺公望や牧野伸顕もテロの標的になったが危うく難を逃れた。

西園寺公への願い事

西園寺公望と拓川との出会いは、パリ時代の章で少し触れたが、二人はパリで遊んだ若き独身時代から四十年近くも深い友情で結ばれていた。原敬同様、外交官としての仕事上の関係も多少あったが、犬養毅のような東洋趣味や思想の上で共鳴し合うものがあった。

西園寺公は名門の生まれではあったが、保守的な公家社会を嫌う異端の存在で、戊辰戦争に参戦したり、家塾立命館を創設したり、血の気が多く、開明的で、反骨の人でもあった。同じ異端の公家出身、岩倉具視にも見込まれたが、一八七二年（明治五）伊藤博文が憲法取調べのため渡欧するのに随行したことから、伊藤に引き上げられ、後に伊藤内閣の文相に推され、政府の中枢に登っていく。二度首相を務め、元老となって首相を推薦し天皇に上奏するなど、政界に長年重きを成した。何しろ、江戸末期から明治、大正、昭和の四つの時代にわたって、日本の近代史の中心に存在し続けた希有な政治家である。

拓川は絶食二十六日目に公に次のような手紙を認めている（以下口語体に意訳）。

垂死の身である今、もはや望むものはありませんが、一つだけお願いしたいことがございます。実は松山の海岸（高浜）に、バラックを新築致しました。この家はベルギー時代によく家族や仲間と避暑に出かけたオスタンドという大西洋岸の街の別荘に似ていて、ベルギー語で確か「浪の家」と言ったので、今回もそう命名したい。この三文字を額に揮毫願えれば、永く子孫まで閣下の御愛顧を仰ぎ、また万一小生が蘇生した場合は数日でもそれを拝観し、慰めと致したい。平素の御芳情に甘え、いつも我がままばかり申し上げ、お叱り覚悟の上ですが、もしも生前に間に合えば幸甚でございます。

公の「浪の家」の書は添えられた書簡とともに即ちに送られてきた。その文面は

昨夜貴書を拝受。すぐにもお見舞いに行きたいところ、歯痛で昨夜は眠られず。今朝ご依頼の額を揮毫。汗顔の至り。

西園寺公望揮毫の「浪の家」

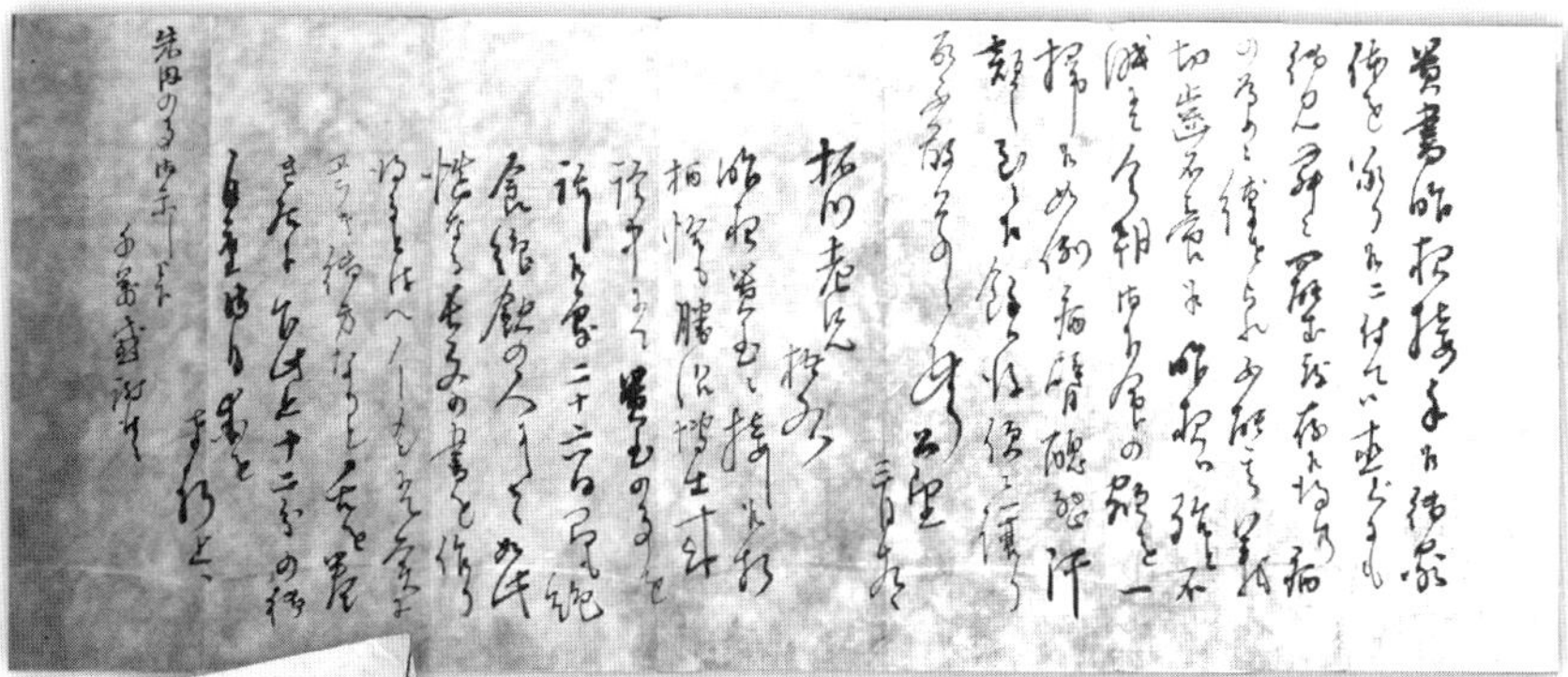

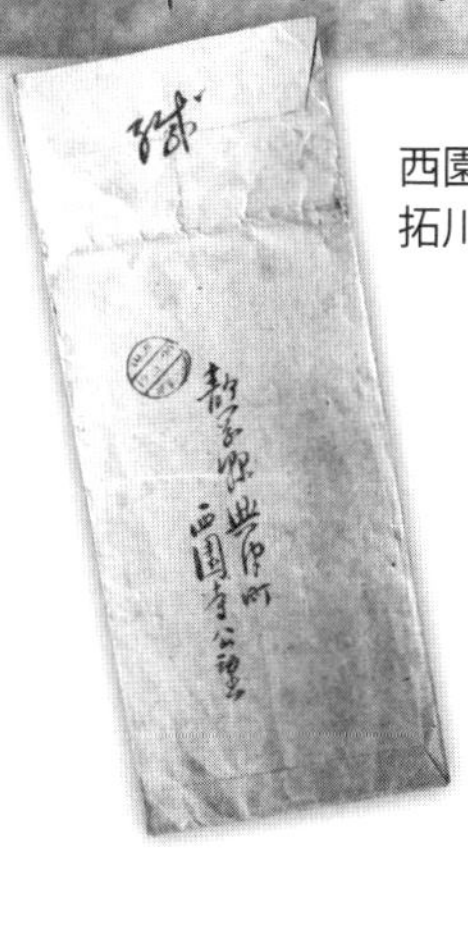

西園寺公望から
拓川への手紙

晩年の西園寺公望

三月十九日　　　公望

追伸として「昨夜貴書に接している時、往診の医師に貴書のことを話したところ、二十六日間も絶食絶飲の人にしてこの確かなる長文の書を作れるとは実に偉きお方なりと舌を巻いていた」とあった。確かに生きているだけでも不思議な状態である。

ともかくも、公の扁額は間に合い、病臥の拓川はしみじみと眺めたことだろう。今も拙宅の欄間(らんま)に掛かっているが、二人のパリ以来の友情の証の書を不肖の子孫が時々眺めると、「永く子孫まで閣下の御愛顧を仰ぎ」という拓川の手紙の一節が思い出される。

この「浪の家」という荒家(あばらや)を、なぜ松山の街中から少し離れた高浜の海岸近くに建てたのか、それも市長で、しかも思い病気を抱えた身でそうしたのか。最後の日々を、月を眺めながら静かに風流に送りたかったのかもしれないが、とても叶わぬ夢であった。

日記には「三月一日　高浜観月快楽」とあるが、翌二日には「医師に止められ高浜に帰れず」とある。せっかく建てたのに、わずか八日間しか居られず、官舎に病臥し続けることになった。この官舎というのは、偶然にも自分が育った三番町の家で、父の大原観山(おおはらかんざん)もこの家で亡くなっている。

ちなみに、この「浪の家」には筆者が小学生の時に父に連れられて行ったことが、昔のアルバムの写真で判明した。拓川の死後、長男の十九郎がしばらく住んでいて、その後売却されたらしい。数年前に高浜在住で拓川ファンの川内さん御夫妻に案内してもらって、拓川集にあった風景写真と照合してその場所をほぼ特定できたが、新しい家が建ち、昔の面影はなかった。

病床での奮闘

不治の病と知った拓川は、最後の力をふり絞って東京の病院で、床に伏せりながらも、父親の大原観山の遺稿集の編さんに没頭した。重篤の身で、しかも連日見舞客が押し寄せる中、どうしてこのような作業ができたのか不思議な気がするが、この気力には感嘆せざるを得ない。尊敬する父親であり、若き日の漢学の師であっただけに、命尽きるまでにどうしても遺稿集を残したかったのであろう。全文漢文調であるが、観山の漢詩などを通して、彼の人となりが伝わる内容である。死の直前まで奮闘し、奇しくも印刷が上がった日が、拓川の死去の日付であった。

題名は「蕉鹿窩遺稿」とあり、「蕉鹿窩」とは観山の雅号である。和綴じの初版本は数冊手元にあるが、復刻版が一九八二年（昭和五十七）に出ている。

衰えぬ探求心

もう余命いくばくもない拓川は、見舞にやって来た友人に、貝母ゆりが君の家の庭に咲いていたら持ってきてくれと頼んだ。淡い緑色の鈴状の地味な花だが、どうして急に見たくなったのか、好きだった中国から渡来したからか。その友人の庭の花はもう終わっていたので、探し廻ってようやく見つけた花を持参した。彼にはその花の咲く来春まで拓川の命が繋がっているとは思えなかったからだ。拓川は大層喜び、この貝母ゆりのことを研究してみたいが、そのような書物は無いかと問われたので、また八方手を尽くして探しているうちに拓川の命は尽きてしまった。友人はその死を嘆きつつも、拓川の真摯な姿勢に感嘆し、後に見つけた資料を墓前に供えてそっと手を合わせたとのこと。

再生観月

食物も水さえ喉を通らなくなって一ヶ月。それでも押し寄せる見舞客と話し、手紙を認め、日記もつけるという精神の確かさは超人的と言わざるを得ない。医学的に、説明がつくのであろうか。

見舞客として松山の殿様・久松伯が訪ねた時には、羽織袴に着がえて正座して迎えたとのこと。郷里の友人は当然のこと、東京からも賀古鶴所や石井菊次郎、親友同士の秋山好古と新田長次郎が連れ立って来訪し、別れを惜しんだ。これが東京だったら見舞客はとんでもない数になっていたことだろう。

いよいよ絶食三十六日目の一九二三年（大正十二）三月二十六日、午後三時に助役の重松氏を枕頭に招き、小声だがしっかりした口調で、「もう思い残すことは何もない。今日中に死にたい。死ぬには肩書をなくして楽な身になりたい」と言った。そして、同四時に筆を取って、いよいよ最後の絶筆だと言って、辞世の漢詩を認めた。

再生観月吾常於此楼

三月念六絶筆　高濱隱士

司馬遼太郎氏が『ひとびとの跫音』の中で、この絶筆について「再ビ生レナバ月ヲ観ルニ吾常ニ此ノ楼ニ於テセン」

と読み下している。再び生まれることがあったなら、常にこの楼において月を眺めたい。この楼とは高浜の「浪の家」であり、月が天空をまたぎ、打ち寄せる波に月光のきらめく光景が目に浮かぶ。何も思い残すことがなかったとは言え、もう少し浪の家で静かに風雅を愉しみたかったのかもしれない。

この書を書き終えた時には脈が無かったと言われているが、絶命の七時間前にしては力強い。タテ一尺ヨコ五尺のこの扁額は伊丹の家の居間に半世紀以上掛かっていたので、茶色に古びている。阪神大震災で飛ばされ少し傷が付いたが、今なお原形を留めている。

絶命直前に、傍らの看護婦に水を所望し、「これが末期の水だ」と言って、口に含んで微笑し、午後十時五十分に六十四年の生涯を閉じた。生前拓川は友人に「自分は死にたいと思った日に是非死にたい。息を引き取る間際まで意識を明瞭に持って、今死ぬということを意識して死にたい。苦悩なしに往生を遂げたい」と常々言っていたが、見事に望む通りの死を遂げたわけである。日記の最後は「二十五日　庭前の老桜去る」で終わっている。

死後

加藤拓川危篤の報を受けた元老の西園寺公望は、直ちに総理大臣に電報を打つ。

加藤（友三郎）総理大臣　西園寺公望

貴族院議員加藤恒忠昨今松山ニ於テ危篤ノ由ニ付萬一ノ場合ニハ生前ノ功ニ鑑ミ叙位叙勲ニ對スル特別ノ御詮議

頼ム

この電文を受け、正式に内田康哉外務大臣より総理に拓川の経歴と功績を綴った文書が送られ、「従三位・勲一等旭日大綬章」が死去の日付で叙位叙勲された。

また、勅使（天皇の使い）が来松し、大正天皇（宮内省）より「祭資」として千五百円（現在の八百万円程度か）が下賜された。葬儀支度金（香典）のことである。

松山での葬儀は三十日に三番町の官舎で行われた。会葬者は地元の人が多かったが、全国から弔電や手紙、香典などが多数寄せられた。

広い交友の中で各界の著名人は大半が関東在住ということもあり、当然東京でも追悼の集いを望む気運が高まり、四月十日に三田の済海寺で百三十七名が出席して営まれた。この寺は代々松山藩主久松家の菩提寺であり、拓川の次男六十郎も葬られており、分骨して愛息のそばに眠ることは遺言に記されていた。参列者の名簿が残っているが、著名人が多く列記されていて、この資料から初めて交友関係の判明した人物もいる。

犬養毅、石井菊次郎、伊澤多喜男、稲畑勝太郎、内田康哉、杉浦重剛、團琢磨、徳川家達、賀古鶴所、北里柴三郎、国分高胤、高橋是清、近衛文麿（このえふみまろ）、田中耕太郎、珍田捨巳（ちんだすてみ）、牧野伸顕、細川護立（ほそかわもりたつ）、山路一善、花井卓蔵、松方幸次郎、松平恒雄、などの面々であった。各々の人物と関係を語らいたいところだが、割愛する。

石手川河畔に眠る

生前、拓川は自分の墓について遺言している。

相向寺は被差別部落占有の寺なり。我等多年同部落に同情を有し、思うところが有ったが、生前（市長として差別撤廃を）実行できなかったので、せめて死後この地に眠りたい。昨年実地検分に参ったが別に不同意なしと信ず。石手川河畔にあるもまた妙なり。

若かりし頃、中江兆民（なかえちょうみん）から自由平等思想を学び、フランスに渡って自由主義の空気に触れ、公家ながらパリコンミューンの市民革命に感化を受けた西園寺公望とも交友した経歴から、人が人を差別することの愚かさに我慢ならなかった。また欧米各国と対峙し、当時の白人が有色人種を差別することの理不尽を体感してしてきたことも根底に

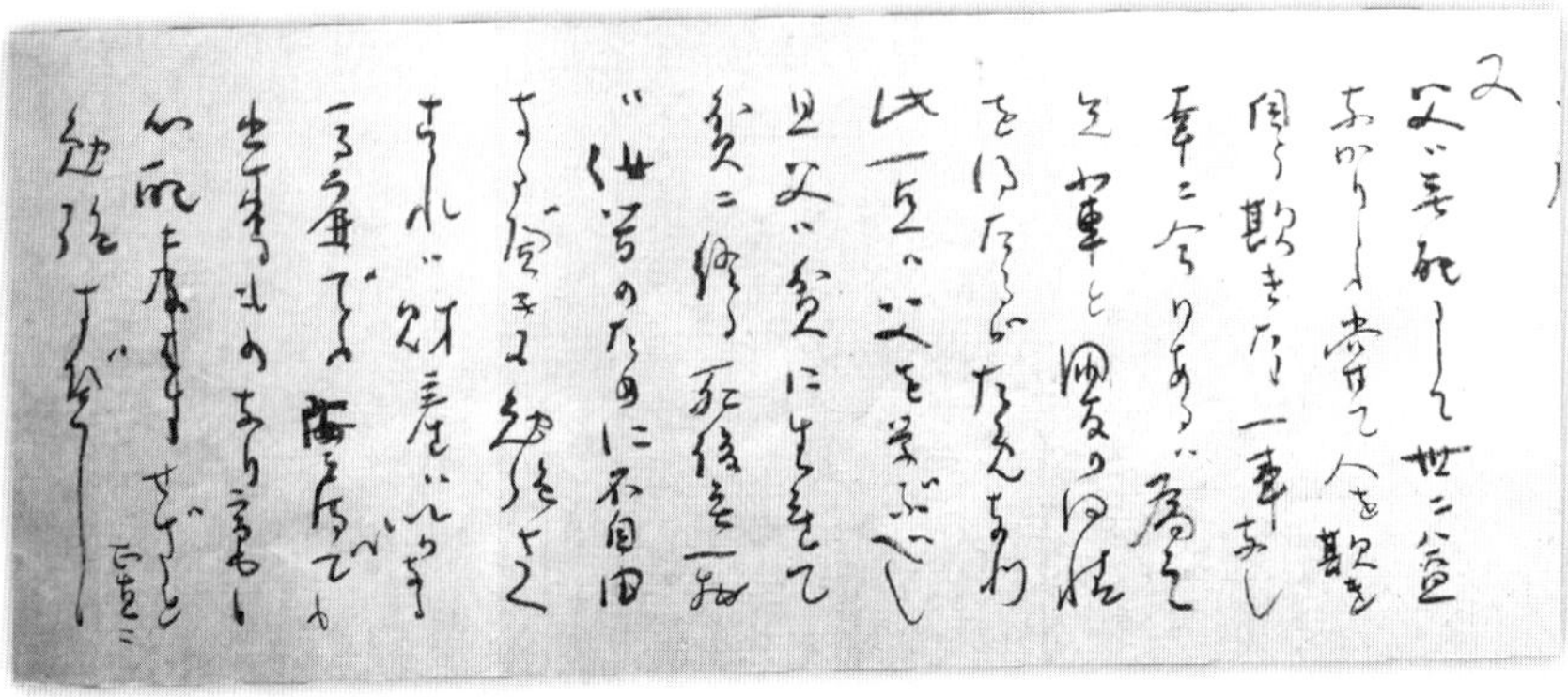

拓川の３人の息子に宛てた遺書

あったはずである。市長として、被差別部落に住む人たちのための市営住宅建設計画を提案したが否決された。個人的にはそのような地に自分の住居を構えようともしたらしい。

相向寺の住職とは瀬戸内海航路の船上で知り合っていたが、中国で出会った大谷光瑞がこの寺と関係があり、その縁も関係している。とにかくこの寺の境内には拓川だけが葬られていて、墓石に「拓川居士骨」とだけ刻まれている。揮毫したのは松山出身の代議士で、拓川の次の松山市長になった岩崎一高氏である。簡素な墓といい、「骨」という刻字といい、拓川らしい。当時から墓前にあった二本のイチョウの大木があり、毎年晩秋には黄葉と銀杏の実が境内一面に敷き詰められる。

その年の九月二十日の朝、愛媛県下の未開放部落住民百人余りが全国水平社の大会に参加する際、相向寺に集まり、拓川の墓に詣で、杯を組み交わし、水平社の旗を掲げて市中の寿座まで行進した後、大会に参加したとのこと。

遺言状

遺書は一九〇九年（明治四十二）、五十歳から数通認（したた）めているが、一九一七年（大正六）、五十八歳の時の文面が拓川の人生観をよく表している。貴族院議員としてローマ各国議員商事委員会にシベリア鉄道経由で出席し、ソルボンヌ大学で講演した時のものである。「父はこの度旅中にて果てし節は小位牌を造り、忌日に酒一杯供してくれ」とあり、位牌の図の中に「拓川居士」、その裏には「大正六年□月死　於□□海中　享年五十九」とある。

この「海中に於いて死す」が気になるが、帰路は南廻りの航路で、この五年前に豪華客船タイタニック号が北大西洋上で氷山に接触して沈没した大事故が拓川の頭にあったのか、彼のブラックユーモアから出た一節かもしれない。当時の人達は、現代より死を身近かに感じていたのもあるだろう。遺言の末尾には

あや（長女）の婚姻は十九郎に、たへ（次女）のは六十郎に依頼す。忠三郎は正岡伯母様（律）に対する責任を負うべし　くれぐれも三人相睦まじくして母に孝養を尽すべし　父の死後一家の大事は賀古秋山国光の三伯父に話すべし

父が久松家より受けたる報恩を忘れるべからず　新年又吉凶ある時はきっと参邸すべし　又　父は無能にして世に益なかりしが　**かつて人を欺き自らを欺きたる一事なし**　幸に今日あるは先輩と朋友の同情を得たるがためなり　この一点は父を学ぶべし　かつ父は貧に生れて貧に終わる　死後無一物は汝のために不自由するべきも勉強さえすれば財産はいかなる馬鹿でも阿呆でも出来るものなり　毫も心配せずとも正直に勉強すべし

大正六年三月十五日　東京にて

十九郎殿　六十郎殿　忠三郎殿

この遺言から思い浮かぶのは、拓川の父・大原観山から幼い孫の子規に贈った七言絶句である。

炊経酌史送居諸　自分人呼作蠹魚

一事対天無愧怍　終生不読蟹行書

この第三句「一事対天無愧怍」の意味は、「天に対して一事も恥じること無し」。奇せずして前記遺言の「かつて人を欺き自らを欺きたる一事なし」に通ずるものがある。

拓川集（全六巻）を繙くと、まだまだ興味深い拓川の哲学や信条、エピソードや奇行などがあり列記したいところだが、最後に彼の世界観死生観の一端を書くに留めたい。これはパリで公使館勤務となった一八八六年（明治十九）、二十七歳の時の「愛国論緒言」の中の一節である。

試に眼を塞ぎ手を拱き我身を人世の外に置き淡白無私の心を以て考えれば、およそ天地の間において人ほどおかしな動物はあらじ。わずか六尺に足らぬ小さき体に十里の先も見えぬ目を持ち、我こそは万物の霊長なりと誇りながらも、その万物はいかなるものかということは更なり己が身の行末も知らぬくせに動もすれば天下の事とか宇宙の理とか大層らしく吹立つることおかし。（中略）

斯くもわからぬ上に猶もわからぬ理屈を強付け、国であるとか洲であるとか沢山無量の名をつけ、人々自分勝手を唱え弱きものは強きもの、力に制せられ首を斬らるゝもあり、獄屋に繋がるゝもあり恐ろしきこと虎狼より甚だし。人間は虎狼を目して猛獣と呼べども仮に虎狼に化身して人間の顔を見ばいかにおそろしかるべし。（中略）

一つの檻中に同類睦まじく和するは動物の本性なりと見ゆるに、独り人間ばかりは同類相喰み少しの油断もできず、広き世界に短き命を持ちながら楽の時は短くして苦の日は長し、実に憐れなる姿なりかし。（中略）

「たとえ我身に利あるも我親戚に害ある事は之を為すべからず。たとえ我親戚に利あるも我一国に害あれば忍んで之を忘るべし。たとえ我国人に利あるも世界の人に害ある事は是非悪なり」と仏国の学者は言えり。

「愛国心と利己心は其心の出処も結果の利害も同様なるゆえに、若しも一人の私を咎めば一国の私も咎むべし」と英国の学者スペンサーは言えり。

実に愛国主義の発動はとかくに盗賊主義に化して外国の怨は人類総体の怨となるゆえ、人間世界に此心あらんかぎり天下泰平は望みがたし。

このように、拓川は帝国主義の罷り通る時代にその中枢の欧州に駐在し、多少皮肉な目で人類の所業の核心を鋭くえぐっている。

とどのつまりは、「忠恕」の心であると拓川は言いたかったのであろう。

八年後の集い

人は死んでも、彼を愛慕する人の心の中に生き続け、彼らが世を去った時に本当の死を迎えると言う。伝記や芸術作品になった場合は更に、それらに感動した人の心の中に生き続けると言えるかもしれない。

拓川の死後八年経っても忘れられない友人達が多勢集って、「拓川会」を立ち上げた。その趣旨は以下のとおり。

拓川会趣旨

拓川加藤氏逝いて既に八年、故人を懐ふの情いよいよ切なるものあり。これに於いてか吾人旧知相図り遺影を永く伝へんため追慕事業を計画し拓川会を企図するに至れり。仍ち追慕事業は故人の胸像建設及び書翰、逸話、随筆類に躍如たるものあればなり。故人旧知諸彦希くば之を賛せよ。

拓川集は全六巻からなり、表紙の題字は犬養毅揮毫で、編集発行人は拓川市長を助けた助役の重松清行氏である。内訳は随筆編上・下、書簡編、追憶編、座談会・遺墨編、日記編の六編の構成。初回追憶座談会は一九三〇年（昭和五）、上野で犬養毅、古嶋一雄、阿部里雪等が出席。二回目は石井菊次郎、内田康哉、林権助、吉田茂らが出席。

拓川の死の８年後に友人が集い、
編まれた拓川集全６巻

拓川会の委員としては次の著名な人物が連なっている。

犬養毅	石井菊次郎	林権助
花井卓蔵	徳富蘇峰	大河内正敏
高田早苗	中橋徳五郎	中川小十郎
内田康哉	瓜生外吉	山下亀三郎
牧野伸顕	近衛文麿	後藤新平
国分青崖	勝田主計	白川義則
幣原喜重郎	稲畑勝太郎	新田長次郎
小林一三	湯川寛吉	本山彦一
岩崎一高	井上要	秋山好古ほか合計六十二名

拓川会設立時に以上の人達が持ち寄った様々な資料や遺墨の一部が

加藤拓川絶筆「再生観月吾常於此楼　三月念六絶筆高浜隠士」

寄贈され、家族も大切に保管していた拓川宛書簡や多くの資料が、関東大震災、太平洋戦争、実家の失火、阪神大震災などをくぐり抜けて筆者の手元に残ったわけである。これは奇跡としか言いようがない。この本を書き残すために天が残してくれたと考えざるを得ない。

動乱の大変革の時代に生を受け、新しい国作りに奔走し、何らかの熱い志を持って坂の上の雲を目指して登って行った人達とともに歩み、欧州に二十年滞在し、日清、日露、第一次世界大戦、シベリア出兵と激動の近代史に対峙した生涯であった。晩年には幾多の艱難にも見舞われたが、多くの優れた友人に恵まれ、支えられた生涯であった。

友人をけっして己の利益のために利用しようとせず、人と人を結びつけ、その人達が歴史を作っていった。拓川はいわば、日本の近代史の影の舞台廻しのような存在だったのではなかろうか。

彼は若い頃、ルソーの言葉に感銘を受け、死去の半年前の病体で再び思い返し、旅中から妻に宛てた手紙に書き印した一節がある。

> 長命とは長く此の世に活るの謂（意味）にあらず、多く此の世に働くの謂なり。たとへ百年の寿命を保つも一生無為にして終わらば是短命の人なり。たとへ若年にして死するも百年の事業を遂げたる人は是長命者なりと。
>
> 余は六十年を此の世に暮らし、いまだ三十年の事業をさへ為し得ざりしを恥ず。

肩書は一貫していなかったが、その都度、人に請われた仕事に誠実に取り組み、最後の日まで働き、人と大いに交わり、安らかに旅立った。「棺を蓋いて事定まる」と言うが、おそらく悔いのない人生ではなかったかと思う。

特別編①　子規・最後の旅

筆者が生まれ故郷の阪神間の伊丹市から奈良へ転居してきたのは平成の初めで、もう三十余年にもなる。たまたま妻が奈良出身というだけで、筆者にとっては知人も居らず、ほかに何の縁もない土地であった。阪神間と比べると随分田舎に感じられ、町も夜八時にはほとんど閉まってしまい、寂しい所へ来てしまったと始めはいささか後悔した。ただ、周辺の自然の素晴らしさには大いに心が動かされた。もともと植物が好きで庭作りと樹木医の道に入ったし、最も確かで信じられるものは自然であるという思いがあった。

拙宅のすぐ背後には白毫寺（びゃくごうじ）という古刹を控え、高円山（たかまどやま）の裾野に連なっている。この辺りに天智天皇の第七皇子、志貴皇子（しきのみこ）の離宮があったと言われている。

高円の野辺の秋萩いたづらに
咲きか散るらむ見る人なしに

悲劇の皇子と言われる志貴皇子を偲んだ、『万葉集』の名歌で、萩の寺として知られる白毫寺の境内にその歌碑がひっそりと据えられている。

その東側に隣接して、春日山原始林が広がっていて、一帯が濃い緑の照葉樹林に覆われている。その御蓋山（みかさやま）の頂上に、その昔、茨城県の鹿島神宮から白鹿に乗った神が降臨したという言い伝えがあり、全体が神秘的な神の山として守られている。

高円をかざして柿の在所哉　　子規

この辺りを子規も歩いていたということはずっと後で知ったのだが、不思議な縁のようなものを感じてしまう。

いや、もっと大きな縁が実はこの地に潜んでいたのだが、筆者が奈良に越して来た頃には知る由もなかった。

日清戦争従軍

話を百年以上前に戻そう。

二十二歳で喀血した子規は、その日に「啼いて血を吐く子規（ホトトギス）」といわれ結核の代名詞である「子規」の号を自らに付け、病と生きる覚悟を抱いて、その後の人生を生き抜いていく。喀血の直後に「時鳥（ホトトギス）」の題で「卯の花をめがけてきたか時鳥」「卯の花の散るまで鳴くか子規」など、四、五十句を作る。卯年生まれの子規は卯の花を結核に見舞われた自分に見立てているのである。病身とは言え、野球に熱中し、徒歩での旅もし、友人と交わり、比較的元気に活動できたのは不思議である。

一八九四年（明治二十八）、日清戦争が勃発する。朝鮮半島は日本にとっての生命線と位置付けられ、朝鮮を侵略した外国勢力はいずれ日本をも脅かすと考えられた。その数年後の日露戦争でもロシアの朝鮮への南下が恐れられ、それが戦争の動機となった。日清戦争では清国の朝鮮への干渉がきっかけとなり、朝鮮を清国から独立させるという名目で、日本は八月一日に清国に宣戦布告した。

陸羯南（くがかつなん）の主宰する新聞『日本』の記者だった子規は、社の仲間も従軍に旅立ち、自分も記者としての使命を感じ、何とか今後の文学の糧にもしたいという思いで従軍を願い出た。病を気遣っての周囲の猛反対を押し切り、悲願の中国行きが実現する。子規は後に回想し、人生で最も嬉しかったことが二つあって、一つは上京の許可が降り、叔父の加藤拓川からその手紙を受け取った時、もう一つは中国への従軍が実現した時と述べている。

行かば我れ筆の花散る處まで

剣を筆に替えて、命懸けで戦場に赴くという決意が伝わってくる子規の句である。

ところが、広島の宇品港から海城丸に乗船した時には、情報の未発達の時代だったこともあり、すでに両国は講和に入っていた。当然子規はろくな取材もできず、拍子抜けしてしまうが、唯一の収穫は金州で軍医として赴任していた森鴎外との邂逅であった。金州を去り帰国の船に乗るまでの数日間、子規は毎日のように鴎外の元に通い、文学談義を交わした。鴎外は子規の五歳上だったが、互いに周囲に文学を語れるような人が居なかったのか、大いに盛り上がったらしい。帰国後も鴎外から草花の種を送られたり、根岸での句会に招いたりしている。その場には漱石も居り、明治の二大文豪を招いた子規門下の句会とは何と豪華だったことか。根岸の狭いあばら家の子規庵が一大文芸サロンと化したわけである。

大喀血

ところで当時、新聞記者の地位は低く、特に軍人からは低く見られ、不当な扱いに子規も腹を立てて抗議したりしたが、帰りの佐渡国丸の船中も劣悪な環境で、馬小屋同然の雑居部屋に将校を含め百人余りがひしめき、時にはサソリも這い出す始末。そのような船底で仮眠をとっていると、フカが泳いでいると叫ぶ者がいる。甲板に上がり、下の海を覗いた瞬間、大量の血を吐いてしまう。それからも喀血は続き、部屋では血を吐く器もなく、生臭い血を飲み込んでいたとのこと。

やっと馬関（下関）に着いたところで今度は船内にコレラ患者が発生し、数日足止めを食う。神戸港でようやく上陸した子規は極度に症状が悪化して座り込んでしまい、立てなくなる。見かねた記者仲間が担架を用意してくれ、担がれて神戸病院に入院、何とか一命を取りとめたのである。

子規の容体を案じた陸羯南は、京都に居た高浜虚子にすぐ見舞うよう電報を打ち、虚子と子規門下の双璧、河東碧梧桐も駆けつける。また母親の八重も東京からやって来て、彼らの手厚い看護で回復に向かい、須磨の結核療養所に転院する。

筆者は数年前に須磨で講演する機会があり、JR須磨駅を西へ海岸に沿ってしばらく散策したが、松林の中に緑の塔というモニュメントがあって、この辺りが保養所であったと知らされた。風光明媚で温暖な空気のきれいな地は結核患者にとって最適である。また、このすぐ上は源平の古戦場となった「一の谷」、そのすぐ西の須磨浦ロープウェイの附近に二つの句碑が並んで建っている。

ことづてよ須磨の浦わにひる寝すと　子規

月を思ひ人を思ひて須磨にあり　虚子

正にこの地は「子規の再生の地」であった。死の淵から生還し、二人で海岸を歩きながら、その喜びを分かち合った忘れられない場所であった。虚子の句は子規五十回忌に松山へ向う途中、須磨に立ち寄って詠んだもので、若き日の子規との交友をしみじみと回顧している。実はこの夜に神戸から出港した関西汽船に筆者も乗船し、翌朝の法要で虚子とお会いしていることを後々虚子と並んで写っている写真で知った。筆者が六才の時である。

帰郷

さて、須磨から故郷松山は比較的近く、子規は小康を得た喜びを郷里の人達に報せたい気持ちもあって帰郷する。しかし、何と言っても子規を郷里へ駆り立てたのは、親友の漱石に逢いたいという思いであったにちがいない。

漱石は東京帝国大学を卒業し、師範学校の英語教師になったが、固苦しい校風に合わず、その後、軽い肺結核を患ったりしたが、一八九五年（明治二十八）松山中学に赴任することになった。お雇い外国人の教師の後任ということで破格の給料という条件も魅力だったが、何より親友の子規の古里の地ということが彼を松山に引き寄せたのだろう。期せずして、小説「坊ちゃん」の舞台が用意されたわけである。

帰郷した子規は叔父の大原の家に一泊しただけで、漱石の下宿する町中の上野という家にやって来て、結局五十二日間居候することになる。漱石の言い分では、子規が勝手に自分の下宿に転がり込んできたということになっているが、本当は前もって自分の下宿に来ないかと誘いの手紙を子規に出している。漱石はさすが小説家で、話を面白おかしく脚色するところがあるが、その裏には子規への優しい友情が隠されていた。

この下宿は、漱石の自分の俳号「愚陀仏（ぐだぶつ）」をとって「愚陀仏庵（ぐだぶつあん）」と名付けられていた。

漱石は最初一階に陣取っていたが、子規が転がり込んできた上に、友人を大勢呼んで句会をやったり、勝手に鰻の蒲焼の出前を取って、「君払っておいてくれたまえ」と漱石のツケにしたり、どちらが主人か分からない。止むなくまじめな漱石は一階を子規に明け渡し、二階に撤退し勉強に励もうとするが、愉快そうな話し声に釣られて階下に降りて行き、いつの間にか句会の一員となっている始末である。この頃から漱石は俳句に熱中しはじめ、一年に何百句も作るようになる。

頼みもしないのに子規は朱で漱石の句を添削したりして悦に入っている。漱石も評しているように、「子規は何にでも大将にならぬと気がすまない男であった。子規は俳人になる前から俳句の師匠であった」。

この愚陀仏庵は漱石と子規との友情を深めただけでなく、近代文学のメッカともなる重要な場所と言えるのだが、この話は別の項に譲ることにする。今一つ触れておきたいことがある。愚陀仏庵の再建というニュースが浮上したことである。復元した建物は当初、松山城の城山の麓の萬翠荘（ばんすいそう）という館の裏にあったが、二〇一〇年（平成二十二）に崖崩れで全壊してしまい、再建の目途がつかず、そのままになっている。

運命の十円

先ほど漱石の給料に触れたが、新任の教師なのに月給八十円。現在の八十万円ぐらいだろうか。同校の校長の六十円より上だったのである。日本で唯一の帝大卒の学士様の地位は高かったと言えよう。一方子規と言えば、貧乏所帯の新聞社の社員で、その上休職願いを出して中国へ渡ったので余り持ち合わせは無かったはずである。それを見越して、漱石はそっと子規の部屋の火鉢の下にお札（さつ）をはさんだりしたそうである。

子規はいよいよ東京へ帰るにあたって、漱石に「十円貸してくれたまえ」とぬけぬけと言い出す。十円と言えば今の十万円ぐらいの大金である。

この十円がその後の子規の運命を変え、筆者の運命をも変えてしまうことになったので、どうしても触れておかねばならないのだが。

子規は松山から、母と妹の待つ東京の根岸へ帰るはずだったが、漱石からの十円を手にしたために急に気が大きくなり、奈良へ立ち寄ることになる。

松山の三津から船で広島に渡り、懐しかったのか再生の地、須磨に立ち寄り、大阪の仙田土仏（せんだどぶつ）宅に一泊して、列車で奈良に向かう。この路線はまだ開通して間がなかった。

子規が奈良に立ち寄った一つのきっかけは、奈良を訪ねた中村不折（なかむらふせつ）という画家からの手紙である。不折は新聞「日本」の記者となり、子規の担当する新聞「小日本」の挿絵を受持った縁で、子規と親しくなり、日清戦争にもともに従軍している。子規が詩歌や文章に「写生論」という概念を打ち立てたのは、画家の不折の影響が大きい。不折は子規に遅れて清国から帰国した後、八月に奈良に立ち寄り、その時のことを詳しく子規に書き送っている。その文面も、子規の奈良訪問の一因となったのかもしれない。

もう一つ思うのは、歌人としての子規は、『万葉集』を高く評価したが、その古里とも言える奈良の地に対する憧れがあったのではないかと思う。

奈良探訪

子規が奈良に到着したのは明治十八年（一八九五）十月二十六日で、四日間奈良に滞在した。その行程は、子規の研究家和田克司氏によると

26日　大阪より奈良着。市街、興福寺、若草山遠望、東大寺、手向山遠望、春日大社
27日　奈良坂、般若寺、興福寺、東大寺周辺
28日　法華寺、西大寺、垂仁天皇陵、薬師寺、唐招提寺、興福寺
29日　法隆寺、竜田川、大阪へ向かう。

奈良駅に着いた子規は人力車で三条通を東進し、奈良町を見物しながら、春日大社の一の鳥居を左折し京街道を北進、東大寺の転害門手前の「対山楼」という京街道に面した老舗旅館に三泊した。当時の主人は角谷定七という人で、この宿は通称「角定」と言った。この界隈は、京都や江戸からの旅人を迎える玄関口の最も栄えた場所で、多く

の宿や店が立ち並んでいた。鉄道が敷かれ、街の中心が奈良駅の方に移ってからこの辺りは徐々に衰退していった。

中でも対山楼は第一級の宿で、江戸時代には大名も宿泊した。明治に入ってからは近隣の正倉院の御用旅館として、秋の宝物拝観を許された有資格者は大概この宿に滞在した。そのため、明治大正時代の著名人が数多く宿泊している。そのことが判明したのは、この対山楼の宿帳が二十一冊現存しているからである。

近代史の詰まった宿帳

この宿帳の存在は以前から筆者も知っていたが、ある日近所に住む子規ファンの高校の先生に誘われて、対山楼の最後の御子孫の角谷ときさんの家を訪ねたことがある。京街道（天理街道）の焼門の交差点を東へ入り、すぐ左折した突き当たりの木造の一軒家で、「角谷」という表札の横に「対山荘」という看板が掛かっていた。品のよい年輩の女性が二人出て来られ、「子規の子孫だが宿帳を拝見できないだろうか」と伝えると、宿帳は手元にはなく、郵便局の人に預けてあるとの返事だった。対応に出てこられた一人が角谷ときさんで、定七の孫にあたることが後で分かった。やむなく退散し、そのままになってしまっていたが、その数年後に宿帳に出会うことになった。

この宿帳には、幕末から明治維新後の新生日本の土台を築こうと奔走した著名人が続々と登場する。団体の場合、お付きの人が代筆したものもあるが、宿泊した本人の自筆の署名が多い。住所氏名年令だけでなく、従三位勲一等などの地位身分、中には何の用件で来たかという目的まで記されていて大変興味深い。正に近代史が詰まっているようで、十分一冊の本が書けるぐらいの内容である。

筆者が拾い読みしただけでも、総理大臣経験者で五人登場している。

伊藤博文、山縣有朋、高橋是清、原敬、松方正義。先述のとおりこの内三人は暗殺されている。そのほか名前を挙げると

山岡鉄舟、西郷従道、井上馨、井上毅、新島襄、夫人の新島八重、大山巖、谷干城、森有礼（森鴎外）、石黒忠悳、品川弥二郎、岡倉天心、フェノロサ、九鬼隆一、ラングドン・ウォーナー、会津八一、宮沢賢治、黒田清輝など。

この中には近代の歴史小説やＮＨＫの大河ドラマに登場した人も多数居り、この人達の足跡を追っていくと奈良の近代史に光があたる。奈良は古代史ばかりが注目されるが、もっと近世や近代の歴史に目を向ける必要がある。なぜならこの時代は現在と強く繋がっているからである。

さて、宿帳の子規の署名は次の如くである。

東京下谷区上根岸町八十二番地
士族　無職業　正岡常規　二十八年

終のすみかとなった根岸の子規庵の住所と「士族」という身分。下級だったが武士の家系という誇りがあったのか、子規の中にはどこか武士の魂が息づいていたように思われる。「無職業」とは新聞社を一応休職して旅立ったので、社主の陸羯南に迷惑をかけまいという配慮からか。「二十八年」とは二十八歳の意味である。

対山楼の間取り

対山楼がどのような間取りで、子規が泊まった部屋はどこだったのか、これには諸説あるが、東大寺龍松院の筒井英俊（俳号・蘆佛）という人が、『かつらぎ双書・句文集　東大寺』の中で次のように書いている。

> 私が宿帳を借りに、そして当時の話を聞きに行った時に、当主の叔母さんという人が出てきて話してくれた。この人は股野藍田氏の膝の上で遊んだ幼時の話をしつつ、この家は建て変わっていますよ。しかし股野さんは何時も二階におられました。子規は十番に泊めたと祖父さんは言っていましたとのことである。そこの十番はどこですかと尋ねると、今私が招ぜられて話している部屋が新築せられた時に、その南側にくっつけられているとのことで、その部屋を見せてもらったが、縁があって六畳敷ほどの薄暗い部屋であった。それでこの叔母さんの話から察すると、母屋は正倉院御用係で占められていて、他の泊まり客は別棟の平屋建てに泊めたもののようであるが、宿帳をみても一人か二人しか泊まっていないので、それで間に合ったのであろう。

この叔母さんという人は、子規が泊まった時の宿の主人・角谷定七の孫のときさんで六代目の最後の女将である。

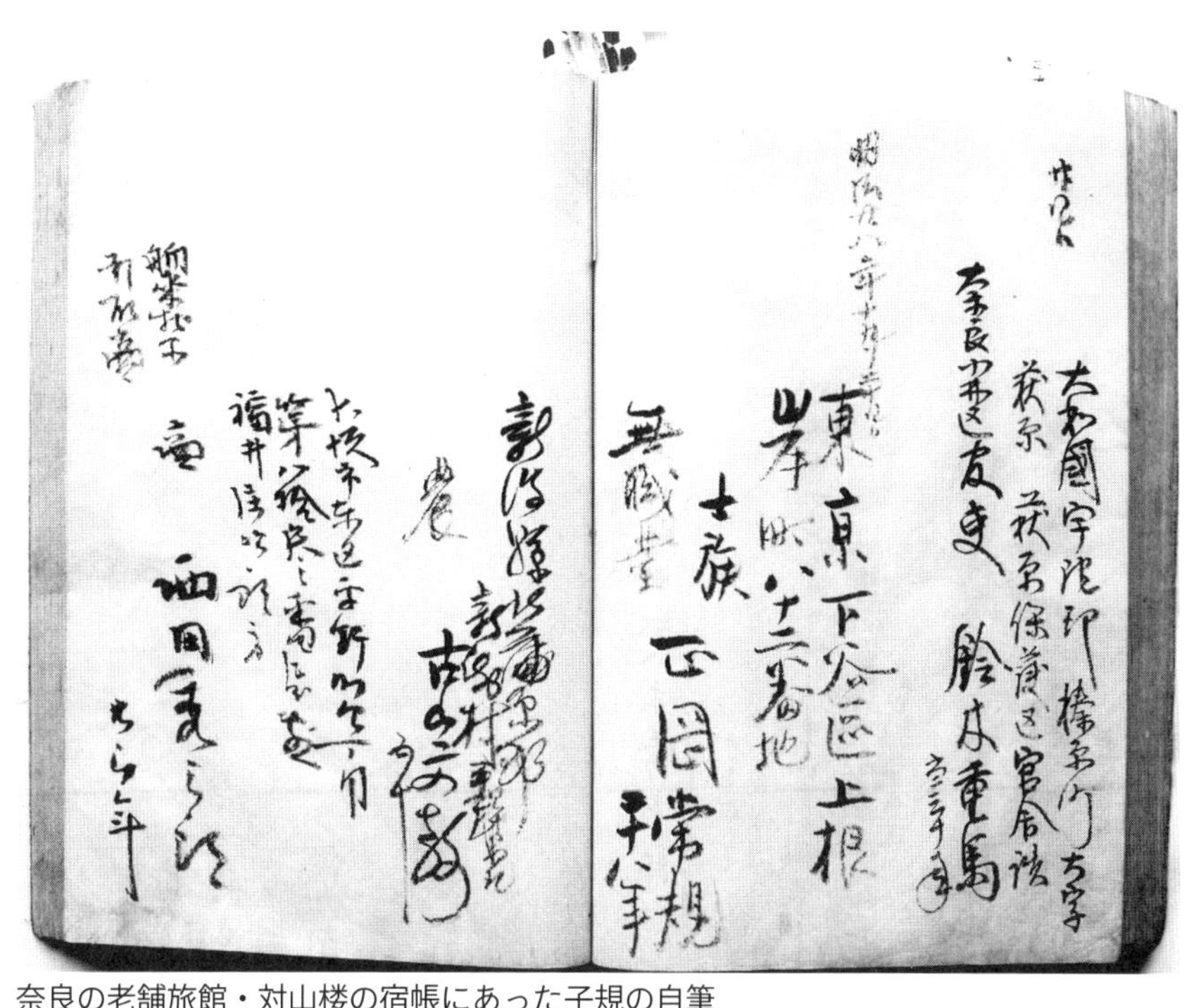

奈良の老舗旅館・対山楼の宿帳にあった子規の自筆

定七から直接聞いた話だからまちがいないだろう。二階建の立派な主屋から、渡り廊下で登って行って繋がる部屋と想像できる。今でもこの辺りは主屋のあった所から数メートル高くなっている。

もともとの対山楼は京街道に面していて、格子戸があり、町屋風に奥に長く、多くの部屋を繋ぐ渡り廊下があり、離れ座敷もあった。奥に庭園が広がり、蓮の池があったらしい。これは一九五二年（昭和二十七）頃、よく対山楼に行ったという女性から筆者が直接聞いた話である。

歌人で一条高校の教師をされていた、故猪股静彌老人から筆者は次のような話を聞いたことがある。老人が一九五一年（昭和二十六）頃、宿の主人角谷定七と親しかった鏑木（かぶらぎ）という表具屋に直接聞いた話によると

子規が対山楼に訪ねてきた時、余りにみすぼらしい格好をしていたので、建物の端の余り上等でない部屋に通した。病身ということもあり、日暮れでやつれた姿に見えたらしい。宿帳には「正

岡常規」と本名で書かれていて、有名な子規と気付かなかった。子規と知っていたら、もっとよい部屋に通したのにと後で悔んでいたとのこと。

対山楼に滞在した三日間は、好天に恵まれ、前述の行程の如く、奈良界隈を連日歩き廻り、様々な風景を句に切り取っている。奈良の住人として、句の背景が思い浮かぶ場所もあるが、ここでは触れまい。

奈良を訪ねる数日前から、子規は腰骨が痛み出して歩行困難となっている。自分はリウマチと思っていたが、実は結核菌が血流にのって背骨に移り、不治の病である脊椎カリエスに侵されはじめていた。しかし、たまたま奈良の数日間は体調もよく、好天も手伝って歩き廻ったのだろう。

そして、ここで最も印象的な場面が展開される。子規が死の前年の一九〇一年（明治三十四）春に俳誌『ホトトギス』に随筆「くだもの・御所柿（ごしょがき）を食ひし事」と題して発表した文章が残っている。

子規の回想

明治二十八年神戸の病院を出て須磨や故郷とぶらついた末に、東京へ帰ろうとして大阪まで来たのは十月の末であったと思う。その時は腰の病のおこり始めた時で少し歩くのに困難を感じたが、奈良へ遊ぼうと思うて、病を推して出掛けて行た。三日ほど奈良に滞留の間は幸に病気も強くならんので余は面白く見ることが出来た。この時は柿が盛になっておる時で、奈良にも奈良近辺の村にも柿の林が見えて何ともいえない趣であった。柿などというものは従来詩人にも歌よみにも見離されておるもので、ことに奈良に柿を配合するというような事は思いもよらなかったことである。余はこの新しい配合を見つけ出して非常に嬉しかった。ある夜夕飯も過ぎて後、宿屋の下女にまだ御所柿は食えまいかというと、もうありますという。余は国を出てから十年ほどの間御所柿を食ったことがないので非常に恋しかったから、早速沢山持て来いと命じた。やがて下女は直径一尺五寸もありそうな錦手の大丼鉢に山のごとく柿を盛て来た。さすが柿好きの余も驚いた。それから下女は余のために庖丁を取て柿をむいでくれる様子である。余は柿も食いたいのであるがしかししばしの間は柿をむいでいる女のややうつむいている顔にほれぼれと見とれていた。この女は年は十六、七くらいで、色は雪のごとく白くて、目鼻立まで申分のないように出来ておる。生れはどこかと聞くと、月が瀬の者だというので余は梅の精霊でもあるまいかと思うた。やがて柿はむけた。余はそれを食うていると彼は更に他の柿をむいでいる。柿も旨い、場所もいい。余はうっとりとしているとボーンという釣鐘の音が一つ聞こえた。彼女は、オヤ初夜（そや）が鳴るというてなお柿をむきつづけている。余にはこの初夜というのが非常に珍しく面白かったのである。あれはどこの鐘かと聞くと、東大寺の大釣鐘が初夜を打つのであるという。東大寺がこの頭の上にあるかと尋ねると、すぐそこですという。余が不思議そうにしていたので、女は室の外の板間に出て、そこの中障子を開けて見せた。なるほど東大寺は自分の頭の上に当ってゐるくらいである。何日の月であったかそこらの荒れたる木立の上を淋しそうに照らしてある。下女は更に向うを指して、大仏のお堂の後ろのあそこの処へ来て夜は鹿が鳴きますからよく聞こえます、ということであった。

以上の文章から思い浮かぶのは次の句であろう。

柿くへば鐘が鳴るなり法隆寺

子規の代表句と言われ、小学校の教科書にも載っており、俳句に縁のない人にも知られている。なぜこの句だけ有名になったのか、本当に文学的に名句なのかは賛否両論があろう。その論争は別として、この句がなぜ教科書に載るようになったかという経緯に少し触れてみたい。

子規の弟子に内藤鳴雪（ないとうめいせつ）がいる。弟子と言っても子規より二十歳年上である。彼は松山出身で本名は素行。「なりゆき」と読み、物事はなりゆきに任せるという、洒落のような名前で、雅号の「鳴雪（めいせつ）」も「なりゆき」とも読める。飄々とした風格で、人柄も洒脱だった。教育関係の仕事に従事し、後に上京して旧松山藩士の子弟が学ぶための給費制度で発足した常盤会（ときわかい）寄宿舎の監督に就任した。

当時、子規は常盤会で俳句グループを結成し、軍人志望などの硬派から軟弱な文学派に非難の眼が向けられ両者対立、子規をいさめるべく割って入った鳴雪は逆に子規の俳句熱に感染し、子規に弟子入りしてしまう。ミイラ取りがミイラになったわけである。

後に文部省に入り、森有礼文部大臣、伊藤博文首相のもとで勤めたが、その縁で教科書を作るにあたって、鳴雪自作の俳句を提供するよう依頼を受けた。

元旦や一系の天子不二の山　鳴雪

名利に恬淡な人柄の鳴雪は、自分の句だけを目立たせるのを嫌い、師の子規の俳句もと選んだのが「柿くへば」の句であった。ところが戦後「一系の天子」即ち天皇を賛美する句は問題だと外され、子規の句だけが残って有名になったとのこと。これは前述の和田克司氏から聞いた話である。

まったくの余談だが、ある日、タクシーの運転手さんとたまたま子規の話になり、彼は唐突に「子規という人は気の毒ですなあ」と言い出したので、なぜですかと問うと、「子規はあれだけ有名で俳句もたくさん作っているだろうに、有名になったのは「柿くへば」の句だけなのはどうしてですか」と言われて筆者は返答に窮した。確かにそう言われれば、ほかの句がすぐに浮かぶ人は少ない。

法隆寺か東大寺か

「柿くへば」の句の詞書（前書）には、「法隆寺の茶店に憩ひて」とある。このように子規自身が明言しているので、法隆寺で作った句だと考える人も多い。前述の猪股老人なども、写生を唱える子規だから法隆寺でありのままを詠んだのだと主張されていたが、それなら奈良の吉野に子規は行ったことがないのに吉野の桜の句を詠んでますがと反論したことがあった。

前述の子規の随筆の一文は実に詩情の漂った情景で、読む者をもうっとりとさせる。

体調の思わしくなかった子規が大阪からやっとの思いで奈良に辿り着き、疲れた身体を休め、宿のご馳走を食べてくつろいでいると、女中が柿をたくさん盛った丼鉢をかかえて入ってきた。子規の大好物の柿である。その女中は

十六、七の初々しい色白の美人で、うつむいて柿をむいている姿に子規は思わずうっとりと見惚れてしまった。するとボーンと鐘が鳴った。それは、対山楼から目と鼻の先にある東大寺大仏殿の裏手の鐘楼の鐘の音である。通称「奈良太郎」と言って二十六トンもあり、日本三大梵鐘の一つで今でも夜の八時に十八回打たれる。巨大な鐘だけに重々しい低音で、その上ずっと昔に地震で落下してひびが入り、風向きによっては耳を澄まさぬと聞こえない。

その鐘を聞いた宿の女中は、「おや、初夜が鳴る」とつぶやいた。「初夜」は「そや」と読み、古語で「戌（いぬ）の刻」すなわち今の午後七時から九時頃のことを言う。言葉に敏感な子規は、その「そや」という語感に関心を持ったわけである。この時、子規は東大寺がすぐ近くにあるということを知らなかったのである。奈良駅から人力車か徒歩ですぐに宿に入り、近辺は翌日に歩いたことになり、前述の子規の奈良の行程によれば十月二十六日の東大寺散策はあり得ない。

東大寺はどこかと子規が尋ねると、女中は室の外の板間の中障子を明けて「すぐそこです」と差し示した。日が暮れても月が大仏殿の屋根や金の鴟尾を照らしていたのだろう。そこらの荒れたる木立も淋しそうに照らしていた。実は今も対山楼の跡地にエノキの大木が数本あり、子規もこの同じ木を眺めていたと思われる。

さて、その後の二日間は東大寺近辺から奈良坂、般若寺、法華寺、西大寺などを歩き廻り、西の京の二大名刹、唐招提寺と薬師寺にまで足をのばし、多くの俳句を残している。

そして、最終日の二十八日に法隆寺を訪ね「柿くへば」の句を作ったと思われるが、その詞書の茶店とは西院伽藍に向かって左側の弁天池のあった建物で、そのすぐ後方に薬師如来座像を安置する西円堂と鐘楼がある。子規は茶店でこの鐘の音を聞いたのだろう。しかし、その茶店で柿が売られていて、柿を食ったという証拠はない。

以前に法隆寺の故高田良信長老の講演を聞いたことがあるが、薬師如来は病苦を救う如来なので、子規はこの鐘を聞いて病気の回復を願ったにちがいないと話されていた。しかし、子規は神仏に祈願することは一切なかったと自ら書いているのでどうだろうか。

前述の随筆から、柿を食っていると鐘が鳴ったというのは確かである。ただしそれは東大寺の鐘であり、宿から十キロ余りも離れた法隆寺の鐘は聞こえるはずもない。

ここでやはり気になるのは、色白の美しい女中の存在である。子規はそれまで余り女性との縁もなかった。旅先や下宿先の女性に一過性の淡い恋心を抱いたことがあるようなことを自ら書いてはいるものの、女性と本格的につきあい、恋におちたような経験は一度もなかったと思われる。病(やまい)の身でもあり、限られた命を文芸の改革に打ち込みたいという使命に突き動かされ、恋にうつつを抜かしている暇などないという思いもあった。そして彼の生涯が示すように、男との友情を大事にしようとした蛮カラ気質だったことも影響している。

とは言え、まだ二十八歳の独身の若者である。一時的に元気をとり戻し、旅の途上という高揚した気分の中、憧れの奈良の高級旅館の一室で、うら若き女中が大好物の柿をむいてくれている。そして、どこからともなく低い鐘の音が聞こえてきて、月光が晩秋の古都の木々を淡く照らしている。舞台が整い過ぎているではないか。その上、残された命を俳句に賭けている身であれば、ここで一句浮かぶのは当然の成り行きだろう。

　柿くへば鐘が鳴るなり東大寺

と思わず口ずさんだのかもしれない。その夢のようなひと時を胸に抱いたまま、古都を散策し、三日後に法隆寺を訪ね、茶店に座っていると、すぐ上の西円寺の鐘が鳴った。そう考えると、この句の着想は初日の対山楼の夜に概ねできていて、その思いを引きずりながら法隆寺までやって来たと考えるのが自然である。

さて、もう一つ天候のことであるが、国の機関紙「官報」の記録によると、子規が奈良に到着した十月二十六日からの三日間は晴か曇であり、法隆寺を訪ねた二十九日だけ雨となっている。それは子規の句にも表れている。

　行く秋をしぐれかけたり法隆寺

　稲の雨斑鳩寺にまうでけり

斑鳩寺とは法隆寺の別称である。一方、その他の奈良町や西の京などを吟行した時の句には雨の気配はない。「柿くへば」の句に雨はどうも似合わない。

また、「柿くへば鐘が鳴るなり東大寺」というのでは、大仏殿のいかつい巨大なスケールと柿という素朴なイメージの取り合わせがどうもしっくり来ない。その上、「とうだいじ」という固い語感より「ほうりゅうじ」という柔らかい響きの方がぴったり来るように、言葉に敏感な子規も思ったのではなかろうか。

この句は松山の「海南新聞」に、奈良を訪ねた十日余り後の十一月八日に発表している。いずれにしても、対山楼での至福の思い出を抱いたまま法隆寺へ向かい、東大寺と法隆寺の両方のイメージを重ねて推敲の後に発表したと考えるのが妥当であろう。しかし、何事もはっきりと結論が出ない方がロマンがあり、味わい深いとも言えようか。

ちなみに「対山楼」と命名したのは、一説によれば山岡鉄舟と言われる。鉄舟は勝海舟、高橋泥舟と並び幕末三舟と称される傑物中の傑物。彼は勝海舟と西郷隆盛との江戸開城の会談を命懸けで斡旋した陰の立役者で、西郷をして、「金もいらぬ、名誉もいらぬ、命もいらぬ人は始末に困るが、そのような人でなければ天下の偉業は成し遂げられない」と言わしめた男である。宿帳にもたびたび登場しており、宿の主人・角谷定七とは親しく、自分専用の六畳二間続きの部屋をわざわざ増築させたとのこと。この頃の著名人は宿代のかわりに書を一筆揮毫して置いていったらしく、鉄舟の襖絵や掛軸も数点残されていたとのこと。

対山楼は江戸から明治前期は繁盛したが、一八九〇年（明治二十三）に鉄道が通り、次第に中心は奈良駅の方に移り、この近辺は廃れていき、一九一九年（大正八）に廃業、戦後再開したが一九〇五年（昭和三十八）に完全廃業し、一時郵政省の寮になったりしたが取り壊され、今は数枚の写真が残るのみで詳しい間取りや建物の位置は分からない。

柿の木は残った

子規の奈良探訪から時計の針を百年以上進めてみよう。

二〇〇六年（平成十八）の早春だったか、ある一本の電話をもらった。「奈良の天平倶楽部という日本料理の店の者ですが、ご相談したいことがあります」とのこと。早速そのお店に伺い、経営者の中塚隆子、マネージャーの二宮和男両氏と面談、話は次のような内容であった。

この土地は以前に対山楼という老舗旅館のあった所で、数年前にその跡地を買い取り店を建てた。その宿の子孫の角谷さんという人が隣に住んでおられたが他界され、その土地を買い取ったところ、一本の柿の古木が現存していることが分かった。この柿は子規の「柿くへば」の句にゆかりの木ではということになり、この柿を中心に句碑を建て、草花を植えて子規の世界を偲ぶ庭を作るという企画が持ちあがった。ついては子規の子孫に了解を得ておこうとインターネットで調べたら、奈良に子孫が居ることが分かり連絡した。この宿には子規をはじめ幕末の志士や近代日本の礎を築いた各界の著名人が多く泊まっており、その人達を掘りおこして奈良の近代文化に照明を当て、歴史に出会う素晴らしさを皆さんにお伝えできればと熱っぽく語られた。

その話を聞いた時、筆者は「本業が庭作りで樹木医でもあり、子規の子孫と三拍子そろい運命的なものを感じるのでぜひ庭も作らせていただきたい」と即座にお願いした。

そして春爛漫の四月に「子規の庭プロジェクト」の立上げ式が天平倶楽部で行われ、先述のお店のお二人をはじめ、県のアドヴァイザーや学者、新聞記者も加わり、企画会議が開かれ、子規が訪ねてきた十月二十六日に開園式を行うことも決定した。

早速現地を調査したところ、その柿の古木はほかの雑木に覆われており、それらを伐採していくと、柿の古木の風格のある雄姿が現れた。

正確な樹齢は幹の根元を切断して年輪を数えるしかないが、もちろんそれは不可能なので、幹の太さや姿など他の柿と比較し、ほぼ百数十年は経っていて、子規が訪ねてきた時に現存していたと推測できた。その頃に、御所柿とトヨカ柿が五、六本あったと角谷ときさんも証言していた。

子規が随筆で書いている御所柿は、奈良県御所市で四百年ほど前に登場、富有柿（ふゆうがき）のルーツにあたる。ようかんのような上品な甘みが好まれ、京都の御所へも献上したとのことがその名の由来と言われる。ただ、病害虫に弱く収穫も不安定で形もいびつなので、市場に流通していない。一方、トヨカ柿は豊岡さんという栽培家が作出したのがその名の由来で、最初渋柿だが樹上で熟して果肉に黒い斑点（ゴマ）が入ると、とても甘くなるという「不完全甘柿」の品種である。今回のプロジェクトには柿の専門家の太津隆司氏も参加してもらい、この古木はトヨカ柿であることも分かった。彼の説では、御所柿が食べ頃になるのは十一月後半、それに比べてトヨカ柿は子規がやって来た十月後半と、気候変動に関係なく毎年決まっているとのこと。この古木の実を子規が食べたのかもと脚光を浴びることになった。

子規の描いた理想の庭

どのようなイメージの庭にすべきか、何度も現地に立って考えた。三十代で筆者が修業した造園会社の親方からは、常々「庭の設計は机上で考えているだけではダメだ。計画地の現場に立ち、その風に吹かれて考えろ。そして泥だらけになってやれ」と叩き込まれたのを思い出した。

現地の東の方角には金箔の鴟尾が陽光に輝く東大寺大仏殿の威容が迫り、その背後には春日大社の鎮守の森、春日山原始林を構成する御蓋山と花山の黒々とした常緑の森が広がり、その左手は冬の山焼で有名な芝草の若草山、右手はお盆に大文字の火が灯る高円山が迫っている。文字通り世界遺産を借景にして句碑を据える。それも台石の上に縦長の石を乗せて句を刻んだようなありふれたものではなく、三尊石の石組の一つに句を刻み、庭の中に溶け込むような構成にしようと現地で案を描いた。

子規と庭や植物の関連を調べるために、講談社の『子規全集』（全24巻）、増進会出版社の『子規選集』（全15巻）を中心に随筆、俳句短歌、絵画などにあたってみた。

その中に、一八九八年（明治三十一）頃の随筆『わが幼児の美感』と題して、幼い頃の自宅の庭を回想している文章があった。

子規の最も古い記憶は三歳の時で、自宅から一キロほど離れた母の実家に泊まることになったが、寝入りばなに騒がしい音に目が覚め、外に出ると自宅の方角に火の手があがっていた。母に負われて駆けつけると、自分の家が猛火に包まれていて呆然と立ちつくした。その時の燃え盛る炎の美しさに感動し、その赤い色が鮮明に脳裏に焼きついたとのこと。その記憶が影響したのか、長じて子規は赤が最も好む色となり、随筆にも赤を取上げた文章が目立つ。

一八九九年（明治三十二）の『ホトトギス』には、『赤』と題しての一文がある。

自分は子供の時から自然の現象がひどく好きであった。特に病身になって世俗的な欲求を満たすことが出来なくなって、天然界により引かれるようになった。そしてこちらから天然界に情を持って話しかけると、全てのものが情をもって自分に話しかけてくる。全てのものに霊があって、皆自分ひとりに向かってくる。原っぱに蓮華の花が一面咲いているとその赤色がたまらなくなり、その上に寝てしまいたくなる。赤の精霊が枕辺（まくらべ）に下りてくるのである。

と書いている。

この文章から筆者の最も好きな言葉で日本人の魂の源泉とも言える、天台宗の「山川国土悉皆成仏」を思い起こす。自然界のすべてのものに仏性が宿っている。動植物だけでなく、水や石や火やすべてのものに命が宿っているという思想が日本文化の根底に古来から息づいている。子規は病床から眺める小さな庭の植物や蝶や鳥や風にまで、この精霊を感じ、精霊と戯れていたのではないか。衰えていく己の命と芽吹き成長していく命との対話。

色彩について子規はこうも語っている。「天然の色の中で最も必要なのは赤である。しかし赤は白があってこそ引き立つ。壁も天井も皆白色で白いテーブル掛けの上に活けられた紅の牡丹の花の美しさ。赤と白のコントラストが美しい」。このヒントから筆者は句碑の後方に、白花と赤花を適度に混ぜたヒラドツツジの大刈込を持ってくることにした。

子規は火事ですべてを失い、貧しく、家の中には美を楽しますものは何一つなかったが、唯一、庭には桜の大木があり、その下にざくろやぼけ、椿、つつじ、芍薬、牡丹などに子供心を慰められた。ここでも赤い花が多い。女の子のようで恥ずかしいが、よく野原に摘草にでかけ、蓮華の花束を作って遊んだとも回想している。そして次のようなフレーズが目に飛び込んできた。

　花は我が世界にして草花は我が命なり

「花は我が命」とまで言い切る、子規の強い植物への思い入れだ。筆者の実家の周りも田畑が多く、幼い頃は一日中野原で遊び、路傍の草花を摘んでは持ち帰って標本にしたり、小さな庭にいろいろ植えたりし、植物好きが高じて庭作りの道に入ってしまった。この点だけは子規の血を引いているのだろうか。

子規の初期の作品に『筆まかせ』という随筆があり、子規が上京して十七歳から八年間の学生時代に様々なテーマで書き綴っている。その中に一八九〇年（明治二十三）の『書斎及び庭園設計』というテーマで、自分が将来持ちたい家と庭を、簡単な絵図まで描いて事細かく書き記している。非常に具体的で設計するにあたって最も参考になった。その内容を砕いて次に要約する。

西洋風と日本風の二間続きの書斎を建て、その南側に庭を作りたい。財に任せて大きな庭を望むことなど到底不可能なので、そこそこの広さの庭で良い。巾半間ぐらいの一筋の小川を作り、そこには大きな鯉などよりメダカが泳いでいればよい。そしてその小川は池に注ぐ。小川の向こうには築山を設け、松や楓を植え、小川には八つ橋を架け、そのたもとには河骨（こうほね）や杜若（かきつばた）などの水草を植える。書斎から小川までの空間は芝生とし、すみれや蓮華を点在させる。橋を渡り、築山の向こうには、桔梗、萩、女郎花（おみなえし）、薄（すすき）、撫子（なでしこ）などの秋草ばかりを植える。その他、山茶花、南天、紫木蓮、松葉牡丹、芍薬などがあってもよい。

そして筆者が最も注目したのは次の二つのフレーズである。

○皆野生の有様にて乱れたるを最上とす。

○すべて日本風の雅趣を存すべし、西洋流の方形や円形の無風流な人工的なしつらえは避ける。

この二点を庭園のコンセプトとした。

幸いにちょうど半間（九十センチ）ほどの小川とほどよい池や石組が、すでにお店の庭として現存していた。三階建ての店舗と隣のビルの間の路地をくぐり、石段を登って行って池と小川に出るようになっていたが、そのビルの壁面には竹垣を貼り付け、橋の欄干や手水鉢、景石など残存する材料を両側に据え付け、料亭の露地のような雰囲気を出した。

工事を始めると大きな問題にぶつかった。実はこの場所は江戸時代まで東大寺の旧境内で、埋蔵物が埋まっているのではという懸念が浮上、実際造成段階で古い土器の欠片などが出土し、奈良県立橿原考古学研究所の立入り検査で工事はストップをかけられた。日取りがすでに決定しているオープンに間に合わぬのではと色めき立ち、何度も陳情に通い、何とかゴーサインをもらった時は胸をなでおろした。

句碑となる石は子規の故郷である伊予の青石と決め、その産地の愛媛県西条市まで石屋の車に便乗し、うだるような炎天下を一日探し廻り、やっと気に入った三石をトレーラーで関西まで運んだ。

彫り込む子規の句は、「秋暮るる奈良の旅籠（はたご）の柿の味」と決めた。オーナーの料理屋に相応しい「味」の字があり、旅籠は対山楼のことである。二つの季語が入った「季重なり」であることは完成したずっと後に気付いたが。

この句の子規の直筆の原本が東京の国立国会図書館にあることをつきとめ、上京しコピーを頂き、それを拡大して石に張り付け、機械で彫り込んだ。

ちょうど秋にオープンするので、柿の木の周辺には子規が好んだ秋の草花を「野生の有様に咲き乱れたる」様に植え、子規が好んで句材にしたり絵に描いた野趣のある草花を配した。最も好んだ鶏頭、萩、山吹、藤袴など。小川には黄花の河骨（こうほね）や蒲（がま）なども植え込んだ。

工事はオープンの前日の夜までかかり、夕闇の中、句碑の字の彫込みに青ペンキを塗っていると雨が降りはじめ、ペンキが流れ落ちないか気が気ではなかった。

翌開園式の朝は前夜とは打って変わって雲一つない秋晴で、庭一面陽光が降り注いでいた。周囲には紅白の幕が張り巡らされ、大勢の関係者の方々に参列していただき、祝辞を賜った。大勢の人々の努力の結集がこのプロジェクトを作り上げた感慨と感謝の念が、秋空に枝を拡げた柿の古木を見上げながら湧き上がってきた。これを機に少しマスコミに載るようになり、筆者の人脈は造園業界から子規ワールド、俳句や文芸関係へとシフトし拡がって行った。

思えば、元を正せば中国の帰りに危篤状態になるも奇跡的に回復し、松山に帰郷した子規が愚陀仏庵で厚かましくも漱石から借りて返すことのなかった十円…友情の十円が無かったら筆者はこの晴舞台に立つこともなかった。なぜならこの十円が無かったら、金の持ち合わせのない子規はまっすぐ母妹の待つ東京根岸の家に戻らねばならなかった。それが十円で気が大きくなり、奈良の高級旅館に立ち寄り豪遊し、「柿くへば」の代表句を生み出し、子規も後世に名を残した。そのお陰で筆者も運よく「子規の庭」を作らせていただき、講演や原稿の仕事も入るようになり、人生の転機となった。漱石から借りた十円が無く、一本残っていた柿の木が切られていたら、すべては違う展開になっていたと考えると、運命の不思議さを感じないわけにはいかない。

運命の十円の後日談

「貴兄から借りた十円は奈良で使い果たし候」とぬけぬけと書いた手紙を子規からもらったと、漱石は子規の死後懐かしく回想している。当時大金の十円であったが、子規は返すつもりはなかったし、漱石もあてにはしてなかったろう。そんなことでこじれる仲でもなかったし、みな総じて貧しかったのに金銭に関しては今よりずっと大らかな時代であった。

しかし、筆者は子孫としてどうもその借金のことが気になっていて、二〇〇一年（平成十三）の子規百回忌で出会い親しくさせていただいていた漱石の孫の半藤末利子さんに次のような手紙を差し上げた。彼女は随筆家で漱石の長女筆子さんの四女、旦那さんの半藤一利さんは作家で、近現代史や漱石関連の書物を多数出されている。

前略、百十二年前に御祖父漱石さんから子規がお借りした十円がどうも気になって仕方がないのです。幸いお陰様で今回のような「子規の庭」という素晴らしい仕事を頂き、ギャラも入ってまいりましたので、せめて元金だけでもお返しせねばと思い、同封しました。利子は以前お送りした柿でお許し願えるとのことでほっとしております。祖父になり代わりまして厚く御礼申し上げます。

こう書いて、十円玉を一個だけ招き猫の絵柄の入ったポチ袋に入れてお送りした。すると末利子さんから『味覚春秋』という料理冊子が送られてきて、その中に次のような彼女のエッセイが載っていた。

百十二年前の十円がいかに高価であったかは、子規が奈良でも一、二を競う高級旅館に三日間も滞在して豪遊したことからもわかるが、何とまあ明さんは義理固く律儀なお方であろうか。内田百閒を初めとする多くの弟子達が漱石から借りた金を踏み倒したというのに……。

しかし明さんとお友達であったばかりに数多くいる漱石の孫の中で、私だけが三代前の貸金を元金と利息をそろえて返済して頂いて良いものであろうか。それに利子の柿はすでに食べ尽くしてしまったし、元金十円をいとこ達で分けようにも一人当たり一円以下の金額になってしまうから、これは不可能に近い。大いに気が引けるけれど、元金も利子もありがたく頂くことにした。そしてそのうち雑司ヶ谷の漱石の墓に「たしかに返して頂きました。」と報告しようと思っている。

月ヶ瀬の梅の精

晩秋の古都奈良の一夜、うら若き女中が柿をむいてくれているとボーンと鐘が鳴ったという情景は、子規にとっては特別の意味を持った忘れ難いシーンとなって、その後何度となく胸中に甦ったようである。それはその何年後かの作品にも表れている。

柿に思ふ奈良の旅籠の下女の顔
夢に美人来れり曰く梅の精と
月見ては月か瀬の梅を思ふ哉

どれも柿をむいてくれた女性の面影が漂っている。もともと女性の思い出など少なかった子規にとって、最も印象に残る女性の姿だったと思われてならない。別に深い関係になったわけでもなく、ほんの短い時間の邂逅であったが、それだけに仄かな恋心に似た情念となって心に刻まれたのかもしれない。まだ子規は二十八歳という若さであった。

この頃の子規の健康状態は、結核菌が肺から血流に乗って脊髄に移行し、脊椎カリエスを発症していて、歩行が困難になりかけていた。奈良に立ち寄る直前の大阪ではかなり具合が悪かったが、奈良の三日間だけはどういうわけか体調もよく、また天気もよかったので歩き廻った。数日後、東京駅に着いた時は足を引きずり、顔色も悪かったというから、奈良滞在は正に神が与えた奇跡の時間とさえ思う。やがて病床に伏せ、二度と遠出のできぬ身となり、奈良が人生最後の旅となった。それだけに忘れえぬ旅路となったのだろう。

対山楼の女中トヨさん？（左）と角谷女将（右）

衰えゆく子規の前に現れた月ヶ瀬の女中はまだ十六、七の初々しい、これから命を燃やしてゆく健康的な女性である。その対照的な二人の対比に、子規は感慨深いものがあったのかもしれない。

この女性の名は「とよ」と言い、子規が訪れた時の宿の主人、角谷定七の姪であることが古い資料で分かっている。古賀蔵人という人が、角谷定七の孫にあたる角谷ときさんに取材した文章が講談社『子規全集』第二巻

にある。ときさんは、筆者が前述した奈良の角谷さんのお宅でお会いした方である。そのインタビューの文章を引用すると

「対山楼は道からすぐ奥深い母家で、そのまた奥が横に長い二階建の離れにT字型に続いており、その二階は北の端から床の間付きの十畳に控えの六畳、八畳に控えの六畳、南に十四畳の広間と三部屋並び、回り廊下がぐるりと取り巻いていていました」

所望に応じて山盛りに出た柿を、十年ぶりの御所柿と子規が最高に喜んだという話を切り出すと、

「離れの近く、庭の東南のすみに数本の御所柿の木があって、鈴なりによくなりました。それをちぎって差し上げたに違いありません。美人の女中が柿をおむきしたのですって。母の従妹にとよさんという評判の美人がいました。木津の鹿背山の出、月が瀬の方角なので、梅の精霊のようだと子規先生がほめて下さったのでしょう」

この「母」というのは、ときさんの母親きみさんで、やはり美人で、父親の定七を手伝っていたらしい。きみさんは後に横浜正金銀行の重役、角谷藤三郎氏を入り婿として迎え入れた。後に南都銀行の設立に関与し、奈良三条ビルの建設の指揮を執ったとのこと。今もギリシャ建築様式の外観は当時のまま現存している。

筆者は子規と淡い縁のあった女中のとよさんを、どうしても追跡したくなって八方手を尽くして聞きに廻った。その中に、ある人の紹介でお会いした月ヶ瀬の長老、稲葉長輝という郷土史家がおられ、月ヶ瀬の女性史などを地道に研究されておられ、とよさんのことも戸籍などあたったがよく分からなかったとのこと。長老のお宅の近くに角谷さんの実家があると案内していただいたが、今は空家になっているとのこと。とよさんは父親の実家であるこの家から叔父の角谷定七の経営する対山楼に手伝いに出ていたという話もある。もともと木津の鹿背山の出身で、月ヶ瀬も同じ方向で地名も有名なので、月ヶ瀬出身と子規に答えたのかもしれない。

写真鑑定

そうこうしているうちに、角谷さんの別の親戚の方から昔のアルバムを拝見する機会を得た。かなり古いアルバ

ムで、やや変色したモノクロの写真がたくさん貼り付けてあり、その中に二人の女性が写っている注目すべき写真があった。二人とも着物姿できちんとポーズを取り、右側の座っている中年の女性は角谷定七の妻、すなわち対山楼の女将であるのは確かで、左側の立姿の女性はまだ若く、色白である。

奈良市の「子規の庭」
（手前に柿の古木と句碑、後方は東大寺大仏殿）

写真の右側には小さな紙片がセロテープで貼られていて、字が薄れていて判読できない。ここで登場したのが、デジタル画像で消滅しかけた文字や絵画などの文化財の復元専門業者で、結構高額だったが調べてもらったところ、紙片には別人の名前が記されていて、劣化しやすいセロテープが新しいので、別の所に貼ってあった紙片が剥がれ落ちて別のところに貼り直したのでは。そして写真に関しては、女将は目から鼻にかけて修正しているが、娘の方は手を加えていないし、色白で鼻筋も通っていて美人と言えるとの回答。

ところでこの写真は、背景やポーズから写真館で撮られたものであろう。他人の女中と女将が並んで写真館で撮影することは考えにくく、この人こそ女将の姪にあたる「とよさん」ではないかということになった。美人不美人は写真の写りもあり、主観的な好みも入るので断定はできない。この人が子規の見惚れた月ヶ瀬の女性とはっきり証明できればスクープものだが、「柿くへば」の句の背景と同様、謎に包まれているうちがロマンとも言えよう。

とよさんはその後、大阪天王寺寺田町のお茶屋に嫁入りし、美人女将として有名だったが、太平洋戦争の米軍による大阪大空襲に遭い、その後の消息は不明である。

何やらずいぶんくどい説明になったが、これらの経緯は筆者にしか書けない内容なので記録しておくことにした。

さて、至福の数日を奈良で過ごしたあと、母妹の待つ根岸の自宅へ戻ったが、間もなく脊椎カリエスと診断され、徐々に歩行困難となる。最後の三年ほどはほぼ寝たきりの状態になり、病魔は容赦なく子規の肉体を蝕んでいった。しかし子規は病苦に苛まれながらも俳句や短歌、詩を作り続け、新聞や俳誌に随筆を載せ、とにかく書き続けた。痛苦をモルヒネでやわらげて、草花や果物の絵まで描いた。その間、毎日のように友人が集まり句会をやり、談笑した。今残っている子規の仕事の大きな部分は、この病床の数年間に生み出されたものと言われる。それを支えたのは妹の律をはじめ、母の八重、拓川などの親戚、そして多くの友人達であった。

特別編②

司馬さんとの日々

現在も国民的大作家として存在感をもつ故・司馬遼太郎氏を、気安く「司馬さん」と呼ばせていただきたい。本書にも時々登場していただいたが、昭和四十～五十年代にかけての司馬さんとの思い出を、ごく断片的に書き残しておきたいと思う。まだ子規も拓川も、彼らの生きた明治のこともほとんど知らなかった三十そこその青二才だった筆者は、司馬さんの語られた様々な話を吸収する素養がなかったのは甚だ残念であるが、幸い日記に少し書き残していたので、それらを元に記憶をたぐっていきたい。

昭和43年秋、大阪北新地の蘆月（ろげつ）（通称、紙鍋）で対面した司馬遼太郎（中央）と小説『坂の上の雲』の主人公の遺族（無断転載を禁ず）

司馬さんはとにかく子規が好きだったらしい。晩年になっても、子規と漱石の話をしきりにしていたとみどり夫人が回想している。子規の透明な生き様と虚飾の無い文体、何より子規の明るさに引かれたとのこと。子規という人は真暗な牢獄に閉じ込められたとしても、その壁に懸命に穴を開けて、そこから射し込む一条の光を見つめ続けるような人だと、どこかに書かれていたように思う。司馬さんはその子規を書こうと思って松山の地を訪れ、取材するうちに、子規の親友の海軍参謀・秋山真之（あきやまさねゆき）を見つけ、その兄の陸軍騎兵の祖・秋山好古（あきやまよしふる）に出会い、その三人を主人公にして『坂の上の雲』を書こうと思いたった。四十代の前半は資料収集と取材に明け暮れ、後半は執筆にあたり、油の乗り切った四十代の大半をこの作品に費やしただけあって、筆勢が全編に漲っている。

この作品をサンケイ新聞に連載しはじめた一九六八年（昭和四十三）の秋

に、司馬さんは主人公の三人の遺族に声をかけ、大阪北新地の「蘆月（ろげつ）」という料理屋に集まった。この店は俗称「紙鍋」と言って、金網のざるに和紙を張って炭火にかけて煮たきすることで知られていた。

当時、サンケイ新聞が取材した記事に、円卓を囲み、司馬さんを中央に談笑する写真がある。好古の次男・秋山次郎、次女の土居健子、真之の四男・秋山全（あきやまひさし）、そして子規の妹・律の養子の正岡忠三郎（筆者の父）の面々で、これが父と司馬さんの初対面の席であった。

司馬さんは見知らぬ人間が自分の父親のことを書かれるのは気味悪いだろうと、儀礼のつもりで集まってもらったと語っているが、司馬さんは一九六二年（昭和三十七）に『梟（ふくろう）の城』で直木賞を受賞し、『竜馬がゆく』や『国盗り物語』を出し、当時すでに著名な歴史作家となっていた。まだ四十五歳だが白髪で大作家の風格が備わっていて、満面に笑みをたたえている。いつも笑顔を絶やさぬ人であったが、一度だけまったく違う真剣な表情に出会ったことがある。その目が異様に大きく、しかもカメラのように四角かった。ふと、筆者は作家の井上ひさし氏のコラムを思い出した。「司馬さんにある日単行本を一冊渡すと、彼はソファーに横たわって読みはじめ、ものの三十分も経たぬうちに読み終えてしまった。内容を聞くと殆んど全文を把握されていた。その時、司馬さんの目はカメラだと思った」とのこと。映像を一瞬にしてカメラのように脳に焼き付ける特殊能力の人が居て、「直観像素質」と言うらしい。文人や画家など天才的な人に備わっている場合があるとのこと。

ところで、『坂の上の雲』を連載された頃、母から「うちのことを司馬遼太郎という作家が書いているらしいよ」と告げられただけだったが、その数年後、どんどん彼と接近することになる。その橋渡しをした人物が西澤隆二（にしざわたかじ）（筆名・ぬやまひろし、以下タカジと呼ぶ）。本人は肩書を「革命家」としていたが、共産主義者で詩人という、一風変わった人であった。父の仙台二高以来の友人で、筆者は二十代に出会った。もう七十歳を越えていたのに青年のような若々しい熱情に筆者は引かれ、少なからず影響を受けた人物である。司馬さんが小説『ひとびとの跫音（あしおと）』の中でこう書いている。

ついでながら後年、このタカジ（西澤の呼称）の学校ぎらいは一つの主張になるまでにこうじた。たとえば、晩年なども工学部に通っている若者——忠三郎さんの次男だが——にしきりに説き、それより職をもて、畳職なぞはいい賃金をとるんだ、などと言ったりした。その青年が卒業後つとめた大会社をやめ、地下足袋をはいていさぎよく植木職の見習いになった。このことについてはタカジの影響がまったくなかったとはいえない。……

いや、大いに影響があったのである。タカジは筆者に向かって、肉体労働者は偉いんだぞ、畳職などの職人もよいとよく言われた。タカジは戦前の治安維持法という網にかかり、思想犯として一九三四年（昭和九）に逮捕され、網走など留置場を転々として市ヶ谷刑務所に収容された。思想を捨てるよう、強要され拷問まで受けたが転向することなく、治安維持法が廃止された一九四五年（昭和二十）に自由の身になった。そして獄中生活で紙も鉛筆も使えなかったので、自作の詩を丸暗記して出獄後「編笠」という詩集にして世に出した。その後、共産党の機関誌『赤旗』の編集長などを務めたが、日本共産党とたもとを分かち、中国に渡って、毛沢東主席と接触したりした。政治的な体質ではなく、純粋に思想家で詩人の魂を持った人だったと思う。この人物のことを書き出すと枚数が足らなくなるので控えるが、ある日、タカジが我が家にやって来て、筆者の母に司馬遼太郎という作家に連絡してくれと唐突に言った。この時、筆者も在宅していたので、昔の古い黒電話のダイヤルの廻す音までなぜか覚えている。

筆者の父が中風で倒れて以来、容態が悪化したこともあり、タカジには何とか父が生きているうちに新しい『子規全集』を出したいという強い願望があった。父への最後の友情の証という意味あいがあった。タカジ自身も十年以上暗い牢獄で耐え抜けたのは、子規の晩年の日記『仰臥漫録』が手元にあったからだと告白している。いかなる情況でも希望を失わない子規の明るさに力付けられたとのこと。子規には特別の思いがあったことが彼を突き動かした。

父を監修とし、編集委員に西澤隆二、司馬遼太郎、作家の大岡昇平、歌人の服部嘉香氏が加わり、講談社から出版の運びとなった。一九七三年（昭和四十八）六月に第一回編集会議が伊丹の拙宅の狭い一室で開かれ、母が食事を世話したり立ち働いていた。全集の編集部長は講談社の松井勲という人で、芥川龍之介のような痩せこけた風貌だったが、実はこの時、癌に犯されていた。それでも子規が乗り移ったように、子規の資料の原本にあたるべく東奔西走し、志なかばで倒れてしまった。享年五十四歳。司馬さんは彼の壮絶な死を「子規全集に殉死した」と表現した。

筆者は池袋の講談社の子規全集編集室を訪ねたことがある。GHQが占有していた歴史のある古色蒼然とした木造の建物の玄関に、目の覚めるような真白のブレザーを着た松井氏が迎えに来てくれた。自分が病身であることを悟らせないための服装だったと後で知らされた。その部屋には若い女性が数人いて、黙々と、高く積まれた資料に埋もれて仕事をしており、緊張した空気が辺りに張りつめていたのが印象に残っている。

紆余曲折のすえ、父の亡くなる時には十五巻刊行され、充分タカジの思いは遂げられた。最終的には二十五巻という、今までにない充実した全集となった。

父・忠三郎は一九七六年（昭和五十一）九月十日に他界したが、その前日に毛沢東が亡くなっている。タカジは父の死を知らされて、すぐに誄詩が吹き込まれたカセットテープが送られてきた。

死ぬということは
もう会えないということだ
それから上でもなければ下でもない
だから悲しいんだ

…………

忠三郎よ
おまえの顔はどんな顔でも
俺たちの胸にしみついている
どんな顔でも思い出すことができる
俺たちが生きているかぎりおまえも生きている

テープの声はゆっくりとくぐもった声であった。というのもタカジは食道癌に犯されていて、父の死の八日後に亡くなった。司馬さんと母は信州の佐久病院へタカジの弔いに駆けつけた。筆者は大阪駅の夜行に乗り込む二人を見送りに行ったが、何とも目まぐるしい日々であった。

父の死に戻るが、脳血栓ですぐ入院すればよかったが、その頃余り知識もなく、左半身不随になって七年間病院と自宅で闘病生活を続け、最後は大量の吐血をした。おそらく胃癌にもなって、癌が臓器をつき破り、「穿破」という症状だったのか。その時、父の顔の相が一瞬で厳しい崇高とも言える相に変わったので、はっとした。その六日後の朝に亡くなったが、つきそいの知人が窓を開けると、美しい朝焼が東の空に拡がっていた。

この時の様子を司馬さんは父への弔辞の中でつぎのように綴っている。

忠三郎の大人、臨終まで意識あきらかにして、魂のかがやき常のごとし。ときに台風の予報あり。夜半、風はげしく、地上の塵を払い、気は澄み、天ほがらかにして夜、明く。明くれば天に赤き光走り、満ち、朝焼けの景観、つねに無く赤きことはなはだしい。忠三郎の大人、病室の窓より天を仰ぎ、その大いなる感受性を以て、驚嘆の声を揚ぐ。朝焼けのさかんなるまま、いくばくもなくして、その魂、関係を離る。

本来なら、この魂をこめた全文を紹介せねばならないのだが、司馬さん専用の原稿用紙九枚に綴られていて、表紙に

司馬遼太郎が徹夜で書き上げた正岡忠三郎への弔辞
（誄詞しのびごと）

は「「誄詩（しのびごと）」正岡忠三郎の大人に奉る　司馬遼太郎　拝跪」とある。司馬さんは徹夜でこの原稿を書きあげられたとのこと。というのも、父の通夜に駆けつけて下さり、その時母が葬儀委員長を司馬さんに半ば強引に依頼したらしい。多忙な仕事も抱えてられたのに気の毒なことであった。

葬儀場は細川ガラシャ（明智玉）ゆかりの大阪玉造大聖堂で、カトリックのシスターだった叔母（父の妹）の縁で決まった。明智光秀の娘・ガラシャが石田三成の人質になるのを拒み壮絶な死を遂げた地で、彼女の凛とした姿が壁に描かれていた。大聖堂と言うだけあって、千人も入れそうな立派な教会で、そんな広い会場に数十人しか来なかったらと危惧したが、当日ほぼ回葬者で埋まって安堵した。葬儀が始まると台風の余波か、激しい豪雨が聖堂の屋根に打ちつけ、その音で司馬さんの弔辞も聞きとり難いほどであった。

話は前後するが、筆者が最初に司馬さんとお話ししたのは、一九七四年（昭和四十九）の正月だった。黒田官兵衛を主人公とする『播磨灘物語』に登場する荒木村重の居城を取材すべく、伊丹の城跡を訪ねられ、その帰りにどこか食事をするよい店がないかと電話で尋ねてこられた。父が考案した「ぼたん鍋」をご馳走しようということになり、筆者が近所のお医者さんの家の縁の下に、丹波の立杭焼の素焼の鍋を探しに行った。医院の開業祝のお返しに注文して焼いた、その残りだった。この鍋は父が阪急百貨店の陶器売場の主任だった時に発案したものだった。めったに文章を残さなかった父だが、珍しくその鍋の解説文が残っている。

素焼の土鍋を火にかけるが、この時、注意すべきことは鍋底に少量の水を絶やさないことである。水が無いと鍋が割れる場合がある。材料は牛肉、白ネギ、銀杏、蠣（かき）の四種。それらがほど良く煮えたら、塩と味の素と入れた小皿にさっと付けて食す。

ずっと昔、客を招いた時に、鍋の水が切れて陶器の中に含まれた空気が膨張して鍋が爆発し、破片が天井まで飛び、客人の読んでいた新聞を突き破ったことがあった。何ともぶっそうな鍋である。

司馬さんはまだ半焼の赤味の肉をさっと口に運んだ、その鮮やかな食べっぷりも妙に印象に残っている。この時、拓川の話が出て、「拓川という人は伊藤博文とぶつからねば当然外務大臣にはなっていた、いや、総理大臣になれるぐらいの器の人でしたね」と言われたので、祖父に何の知識も興味もなかった筆者はいささか驚いた。

その翌年に、筆者は機械メーカーの会社を辞めて造園に転職すべく、池田の造園会社に飛び込みで雇ってもらおうと働きかけていた頃に、タカジが筆者のことを司馬さんに話したらしい。タカジから電話があり、司馬さんが君に紹介したい人が居るらしいからすぐ連絡しろとのこと。折り返し、司馬さん宅に電話したら、建設会社の社長の神野章という人を紹介したい。彼は私の家を設計したので、苦労人で中小企業の親父みたいなよい男だからぜひ会ったらよいとのこと。そしてかなり長い時間、造園や環境問題などを筆者のような若僧に親切に話して下さった。録音でもしていればと残念だが、日記に大要をメモしておいたのがせめてもの救いである。

正岡さんが造園とはえらい良いところに目をつけられましたね。「緑の産業」はこれから日本の唯一の有望産業と言ってよいぐらいで、日本中を緑にすることほど意味のある仕事はないでしょう。造園設計に行かれようが葉刈職人になられようがどちらでも良い。そこで大成されても良し、されなくても良し。大いにやってください。

（中略）

今までの造園は松や槙（まき）など作り物の決まりきった木が主体だったが、これからは雑木などの庭が良いと思う。灯篭でも昔はそこに火を灯して照明としての実用性があったが、今は単なる飾りでしかない。もっと新しい庭を目指したら良いでしょう。

当時すでに著名な知識人であった司馬さんの言葉には随分励まされた。ちょうどこれから門を叩こうとしていた池田の荒木造園という会社は日本有数の造園家・荒木芳邦が社長で、海外にも進出しており、雑木など取り入れたモダンなデザインで定評がある会社だったので、司馬さんの意見にもかなっていた。

実は筆者は学生時代に、ホテルやキャバレーでピアノを弾いて稼いでいたことがあった。大阪中之島のロイヤルホテルのレストランの窓越しに美しい池の庭が拡がっていて、こんな庭を誰が造ったのだろうと思いながらグランドピアノに向かっていた。まさか数年後にその庭を造った会社に入ろうとは。スーツ姿で窓越しに眺めていた庭に、今度は地下タビ姿で池掃除をしている筆者を見て、同僚には「おまえは出世したのかおちぶれたのか分からんな」とからかわれた。土まみれになって働いたことはよい経験になったが、ピアノの仕事も社会勉強になった。十三（じゅうそう）という庶民的な歓楽街の「大統領」というキャバレーでは、急遽ストリップの伴奏までさせられたことがあった。楽屋でお姉さん方と談笑していると、裸で勝負しているだけに、あけっぴろげで明るく、気持ちのよい女性ばかりで変な偏見は無くなった。正に「私の大学」だったのかもしれない。ちなみにこの店はナポレオンのかぶった帽子とやらが、店先にうやうやしく飾られていたが、本物だったかどうか。

話があちこち脱線してしまうが、昭和五十年代の司馬さんとの思い出を、断片的だが可能な限り書き留めておきたい。

司馬さんとの長い電話の直後か、タカジから連絡があり、司馬さんと対談するから中小坂の家へ同行してくれとのこと。『土地と日本人』という対談集の企画の一つで、「土地は公有すべきもの」という表題でタカジと司馬さんの対談の録音係を言い渡された。カセットデッキを持参し、スイッチを入れて二人の話を傍らで聞いているだけだったが、ニクソン米大統領の時の副大統領は誰でしたと聞かれて「アグニューですか」と答えたのが筆者の唯一の発言で、活字になっている。

この対談集は司馬さんとしては意外にも唯一、社会的発言をした内容であり、それだけにせっぱ詰まった危機意識から生まれたものであった。すなわち、土地は太陽や空気と同じように天から与えられたものなのに、その人間の生存の基礎である土地が投機の対象となり、土地バブルが起こり、日本中が一億総不動産屋になっている。ちょうど田中角栄が列島改造論をぶち上げ、山林や田畑を切りひらき土地が高騰していった時に重なる。田畑を売って莫大な大金を手にした成金が腹巻に札束をいれて賭博場へ通ってダメになったり、坪何十万の土地で大根を退屈しのぎに作りながら土地の値上がりを待つ百姓が続出する。このままでは精神が荒廃し、健全な資本主義は崩れるのではないかという危惧から編まれた対談集である。対談の相手は五人で、タカジとは対極のような立場の松下幸之助、それに異色の作家で農業もしている野坂昭如も参加していた。土地は天からの借り物で、必要以上に買い占め、それを転売して投機の対象にするなどもっての外という主張が貫かれていた。

タカジと父が他界した後、両家族が親しく行き来しはじめ、そこに司馬夫妻もお招きし、京都などでよくお会いするようになった。この関係が、後の司馬さんの小説『ひとびとの跫音』に繋がるわけである。一九七六年（昭和五十一）の大みそかに、いつも正月を京都ホテルで過ごすのが習慣の司馬夫妻、そして出版関係の人達などが集っている二階のバーに母と招かれたことがある。途中から偶然作家の遠藤周作が入ってきた。宴も盛り上がってきたところで、筆者は傍らのグランドピアノで一曲弾くはめになった。弾き終わって席に戻ると、遠藤さんが「僕もこんな感じで急にピアノに向かってさりげなく弾くのが夢だった。誰にもピアノを弾けることなど秘密にしておいてね」と言われたので、一同爆笑であった。そのあといささかボルテージが上がり、遠藤さんは最近訪ねたばかりのポーランドのアウシュビッツ収容所の話を大声で熱っぽく語られた。

その正月の二日に、タカジ夫人の西澤摩耶子さんの京都のマンションに司馬夫妻も合流し、談笑した後、皆で祇園にくり出した。高瀬川に面した「富乃井」というお茶屋で、芸妓さん（と言っても七十過ぎのベテラン）が三味線を弾きながら上手に遊ばせてくれたが、どうやら司馬さんは年配の女性がお好きだったように思う。当時京都・法然院の貫主で哲学者だった橋下峰雄さんとも司馬さんの縁でおつき合いさせていただき、法然院の宴席の末席を汚したりしたが、そこに梅原猛さんも臨席されていて、ご挨拶だけ交わしたことがある。後年、彼の著書で思想哲学、自然観に共鳴を受けた頃には亡くなられていた。

さて、京都での宴があった年の五月に、司馬さんから意外な話があった。例の建築家の神野さんからの話で、大阪の尼崎に東亜バルブというメーカーがあり、新しい工場を作ったので、誰か工場長になる人を探しているとのこと。「君は機械出身だからどうだろう。君は高校の先生なんか向いていて、若い人を束ねるようなポストにむいているよ」とあの例の少しかん高い電話の声で、司馬さんは延々と話された。その時、意外な言葉は「造園など将来性がないよ」と言われたことだ。二年前の造園に転職する時、「造園は唯一の有望産業だ」と励まされたのでこれには驚いた。作家というものはこれぐらいの思い込み、割り切りがないとだめなのかと妙に感心したが、これは「私にとって」という冠が付いての話だったのかもしれない。そのあと、付け加えて、「造園設計は未来に繋がっていない。施工をするなら土地を持っていなければ。この土地とは医師の免状に相当するもので、専門の学校も出ずに人体の研究ばかりして医者になりたいと言っているようなもの。造園設計をしようと思えば役所で働くしかないのでは。万博、高速道路、緑地などは元は役所の仕事だ。それ以外は個人庭園となり、それには材料を確保する土地が必要となる」

なるほど一理ある。しかし、筆者は機械という無機質のものにどうしても興味が持てず、もっと命の通った植物や自然に接する仕事に携ろうと転職したのに、元に戻る気はまったくなかったので、丁寧にこの話はお断りした。

『ひとびとの跫音』

とりとめもないことばかり書き連ねてきたが、司馬さんの異色の作品『ひとびとの跫音』については筆者だけしか書き得ないことがあるので、記録に残しておきたい。この作品の主人公は、亡父正岡忠三郎と仙台二高の盟友ぬやまひろし（タカジ）であり、父の肉親や周囲の人々、そして先祖、と言っても子規はほぼ登場せず、妹の律（りつ）、そして今回ずっと辿ってきた加藤拓川とその妻・寿（ひさ）などである。拓川や律以外は現代人で、筆者もよく知っている人が多い。司馬さんの小説はほぼ歴史上の著名な人物を扱ったものであるが、父のような無名の市井の人など、しかも現代人を扱ったという点では外に例がないのではないか。ではなぜこんな作品を書こうとされたのか。もちろんその背後には「好きだった子規に繋がっている人々」というテーマが流れている。『坂の上の雲』のその後という意味あいもあったことは否めない。

司馬さんはある新聞のインタビューで

私は冠婚葬祭という大人の世界に立ち交わることを苦手としているのですが、お二人の場合はそういうことになってしまいました（忠三郎の葬儀、直後に信州で亡くなったタカジのお骨上げに行ったことを指す）。ところが葬儀がすんでも、二人共、いつまでも私の気持ちの中に座り込んでいるのです。成長するわけでもないが出て行かない。だから二人に対する誄詩としてこの小説を書きました……今にして思えば私にとって、人生と人間についての透明感を描きたかったんだろうという気がしますし、さらに言えば人間が生きてやがて死ぬことについての、そこはかとない情趣を描きたかったんだろうと思います

と語っている。

父の死後、よく司馬さんから母にお声がかかりはじめた。父の七年にわたる看病疲れで痩せこけていた母を元気づけてやろうという司馬さん本来の優しさからだろうが、なぜか母を気に入り、みどり夫人とも親しくなったこともあり、司馬ワールドによく誘われ、筆者も時たま引っついてお邪魔した。そのうち母が「水割りが飲めるようになったのよ」と、上機嫌で帰宅したのにはびっくりした。父が酔っ払いで、毎晩のように午前様か、家の宴会につきあわされてばかりで、一滴も口にしなかっただけに、六十過ぎて司馬さんに酒を教わるとは。須田剋太画伯や作家の水上勉、橋本峰雄らとも会ったらしい。須田さんとは筆者は一度伊丹空港でお会いしたことがあり、挨拶のあといきなり筆者に向かって「君は私と同じむじなだね」と一言発せられただけで、筆者は何のことやら。芸術家特有の直感で何か見抜かれたのか。

さてさし絵を担当した須田画伯と司馬さんは、『街道をゆく』でコンビを組んで旅を続け、時々、母も同行することになった。建築家の神野さんの故郷である和歌山県の古座川にも行ったりしたが、司馬さんはこの川の上流に別荘を建てることになった。

一九七九年（昭和五十四）の正月に母はハワイに同行したが、伊丹空港へ送りに行くと、女優の高峰秀子さんも来られ、ご挨拶すると、知的な美しい表情で「私は女を卒業しました」と言われた。何のことやら。

これほど母を連れ歩いたのは、司馬さんには母への取材の思惑があった。『街道をゆく』の取材の傍ら、『ひとび

との跫音』の取材も二重にされていた。父や二人の母親（律と寿）のことは、ほとんど母・あやの話が主体となって構成されている。

ハワイのワイキキのホテルから母に書いた手紙がある。

あすは帰国という日、午後、ホテルの部屋でこの手紙を書いています。空は多少青いのですが、海は時化ています。すばらしい休日を一緒に過ごさせて頂いて、まことに果報なことでありました。何やら龍宮城に滞在しているようで、日本に帰るのが、かすかに物憂い思いです。……綾子さんのよきホリデイのあいだ、小生はおかげにてすこしづつ、書くものの構想がかたまりはじめました。といっても、まだマヨネーズが固くなっていない感じでもあります。

（そのあと母に父と周辺の人物の簡単な年譜を送ってほしいと依頼し、「その年譜をながめているうちにマヨネーズが固まりそうだ」とつけ加えている。マヨネーズに例えるところが司馬さんらしい、実にうまい表現である。）（中略）

小生は綾子さんの言葉（感受性）を通してきいてきた忠三郎さんが、むしろタカジよりも好きです。〝忠三郎がこういったのよ〟とか〝そのとき忠三郎はただ笑っていたわ〟といったお話が、いままでたくさんうかがって、小生の大好きな忠三郎氏像ができあがってしまいました。

この文面から、司馬さんは母の目を通した忠三郎像を自分の中で膨らませていって、司馬さん好みに作り上げて小説に放ったと言える。坂本竜馬だってそうだろう。司馬さんが惚れぬいて作り上げた竜馬が、今一人歩きしている。実際に竜馬に会った人は、今どこにも居ないのだから、実像は分からない。

比較するのも何だが、忠三郎に対しても、元気な時は一回だけで、あとは『子規全集』の編集会議で、病臥している姿しか接していない。それも無口でベッドに横たわっている父を、どこか病床の子規の姿に重ねていた節もある。「存在しているだけでまわりの人々になにごとかを感じさせるような人柄」と評している。身内や友人から見たら、立派に書き過ぎている。もっと酔っ払った別の人間的な面もあるのに、という声もよく耳にしたものである。指揮者で古い友人の朝比奈隆さんなどは、父の半面しか出ていないともぼやいておられた。確かにこの小説も少し事実と異なる部分もある。

しかし、それでよいのでは。その人物の際立った本質的なところを魅力的に描ければすぐれた作品と言える。史実と違うところを鬼の首を取ったように批判しても仕方ない。作家は歴史家ではない。史実にただ忠実に描くだけでは歴史の教科書のようで味気ない。

作家は史観では小説は書けない。いや、書かないのです。あるのは、人間に対する強烈な関心だけ。

と司馬さん自らも語っている。

マヨネーズが固まって、一九七九年（昭和五十四）の夏から『中央公論』で連載が始まった。書き終えたあとの感想として、ある新聞に次のような一文が残されている。

上手に書こうとか、いい作品を書こうという気持ちは全くありませんでした。歴史小説などとは違い、主人公たちは、ついさっきまで生きて市井を歩いていたのですからまず事実がある。だから読めば気楽に読めますけれど、一点一画もおろそかにしてはいけないという気持で執筆しましたから、連載中は一回分書くごとにげっそりやつれ、毎月健康を害しているという心境でした。事実に取りまかれた中にできた自然の空洞がフィクションかも知れません。

また書き終わったあと、私の人生がこれで終わったとも。筆者の母に対しても「本当に疲れました」と本音を吐いておられたらしい。それだけ命を削って取り組まれたのだろう。ともかくも筆者の家の背景を、筆者の知らないところまで書き尽くされ、文学作品として残していただいたことは大変有難いことである。

さて、その後、一九八一年（昭和五十六）五月に母は中国旅行に誘われ、上海・蘇州・杭州、そしてベトナムに近い昆明と半月間巡った。メンバーは司馬夫妻、考古学の森浩一、民族学の松原正毅、須田剋太、西澤摩耶子らの面々であった。

朝日新聞社のカメラマンの撮った大量のモノクロ写真があり、司馬さんと母が輪タクに並んで仲よく乗っているのや、夜ホテルで皆が司馬さんを囲んで輪になっている写真がある。司馬さんは座談の名手で、今夜は何のテーマの話だろうと毎晩、皆が楽しみにしていたとのこと。

そろそろ話が尽きてきた。

明治の世界に入り込み、この時代の人々に魅せられたきっかけの「拓川宛書簡」を発見したあと、まっさきに浮かんだのは司馬さんの顔だった。司馬さんにまずこれらの書簡をお見せせねば、何しろ『坂の上の雲』の登場人物からだけでも四十通ぐらいの拓川宛書簡があるのだから。しかし、父も母も亡くなって司馬さんとは疎遠になっており、お声をかけそびれてしまった。

司馬さんは、母に「いずれは拓川のことも一冊の本に書いてみたい」と言っていたそうである。『ひとびとの跫音』にも拓川が一章を占めているが、司馬さんはおそらく『拓川集』ぐらいしか資料がなかったのではなかろうか。この数百通の書簡と多数の絵葉書をお渡ししたら、狂喜して面白い本を一冊書かれたことだろう。

しかし、今考えると筆者が書くように運命づけられていたのかもしれない。

そうこうしているうちに、一九九六年（平成八）の冬のある日、車のラジオから「作家の司馬遼太郎さんが胸部大動脈瘤破裂のため国立大阪病院で死去しました」というニュースが流れてきた。その日の筆者の日記には

人の死は突然やってくる。何度も司馬さん宅を訪ねようと思っていたが、ついに果たせずに終った。もう永遠に果たすことはできない。

司馬さんとは本当に断片的なおつきあいであったが、その一片一片を思い返すと、春風がそよそよと吹いている夢の中のような感覚がよみがえってくる。

完

◉加藤恒忠（拓川）年譜

西暦	元号	年齢	事項	そのほかの関連事項
一八五九	安政六		旧暦一月二十二日　松山市湊町四丁目十九番にて漢学者の父・大原有恒（観山）母・歌原しげの三男として幼名・忠三郎（後・恒忠）出生	一八五三年　ペリー来航　開国を迫る
				一八六七年　大政奉還により徳川幕府滅亡。九月十七日　甥・正岡常規（子規）出生
				一八六八年　明治維新
一八七一	明治四	十二	伊予松山藩の藩校・明教館に入校	
一八七五	八	十六	四月　父・大原観山死去（五十七歳）　九月　上京。十月　岡鹿門の漢学塾に郷友井手正鄰と共に入門、後に塾頭	
一八七六	九	十七	九月　司法省法学校（後の東京大学法学部）に入学	一八七七年　西南戦争
一八七八	十一	十九	夏季休暇に級友の原敬、陸羯南、国分青厓、福本日南で富士山登山	一八七八年　大久保利通暗殺
一八七九	十二	二十	一月　伯父の加藤家の養子となり、加藤家を再興、加藤恒忠となる。二月　司法省法学校内で「賄征伐事件」を友人と起こす。学生食堂の待遇をめぐって校長と対立、拓川、原、陸、国分、福本など計十六名退学。三月　中江篤介（兆民）の仏学塾に入塾（原敬と共に）。九月　雑誌「兵士の友」を創刊	
一八八二	十五	二十三	八月　松山に帰郷、藩主の子・久松定謨にフランス語を教授	
一八八三	十六	二十四	六月　松山の子規を東京に呼び寄せる。十一月　久松定謨に随行して横浜港よりフランス行きのタイナス号に上船、子規や羯南も見送りに来る	十一月　鹿鳴館開館
一八八四	十七	二十五	一月　インド洋、スエズ、マルセイユを経てパリに到着　パリの法科単科大学と私立政治大学に入学	

西暦	元号	年齢	事項	そのほかの関連事項
一八八五	十八	二十六	十二月　フランス公使館勤務となり、パリに到着した原敬を迎える	十二月　内閣制発足、伊藤博文が初代首相となる
一八八六	十九	二十七	六月　原敬の斡旋により外務省交際官試補としてフランス公使館在勤を受令。七月　岩下清周らとフランスの日本人会の役員になる（会長・原敬）	
一八八七	二十	二十八	一月　ベルギーへ出張。ー一月　田中不二麿公使に随行してスペイン皇后と大統領に謁見。十二月　スペイン・イザベル親王、ポルトガルにて国王、皇后に謁見	
一八八八	二十一	二十九	四月　ベルギーへ出張。ベルギー公使・西園寺公望と事務引継を行い、以後親交を深める。五月　ベルギー王国皇帝より叙勲。十月　田中不二麿公使とスペイン、ポルトガル出張。十一月　バルセロナ博覧会訪問	
一八八九	二十二	三十	一月　山縣有朋に随行し、フランス警視総監表敬訪問。五月　ロンドンへ出張。七月　ベルリンへ出張。梅謙次郎（民法学者）と交遊	二月　大日本国憲法発布
一八九〇	二十三	三十一	一月　秋山好古（サン・シール陸軍士官学校に留学中）を訪問。モナコ・モンテカルロの進水式に出席、西園寺公使と交遊。この年、好古、田中公使、西園寺公使、久松伯らと頻繁に会う	
一八九一	二十四	三十二	二月　帰国、横浜港で子規らに迎えられる。公使館書記官、外務省参事官を経て榎本武揚外務大臣秘書官を受令	
一八九二	二十五	三十三	一月　松方正義首相、田中不二麿法務大臣を訪問。三月　公使館書記官フランス在勤を受令。四月　松山へ帰郷。五月　西園寺侯を訪れ酒会。司法省法学校同窓放校生による送別会。七月　パリに到着、野村靖フランス公使に着任報告。八月　ポルトガル総領事引揚げに関連し、パリ・リスボン間を複数回往復。十一月　フランス国よりレジオンドヌール勲章を叙勲。ポルトガル事件でリスボンへ行き、ポルトガル外相と面談	

一八九三	二十六	三十四	三月　野村公使帰任のため、フランス公使館の代理公使を受令。八月　ヨーロッパ視察中の実業家・新田長次郎が公使館を訪れ親交。九月　曾禰荒助公使がフランス公使館に着任。十一月　曾禰公使とマドリッドのスペイン国王夫妻、首相、外相を訪問	
一八九四	二十七	三十五	一月　スペイン・イザベラ陛下に謁見。七月　フランス大統領の葬儀に参列。十二月　日仏条約改正会議に出席	七月　日清戦争開戦
一八九五	二十八	三十六	五月　ロンドンへ出張	四月　日清講和条約調印（下関条約）。露仏独三国干渉、遼東半島還付
一八九六	二十九	三十七	八月　日仏改正条約調印に参加。十月　パリ万国博覧会事務官を受令	
一八九七	三十	三十八	三月　パリ発。四月　帰国。四月　外務書記官兼外務大臣秘書官を受令（大隈重信外相）。八月　樫村清徳（医師・元東京大学教授）の長女・寿と結婚	
一八九八	三十一	三十九	十月　長男・十九郎出生	
一九〇〇	三十三	四十一	五月　外務省総務局人事課長を受令。六月　次男・六十郎出生。十月　弁理公使受令（人事課長と兼任）	北清事変（義和団事件）
一九〇一	三十四	四十二	二月　臨時勲功調査委員を受令。十月　フランスよりレジオン・ドヌール勲章コマンドール叙勲	
一九〇二	三十五	四十三	二月　特命全権公使、ベルギー駐在を受令。五月　ベルギーに向け出発。三男・忠三郎出生（後に正岡家を継ぐ）。十月　妻・寿が十九郎を連れてベルギー到着。十二月　旭日小綬章および金千円を授賜（北清事変の功）	九月　甥・子規死去（三五歳）
一九〇四	三十七	四十五	二月　ベルギー政府に対ロシア宣戦布告を伝え、中立堅持を要請。六月　長女・あや出生。日露戦争の情報伝達、訪問客の接待などで多忙	二月　日露戦争開戦。八月　インターナショナル・アムステルダム社会主義大会に片山潜が出席し、ベルギー公使館に立ち寄る。十二月　日本軍二百三高地占領。旅順港内のロシア艦隊を壊滅

西暦	元号	年齢	事項	そのほかの関連事項
一九〇五	三十八	四十六	一月　万国海事会議委員を受令	一月　旅順のロシア軍降伏。水師営で乃木将軍とステッセル将軍が会見。五月　日本海海戦　日本連合艦隊がバルチック艦隊を撃破。九月　ポーツマス条約締結。日比谷焼打事件
一九〇六	三十九	四十七	四月　勲二等瑞宝章・金八百円授賜（日露戦争の功）。四月スペイン王国工程の結婚式に特派使節として夫妻で出席（爆弾テロに遭遇するも無事）。産業視察にベルギーを訪れた渋沢栄一を接待。七月　第二回万国赤十字条約改正会議に日本全権委員として出席（スイス・ジュネーブ）。七月　日本国および韓国の両皇帝に代わり特命全権公使として赤十字改正条約および最終調停書に調印。八月　韓国皇帝に代わり調印（日本国・韓国と署名）の件につき、林董外相より批難を受け、伊藤博文統監の怒りを買う。十一月　ベルギー国王よりレオポルド勲章を叙勲。十二月　帰国命令を受け妻子と帰国	二月　韓国に總督符設置（伊藤博文初代総監）
一九〇七	四十	四十八	五月　外務省を依願退職　朝鮮、北中国を旅行	七月　陸羯南死去（四十九歳）
一九〇八	四十一	四十九	一月　松山の友人・岩崎・高や井上要らより衆議院議員への勧誘を受ける。四月　大阪新報社の客員となる。衆議院議員選挙に立候補。五月　次女・たえ出生。衆議院議員に当選（松山選挙区）。兵庫県西宮町夙川に転居。	
一九〇九	四十二	五十	七月　原敬の要請で大阪新報社の社長に就任。北浜銀行の取締役に就任	
一九一二	四十五（大正一）	五十三	五月　衆議院議員任期満了。貴族院議員（勅撰）に選任	
一九一三	大正二	五十四	四月　山本権兵衛総理大臣より宴に招かれる。五月　貴族院視察団で中国訪問、袁世凱総統と会う。九月　陸羯南追悼会に参加	
一九一四	三	五十五	四月　三男・忠三郎が子規の妹・律の養子となり正岡家を継ぐ。北浜銀行（岩下清周頭取）取り付け騒ぎが起きる（北浜銀行は大	

			阪新報社の取引銀行）。八月　大阪新報社乗っ取りの動きあり、原敬と協議、政友会の機関誌となる。北浜銀行閉鎖	七月　サラエボ事件（オーストリア皇太子暗殺。第一次世界大戦勃（〜一九一八年一一月）
一九一五	四	五十六	三月　岩下頭取の裁判のため大阪地裁に証人として出廷。この年、秋山、西園寺、新田、原敬らと頻繁に会う	
一九一六	五	五十七	一月　松山・北予中学校の校長に加藤彰廉（あきかど）就任を要請・受諾。五月　北京、天津、南京など中国視察旅行	
一九一七	六	五十八	二月　ローマ各国議員商事委員会に出席のため、ハルビン・シベリア鉄道経由でヨーロッパに向かう。四月　ロンドンで政治家のロバート・セシルと会見。ソルボンヌ大学で講演。五月　ローマ商事委員会に出席。十月　帰国	二月、十月　ロシア革命
一九一八	七	五十九	三月　犬養毅（木堂）議員を訪問。五月　中国視察に出発。六月　段祺瑞首相を訪問。十二月　パリ講和会議随員（嘱託）として牧野伸顕次席全権と出発	九月　原敬　首相に就任。十月　スペイン風邪（世界的インフルエンザ・パンデミック）勃発。一九二〇年まで猛威をふるう。世界では、感染者五億人　死者五千万人（総人口十八億人）。日本人口の四割弱が感染、集団免疫で終息。十一月　第一次世界大戦終結
一九一九	八	六十	一月　パリ到着。一月〜四月　講和会議出席。五月　内田康哉外相より電報、シベリア臨時特命全権大使内定のため帰国命令。六月　西園寺侯とフランス・セーブルで遊ぶ。六十郎とパリを立ち、ロンドン・コロンボ経由で七月帰国。七月　原敬首相、内田外相に報告。八月　特命全権大使としてシベリア出張を受命。九月　原敬首相、田中義一陸相、加藤友三郎海相、大井成元司令官と会議、出国。十月　ハルビン経由でシベリア・オムスクに到着。アレクサンドル・コルチャーク白軍総司令官と会見。天長節の祝宴にオムスク政府首相、外相、イギリス大使などを招待。十一月　オムスク政府撤退の報を受け、オムスクからイルクーツクに向かう。十二月　滞在地域で変乱が起きる	

西暦	元号	年齢	事項	そのほかの関連事項
一九二〇	九	六十一	一月　チラに到着、グレゴレー・セミョーノフと会見。ハルビンでドミトリー・ホルワット将軍と会見。中国・奉天にて張作霖と会見。帰国し、議会にて原首相、内田外相と会見。二月　ロシア大使、アメリカ大使と会見。山縣有朋、西園寺侯を訪問。コルチャーク提督追悼式。八月　次男・六十郎　結核で死去（二十歳）。九月　北中国へ旅行。十月　ハルビン・奉天、北京、天津を廻り、帰国。十二月　松山に帰郷	
一九二一	十	六十二	四月　外務省事務を嘱託。東京を出発、南中国へ向かう。近衛文麿を誘うも断わられる。五月　香港着。上海・杭州を廻る。九月　原敬首相よりワシントン軍縮会議の全権委員の要請を受けるも拒絶。十一月　原敬首相、東京駅で暗殺される。東京の通夜に出席。雪の中盛岡の葬儀に出席。	原敬暗殺（六十五歳）
一九二二	十一	六十三	この頃より食事時に異常を覚える（のちに食道癌と判明）。一月　国際連盟協会愛媛支部が発足、会長に就任。松山へ帰郷。横浜でワシントン会議全権の徳川家達（徳川家十六代）を迎える。三月　郷里の人々から松山市長就任を要請される。四月　宇品から中国の青島などへ旅行。五月　松山市長に就任。六月　松山城趾問題で上京、陸軍省より久松家が払い下げを受け、松山市に寄附するよう画策、市民公園にする。六月より松山高等商業学校設立に向け動きだす。八月　市会で軍備撤廃論を演説。九月　松山高商の設立発起人会発足、メンバーとなる。加藤彰廉と大坂の新田長次郎を訪ね設立資金の援助を要請、受諾。東京小川町・賀古病院に入院。西園寺侯、松平恒雄、珍田捨巳らが見舞う。十一月　摂政宮（皇太子時代の昭和天皇）殿下を市長として奉迎、松山城を御先導。十二月　台湾旅行	二月　ワシントン軍縮条約調印。六月　シベリア撤兵を閣議決定（撤兵官僚は一九二五年五月）

一九二三	十二	六十四	一月　広東など南中国を旅行。上海から香港で危篤。二月　松山市高浜の新居「浪の家」に帰郷。松山市予算市会に病身で出席。在郷軍人への補助に反対の演説。軍拡反対の意を示す。三月三日　松山高商の理事会が開かれ理事となる。三月十七日　新居「浪の家」の揮毫を西園寺侯に依頼。三月十八日　拓川危篤の報を受けた西園寺侯が、加藤友三郎首相に拓川への叙位叙勲を依頼（電報）。三月二十六日　松山市長辞表提出。午後十時五十分に永眠（六十四歳）。三月二十七日　従三位、勲一等旭日大綬章を受領。三月二十八日　遺言状を開封、赤十字病院にて解剖を行い食道癌と判明。三月三十日　松山市三番町の私邸（官舎）にて告別式、松山の相向寺に納骨。四月八日　東京都港区三田の済海寺で分骨埋葬告別式	九月　関東大震災
一九三〇	昭和五年		死去八年後に個人を忍び「拓川会」発足、以後『拓川集』全六巻刊行	

松山大学発行「加藤拓川資料集」（法学部准教授　今村暢好著）より抜萃

◉主要参考文献（順番は任意）

『拓川集』全六巻（随筆編（上・下）・拾遺編・追憶編・書簡編・日記編）犬養　毅　監修・拓川会編、拓川会

『坂の上の雲』全六巻、司馬遼太郎（文藝春秋）

『ひとびとの跫音』（上・下）司馬遼太郎　（中央公論社）

『「明治」という国家』司馬遼太郎（日本放送出版協会）

『土地と日本人』司馬遼太郎対談集（中央公論社）

『「司馬遼太郎」で学ぶ日本史』磯田道史（ＮＨＫ出版）

『我が交遊録』徳富猪一郎（中央公論社）

『非命の宰相』松浦行真（サンケイ新聞社出版局）
『明治人物逸話辞典』（上・下）森　銑三（東京堂出版）
『近代日本の政治家』岡　義武（岩波書店）
『「昭和」という国家』司馬遼太郎（ＮＨＫ出版）
『パリの日本人』鹿島　茂（新潮選書）
『パリ物語』宝木範義（新潮選書）
『人物でよくわかる「坂の上の雲」』日本の歴史を探り直す会（アスペクト）
『日本外交の主役たち』加瀬俊一（文藝春秋）
『日露戦争がよくわかる本』太平洋戦争研究会（ＰＨＰ文庫）
『シベリア出兵―男女9人の数奇な運命―』土井全二郎（光人社NF文庫）
『シベリア出兵―近代日本の忘れられた七年戦争―』麻田雅文（中公新書）
『西園寺公望―最後の元老』岩井忠熊（岩波新書）
『一年有半・続一年有半』中江兆民（岩波文庫）
『萬翠荘物語』片上雅仁（アトラス出版）
『広がれ！ふるさと　松山の心』松山市教育委員会 編、松山市教育委員会
『明治の空―至誠の人　新田長次郎』青山淳平（燃焼社）
『至誠―評伝・新田長次郎―』西尾典祐（中日出版社）
『黄昏の詩人―堀口大學とその父のこと―』工藤美代子（マガジンハウス）
『斬人斬馬剣―古島一雄の青春―』小島直記（中央文庫）
『絵馬と薫風』島津豊幸（創風社出版）
『秋より高き―晩年の秋山好古と周辺のひとびと―』片上雅仁（アトラス出版）
『明治と日本人』後藤寿一 監修（青春出版社）

『原敬をめぐる人びと　正・続』原奎一郎編（ＮＨＫブックス）
『本懐・宰相　原敬』木村幸治（熊谷印刷出版部）
『還暦以後』松浦　玲（筑摩書房）
『伊藤博文暗殺事件』大野　芳（新潮社）
『伊藤博文を激怒させた硬骨の外交官・加藤拓川』成澤榮壽（高文研）
『回り道を選んだ男たち』小島直記（新潮社）
『司馬さん、みつけました』山野博史（和泉書院）
『この国のかたち』四　司馬遼太郎（文藝春秋）
『明石元二郎』江宮隆之（ＰＨＰ研究所）
『父親としての森鷗外』森　於菟（筑摩書房）
『鴎外のことなど』木下章雄（六法出版社）
『森鷗外　明治人の生き方』山崎一穎（ちくま新書）
『最後の元老　西園寺公望』上・下　豊田穣（新潮社）
『陸羯南―筆一本で権力と闘いつづけた男』小野耕資（ケイアンドケイプレス）
『加藤恒忠宛仏文書簡』奥村　功・ベルナール・トマン（立命館言語文化研究）
『平和をたずねて』広岩近広（毎日新聞朝刊連載）
『川内元子の高浜ぶらり』川内元子（えひめ工芸）
『中国傑物伝』陳舜臣（中央公論社）
『子規選集』全15巻（増進会出版社）
『病者の文学―正岡子規』黒沢　勉（信山社）
『子規と四季のくだもの』戸石重利（文芸社）
『送られてきた拾円玉』（味覚春秋３）（味覚春秋モンド）

◉拓川と交友のあった人々（順不同）

＊以下の大半の人物の拓川宛の書簡が現存、司馬遼太郎原作の『坂の上の雲』の登場人物も多い。

秋山好古　陸軍大将、日本騎兵の祖
原　敬　首相（暗殺）
陸　羯南　ジャーナリスト、新聞日本社主
西園寺公望　首相、元老、公家
瓜生外吉　海軍大将
岩下清周　実業家、近鉄・阪急創始者
松方幸次郎　実業家、松方コレクション
堀口久萬一　外交官、堀口大学の父
石井菊次郎　仏・米大使、外相、拓川の義弟
秋月左都夫　外交官、牧野伸顕の義兄
犬養　毅　首相、暗殺（五・一五事件）
本野一郎　仏・露公使、外相
横井時雄　キリスト教指導者、同志社学長
賀古鶴所　医師、森鴎外の親友、拓川の親戚
福本日南　ジャーナリスト
国分青崖　ジャーナリスト、漢詩人
（以上は特に親しかった人物）

中江兆民　自由民権思想家、兆民塾の拓川の師
近衛文麿　首相、公家
幣原喜重郎　外交官、首相
高橋是清　首相、大蔵大臣、暗殺（二・二六事件）
内田康哉　明治・大正・昭和3代にわたって外相、臨時首相
加藤高明　首相、三菱系
牧野伸顕　外交官、文相、外相、暗殺未遂に遭遇（二・二六事件）
後藤新平　内相、外相、満鉄総裁
斉藤　実　海軍軍人、政治家、暗殺（二・二六事件）
曾禰荒助　駐仏大使、法相
明石元二郎　陸軍大将、情報参謀、台湾総監
白川義則　陸軍大将、上海でテロに遭遇
山路一善　海軍大将、日露参戦
渋沢栄一　実業家、日本資本主義の祖
梅　謙次郎　法学者、日本民法・商法を起草
田中不二麿　外交官、司法大臣
川上俊彦　外交官、伊藤博文暗殺時、重傷を負う
林　董（ただす）イギリス大使、外相

湯川寛吉　実業家、住友系
池辺三山　ジャーナリスト、評論家
本山彦一　大阪毎日新聞社長
下村　宏　ジャーナリスト、玉音放送企画
黒田清輝　洋画家
有賀長雄　国際法学者
花井卓蔵　弁護士（大逆事件等）
井上円了　仏教学者、妖怪学の創始者
鈴木虎雄　中国文学者、漢詩人
北里柴三郎　細菌学者
末広鉄腸　ジャーナリスト、政治家
古市公威　日本近代土木の祖
森　鴎外　作家、軍医総監
土井晩翠　詩人
高田早苗　文相、早稲田大学学長
杉浦重剛　国粋主義者、教育家
團　琢磨　実業家、三井鉱山（暗殺）
珍田捨巳　外交官、独・英・米大使
水野広徳　海軍軍人、のち非戦論作家
ボアソナード　民法学者（フランス）、拓川の師

孫　文　中国革命家（辛亥革命）
黄　興　中国革命家（辛亥革命）
内藤鳴雪　俳人、文部省
長塚　節　農民歌人、子規の弟子
片岡直輝　大阪の実業家、内相、大阪ガス・南海電鉄社長
山県有朋　首相、拓川の上司
伊藤博文　首相、拓川の上司（暗殺）
大隈重信　首相、拓川の上司（テロに遭遇）
小村寿太郎　首相、拓川の上司
青木周蔵　首相、拓川の上司
吉田　茂　外交官、首相、拓川の部下
古島一雄　政治家、ジャーナリスト
徳富蘇峰　ジャーナリスト、評論家
秋山真之　海軍中将、戦術家
正岡子規　俳人歌人、拓川の甥
白川義則　陸軍大臣、大将、上海でのテロに遭遇
鳩山春子　女子教育家、共立女子学園創立
石黒忠悳　陸軍軍医総監、森鴎外の上司
新田長次郎　実業家、松山商業高校創立

あとがき

明治への長い旅が終わろうとしている。偶然にも空き家になった伊丹市の実家で大量の拓川関連の書簡を発見したのは一九九二年（平成四）二月二十六日であった。なぜ、日付まで覚えているかと言うと、その中には奇しくも二・二六事件で青年将校に狙われた牧野伸顕や西園寺公望の拓川宛書簡もあったからである。それ以来、拓川のとてつもない交友の広さに驚き、また彼らの人間的魅力に引き込まれ、明治を旅することになった。

資料の大半が私の手元に残ったのは奇跡と言えるかもしれない。拓川が他界する一九二三年（大正十二）の春には東京から松山に居を移しており、その秋の関東大震災の焼失から免れている。拓川の妻・寿は天理教に帰依したため、それらの資料は生き残った三男の忠三郎（筆者の父）に託されたが、伊丹の自宅は米軍の投下した焼夷弾からも逃れ、失火や阪神大震災もくぐり抜けて私の手元に辿り着いたわけである。

代々、遺品や、特に手紙類などを大事に保存する習慣があったのか、子規の資料もすべて妹の律が捨てずに保管して養子の父が引き継ぎ、最終的に松山の子規記念博物館に納まった。

肉筆の書簡、それも和紙の巻紙に墨で認められた手紙というものは、ワープロの文字とちがって、その時の心境や人となりが時を越えてダイレクトに伝わってくる力があり、その人物と語らっているような親しみを感じる。特に友人間の私的な内容のものは興味深い。一つ一つ差出人の経歴や生き様を調べていくうちに、各分野で活躍した、何とも個性的な魅力ある傑物が次々に現れ、どんどん明治大正の人物群に入り込んでしまった。その交友関係から拓川という人物像も浮彫りになってきたと言える。

拓川は幕末の動乱期に松山という田舎に生まれ、十代で新しい時代の息吹を全身に浴び、文明開化の中心地・東京に出る。司法省法学校で貴重な友人を得て、中江兆民塾でフランスの自由思想を学び、松山の殿様の留学に随行してパリに渡り、現地採用の外交官となる。日清戦争、日露戦争、第一次世界大戦、シベリア出兵など、弱肉強食の帝国主義が席捲する厳しい世界情勢の荒波の中を、未熟な日本を背負って大国と対峙し、困難な外交交渉を重ね、また、外国の重要な情報を国内に送ったりした。自国を防衛する力のない国は侵略されても仕方ないという帝国主義の渦巻く中を、弱小国として渡り歩くのは並大抵ではなかった。

外交官としての何よりの特権は、渡航してきた様々な分野の要人と巡り会え、優れた数多くの友人や先達を得たことだろう。特に留学生などは帰国すると、各分野の第一人者として活躍できた時代である。自分の努力が一日遅れると日本も一日遅れるという、正に国を背負った気概で奔走した。己の成長が国の進歩と合致し、「坂の上の雲」を目指して登っていった、ある意味幸せな時代と言えよう。

西洋に二十年も居たが、浅薄な欧化思想にかぶれることもなく、西洋の土産などほとんど持ち帰ることもなかったらしい。欧化思想と言えば、拓川の親友で硬骨のジャーナリスト、陸羯南も欧化主義に反対の立場を貫いた。原敬に次いで、拓川の針路に影響を与えた盟友の陸羯南について今回余り触れられなかったのは心残りではある。

拓川は漢学者の父・大原観山の影響もあり、東洋趣味が強く、何度も中国に旅しているし漢詩人の友人も多い。

拓川には兆民から学んだ自由思想、平等主義で、「反権力」「反骨」「硬骨」といった言葉の冠がふさわしい。これは徳川側で薩長から痛めつけられた松山藩の幼少期の体験が根底に流れていて、その後、度々薩長の人達とぶつかっている。広い交友の中でも薩長出身の人はほとんど居ない。この時代に生きた人特有の怨念が根深く、今の我々には理解し難いものがある。

友人達に不思議なほど共通する気質と言えば、「リベラル」という言葉で括れるのではなかろうか。そして軍事力の強化に反対した反軍思想の人が多い。西園寺公望、原敬、犬養毅、牧野伸顕、高橋是清など、おしなべて軍拡に反対の立場をとり、そのため保守勢力から命を狙われた。拓川の友人で暗殺されたのは五人、未遂は二人もいる。それだけ命を賭けて自分の信念を貫いていたということだろうか。

もう一つ、友人には文人肌で、漢詩や文芸を好む外交官や政治家、軍人などが多かった。詩人や芸術家の友人も多く居た。それらの人達を拓川は様々な舞台で結びつけ、交友の輪を広げていったと思われる。その交友の糸は複雑に絡まっていて、容易に解きほぐすことはできない。

＊

この時代は日本も世界も大きな激動期にあり、その中で外交官や政治家として生きた人物の背景の近代史を調べるのは、歴史家でもない私のような門外漢には容易なことではなく、書きながら勉強させてもらったので、多少は事実とちがった個所もあるかと思われるが、ご指摘頂ければありがたい。また祖父ということもあり、贔屓目に書いた部分もあるかもしれない。

とにかく、この時代の人間の生き様、濃密な人間関係、友情の絆を軸として、明治のダイナミックな息吹を感じとって頂ければ本望である。

＊

この本ができるまでの三十年間、どれほどの方々にお世話になり導かれてきたか、とてもここに書ききれない。まずは、これらの資料を今まで残してくれた両親はじめ先祖の人々に感謝したい。大げさに言えば、先祖の不思議な縁に導かれ、この書を残さねばならない運命にあったように感じる。

まず、歴史学者で立命館大学の名誉教授・岩井忠熊先生が書簡解読のきっかけを作ってくださった。西園寺公望の伝記編纂にあたり、書簡等を拙宅に見に来られ、それを機に差出人をすべて調べていただき、拓川の交友の全貌が初めて浮かびあがった。そして鴎外の書簡が出てきたことで、津和野の森鴎外記念館の広石修氏に古文書の会の財間至宏氏を紹介頂き、書簡の解読が進みはじめた。その後、枚方市の古文書の会に引き継がれ、中川雅夫氏には随分助力を頂いた。文中にも登場した子規研究家の第一人者・故和田克司先生はじめ松山大学の今村暢好先生ほか多くの先生方にも多大なお世話になった。出版を具体的に進めてくれた友人の梅原章一君と雄山閣の編集者・桑門智亜紀氏、その他多くの拓川ファンや友人に感謝申し上げたい。

著者紹介

正岡　明（まさおか　あきら）

1945 年、兵庫県伊丹市に生まれる。

六甲学院を経て、同志社大学工学部卒業。

（株）椿本チエインを経て、荒木造園設計事務所に勤務後自営、庭作りや樹木医の仕事に従事。

2000 年に正岡子規研究所設立。先祖の顕彰、講演、執筆など。

現在、奈良市在住。

《検印省略》2023年 1月 10日　初版発行

手紙からみた明治の群像

子規の叔父加藤拓川と日露戦争の時代

著者
正岡　明

発行者
宮田哲男

発行所
株式会社 雄山閣
〒102-0071　東京都千代田区富士見2-6-9
Tel：03-3262-3231
Fax：03-3262-6938
URL：http://www.yuzankaku.co.jp
e-mail：info@yuzankaku.co.jp
振　替：00130-5-1685

印刷・製本
株式会社ティーケー出版印刷

ISBN978-4-639-02832-1 C0021
N.D.C.210　264p　21cm